Jennifer Bentz

Einfach mal klarkommen

Eden
BOOKS

Jennifer Bentz

Einfach mal klarkommen

Studium → Praktikum → Klinikum
Eine wahre Geschichte

INHALTSVERZEICHNIS

Kapitel 1

Überforderte Praktikantin eliminiert sich selbst

Es ist viertel vor acht Uhr morgens, ich rauche Kette und hänge in der Warteschleife für Geistesgestörte. »Bitte halten Sie die Verbindung, der nächste freie Mitarbeiter wird sich um Ihre Belange kümmern.« Es folgt eine leicht psychedelische Musik, von der mir übel wird. Vielleicht liegt es aber auch an der siebten Zigarette in Folge.

»Wer sind Sie und was wollen Sie hier?«, schrie mein neuer Chef, als ich mich am ersten Arbeitstag in seinem Büro vorstellte. Das ist gerade mal drei Wochen her. Ich erklärte, wer ich war und was ich wollte. »Frau Bentz also! Aha! Die neue Praktikantin! Guuut für Sie! Aber wieso stehen Sie hier so untätig rum?« Sein Tonfall steigerte sich zum Ende des Satzes hin zu einer merkwürdigen Mischung aus Wut und Weinerlichkeit. »Mein Gott, starren Sie nicht so, Sie arbeiten nicht nur nichts, Sie halten *mich* auch noch auf!« Er rüttelte nervös an dem nichtssagenden Brillengestell, das auf seiner spitzen Nase saß, und fuhr sich mehrmals mit den Händen durch die Haare, obwohl er keine mehr hatte. Ich schloss die Tür. Hölzern ging ich den Weg zurück durch den Flur, um im Anschluss eine halbe Stunde verdutzt und regungslos in der Mitte meines kleinen Büros zu stehen. Danach setzte ich mich an den Computer und nahm meinen ursprünglichen Plan wieder auf, als Praktikantin der Spielfilm-Abteilung einer TV-Produktionsfirma überdurchschnittlich gute Arbeit zu leisten. Von den fünf Praktikanten, so hieß es, würden zwei in ein einjähriges Ausbildungsprogramm übernommen – und ich wollte dabei sein. So saß ich noch im Büro, als alle anderen schon längst gegangen waren, und arbeitete an einer Übungskalkulation, eine Arbeitsbeschaffungsmaßnahme, die vermutlich eigens für die Praktikanten erstellt worden war. Damit waren meine verklärt-romantischen Vorstellungen, gleich am ersten Arbeitstag durch einen genialen Geistesblitz zur gefeierten Heldin der gesamten Filmcrew zu werden, höhnisch lachend an der Realität zerschellt. Außerdem war ich mir sicher gewesen, dass derartige fingierte Textaufgaben zeitgleich mit dem Uni-Abschluss aus meinem Leben verschwinden würden. Und Platz machten für *echte,* verantwortungsvolle Arbeit. Etwas deprimiert arbeitete ich weiter, bis eine Putzfrau in blauem Kittel mit beängstigend schlechter Laune um mich herumwischte und dabei energisch auf Polnisch redete. Es klang so, als würde sie sich bei sich selbst über mich beschweren. Anschließend warf sie mich raus, weil sie abschließen wollte.

→

»Frau Beeentz«, hörte ich eine ungewöhnlich hohe Männerstimme rufen, als ich am nächsten Morgen übermüdet aus dem Aufzug im sechsten Stock des Firmengebäudes stieg.

»Ja?« Mein Blick fiel auf einen kleinen, dunkelhäutigen Mann mit modischer Frisur und edlem Anzug, der eiligen Schrittes auf mich zuging und bereits seine Hand ausstreckte, als er noch fünf Meter von mir entfernt war.

»Landmeier mein Name, Online-Marketing und Personal, hallo«, stellte er sich vor und schüttelte freudestrahlend meine Hand. »Ich war gestern außer Haus und konnte Sie nicht persönlich begrüßen. Jetzt aber! Wie fühlt man sich denn so in den ersten Tagen am neuen Arbeitsplatz?«

Tja, wie fühlt man sich, wenn man jahrelang studiert hat, um danach als Junior-Producerin oder Redaktionsvolontärin zu arbeiten, und letztendlich wieder nur als Praktikantin endet? Und wenn man außerdem am ersten Tag von einem brüllenden Chef und einer mies gelaunten Putzfrau empfangen wird? Wie fühlt man sich also? Beschissen natürlich.

»Gut«, sagte ich und lächelte Herrn Landmeier an. Er war mir trotz allem sympathisch. Eine Tür weiter stellte er mich der ersten Sekretärin, Frau Segmüller, vor. Eine freundlich aussehende, etwa fünfzigjährige Dame mit auberginefarbenem Kurzhaarschnitt und einer silbernen Brille, die sie aber nicht auf der Nase, sondern an einer Kette um den Hals trug. Sie blickte interessiert auf.

»Das ist Frau Bentz«, sagte Herr Landmeier, »unsere neue Praktikantin. Sie hat gerade in diesem Monat ihr Studium beendet.«

Ich spürte einen pochenden Kopfschmerz, wahrscheinlich vom Schlafmangel der letzten Nacht.

»Na, dann heiße ich Sie herzlich willkommen«, begrüßte mich Frau Segmüller mit einem freundlichen Lächeln und schüttelte meine Hand. »Sie sind also frisch gebacken von der Universität? Und haben alle Prüfungen geschafft?«

Ich nickte.

»Das ist doch mal ein Grund, den Sekt aufzumachen, der schon seit Wochen im Kühlschrank liegt!«, rief Frau Segmüller begeistert aus. Dass sich eine völlig fremde Person so enthusiastisch über meinen Abschluss zeigte, überraschte und berührte mich zugleich, also stimmte ich lächelnd zu. Später sollte ich feststellen, dass beinahe jeden Tag eine Flasche Sekt getrunken werden musste, die schon seit Wochen im Kühlschrank lag, und dafür permanent Gründe hermussten. Nichtsdestotrotz freute ich mich darüber, solch nette Kollegen zu haben. Auch die anderen Praktikanten, Christian, Timo, Michael und Florian waren sehr nett (selbst wenn ich sie notgedrungen als Konkurrenten betrachten musste). Der Chef an sich wurde nicht netter. Dummerweise hatte ich das Büro genau neben seinem erwischt, und wenn er »Denken!« oder »Lesen!« musste, lag er auf seiner Couch, knetete zur Beruhigung seiner Nerven einen kleinen Knetball und wartete angestrengt auf irgendwelche Geräusche. Drangen diese dann aus meinem oder einem anderen Nachbarbüro, etwa in Form eines zusammengeknüllten Papiers oder eines nicht unterdrückbaren Niesens in sein Büro, sprang er von seiner Couch auf, schlug mit der Faust gegen die Wand und schrie so laut, dass sich seine Stimme überschlug. Meistens hielt ich mir die Ohren zu und bekam nur Satz- und Wortfetzen mit, die ich der Etikette wegen hier nicht wiederholen möchte.

→

Ich verließ jeden Abend als Letzte das Büro und rauchte noch eine Zigarette mit Mimi, der polnischen Putzfrau, auf der Feuerleiter. Sie sprach gebrochen Deutsch und hatte mir mittlerweile glaubwürdig versichert, dass ihr wütendes Selbstgespräch am ersten Abend nicht von mir, sondern vom miserablen Frauengeschmack ihres ältesten Sohnes gehandelt hatte.

Zu Hause angekommen, wickelte ich während des Duschens das tägliche Streitgespräch mit meinem Freund am Telefon ab und machte mich wieder an die Arbeit. Als besonders wichtig hatte es sich erwiesen, jedes Drehbuch, das mein Chef in der engeren Auswahl hatte, besonders gut zu kennen. Beinahe täglich suchte er mich nämlich in meinem Büro auf und wollte meine Meinung zu einem der Stoffe wissen. Das Ganze war vom Ablauf her höchst standardisiert: Er riss die Tür auf, steckte den Kopf rein – um den ganzen Körper in ein fremdes Büro zu bewegen, war einfach zu wenig Zeit – und stellte mir eine Frage, ohne vorher zu erklären, worum es ging. Antwortete ich nicht innerhalb von zwei Sekunden sinnvoll und folgerichtig, rollte er mit den Augen, schlug die Tür scheppernd wieder zu und ließ mich mit einem Rekordstand an Adrenalin im Körper zurück. Anfangs fiel mir erst ein bis zwei Stunden nach seiner Attacke ein, auf welches Drehbuch sich seine Frage bezogen haben könnte. Die Zeitspanne vom Schockmoment bis zur Erkenntnisfindung wurde aber immer kürzer und ich werde nie den Tag vergessen, als ich direkt eine Antwort parat hatte. Es war am Ende der ersten Woche und wieder einmal bellte er schon los, bevor die Tür richtig offen und sein Kopf im Zimmer war: »... das jetzt ein Schwulen-Ding oder eher 'ne Vater-Sohn-Geschichte?«, hörte ich nur noch. Ich wusste, worum es ging, und hatte eine Meinung. Jetzt bloß nicht in Details verlieren, obwohl sie durchaus angebracht wären. Kurz, präzise und ohne Umschweife antworten. Los.

»Also solange das *so* endet, ist es wohl eher 'ne Vater-Sohn-Geschichte, fängt aber als Film über Homosexualität an. Also nicht stringent genug«, sagte ich, so schnell es mit einem Viertel Frischkäse-Roggenbrötchen im Mund möglich war, ohne undeutlich zu sprechen. Erst runterschlucken hätte zu viel Zeit gekostet. Nach dem typischen »hmpfgrmlgrml« schlug mein Chef ohne ein weiteres Wort die Tür zu und stampfte davon. Meine Antwort hatte ihn offenbar nicht überzeugt. Exakt zehn Sekunden später hörte ich jedoch nebenan im Büro seine schnarrende Stimme schimpfen: »Also, ich habe den *ganzen* Morgen nachgedacht und solange das *so* endet, ist es wohl eher 'ne Vater-Sohn-Geschichte, fängt aber als Film über Homosexualität an. Also nicht stringent genug. Ändern Sie das!«

Dann hörte ich, wie ein zu bedauernder Telefonhörer wütend und geräuschvoll in seine Gabel geknallt wurde. Endlich hatte Herr Speeks meine Kompetenzen erkannt. Wäre ich konzentrierter gewesen, hätte ich das viel früher erreichen können. Ich ärgerte mich über die unzähligen Male, bei denen ich nicht schnell genug reagiert hatte. Vielleicht lag es daran, dass ich mich seit einigen Tagen irgendwie müde und gerädert fühlte. Es war das Gefühl einer sich anbahnenden Erkältung. Meine körperliche Verfassung war mir zwar egal, aber es sollte auf keinen Fall so weit kommen, dass mich jemand für schwach oder nicht belastbar halten könnte. Ich hatte nur wenige Wochen Zeit, um mit überragender Arbeit zu überzeugen.

Das hätte ich möglicherweise sogar geschafft, wäre ich nicht durch einen mehr als dämlichen Zufall in eine verzwickte Doppelrolle geraten: Kurz vor Feierabend kamen Frau Segmüller und mein Chef zusammen in mein Büro, schlossen die Tür hinter sich und bauten sich stillschweigend-theatralisch mit ernsten Minen vor meinem Schreibtisch auf.

»Ist irgendwas?«, fragte ich.

»Ja, also, ich, äh ...«, stammelte Frau Segmüller, »hatte vor zwei Jahren mal einen Bandscheibenvorfall, das ist alles gut verheilt, mein Arzt sagt sogar, ich wäre ...«

»Komm zum Punkt, Erika!«, zeterte mein Chef. »Die Kurzfassung, bitte!«

Die Kurzfassung war, dass Frau Segmüller von nun an jeden Morgen zur Krankengymnastik musste und ich in den nächsten Wochen täglich vier Stunden als Ersatzsekretärin in Herrn Speeks Vorzimmer instrumentalisiert werden sollte. Meine vorsichtige Frage, ob ich mir diese Aufgabe mit den anderen Praktikanten teilen dürfte – das würde für jeden von uns nur einen Morgen in der Woche bedeuten – verursachte das sofortige Hervortreten einer beängstigend dicken Vene am Hals meines Chefs, die stark pulsierend Blut in seinen Kopf pumpte. Er lief rot an. Dann begann er zu schreien. Es sei »rein logisch«, dass er für diesen Dienst »ein Frollein!« brauchte, denn »ein Mann als Sekretärin, das glaubt ja kein Mensch!«

Dass ich mich nun tendenziell in meiner Weiblichkeit diskriminiert fühlte, sagte ich nicht. Stattdessen gab ich ein debiles Stottern befremdlicher

Verblüffung von mir, welches mein Chef umgehend zum Anlass nahm, wortlos aus meinem Büro zu verschwinden. Wahrscheinlich war ich unter vier Jungs ohnehin nur die Quotenfrau. Somit war es logisch, dass ich zum Sekretariatsdienst antreten musste, offensichtlich interessierte sich niemand für meine eigentliche Arbeit. Das galt es zu ändern. Meine mittelfristige Strategie war, meine Sekretariatsarbeit zunächst demütig und stillschweigend anzunehmen. Langfristig jedoch wollte ich parallel dazu mit überragender Leistung im Produktionsbereich punkten, um mir meinen Platz im Ausbildungsprogramm zu sichern.

→

So saß ich bereits am nächsten Morgen im Vorzimmer und bewunderte die Ironie meines Schicksals: Um einer solchen Tätigkeit zu entgehen, hatte ich mich in den letzten Jahren von der für mich vorgesehenen Bürolaufbahn in der Autowerkstatt meiner Eltern erst zum Abitur und dann zur Universität stetig nach oben gekämpft. Nur um nun wieder als Schreibkraft zu enden, und diesmal sogar ohne Bezahlung. Irgendwie schien es meine unumgängliche Bestimmung zu sein. Um Rechnungen abzuheften und Briefe zu öffnen, wurde ich nun offiziell von all meinen anderen Arbeiten freigestellt. Laut Chef war es aber meine wichtigste Aufgabe, »Anrufe anzunehmen und durchzustellen!« Das könnte auch meine Katze. Zu allem Überfluss erklärte mir Frau Segmüller vor meinem ersten Einsatz ausschweifend, dass Telefonate grundsätzlich *nicht* durchgestellt würden, denn das störe den kreativen Flow unseres Chefs. Es sollten aber Name und Nummer notiert werden und er würde sich zurückmelden, wenn die Muse gerade ausgewandert war. Jetzt könnte es sogar die Prostata meiner Katze. Aber immerhin hatte meine Situation einen so hohen Grad an Absurdität erreicht, dass keine Steigerung mehr möglich war. Dachte ich.

Bereits fünf Minuten, nachdem Frau Segmüller am Montagmorgen gegangen war, stellte ich fest, dass ich die Anforderungen ihres Jobs maßgeblich unterschätzt hatte. Nach jedem Anruf, zu dem ich Name und Nummer notiert hatte, kam mein Chef hektisch ins Vorzimmer gerast.

Man sah ihm dabei an, dass er eigentlich schnell rennen wollte, aber sich noch so weit im Griff hatte, dass es letzten Endes eine Mischung aus Laufen und Gehen war, wobei er sich nicht selten an einer aus Zeitmangel nicht richtig geöffneten Tür irgendwelche Körperteile anstieß. Dann kratzte er die Kurve, stemmte mit durchgedrückten Armen die Fäuste auf meinen Schreibtisch und blickte mich aus zusammengekniffenen Augen eindringlich an. Er wollte sofort sämtliche Informationen: Wer am Telefon gewesen war, was er wollte, was ich gesagt und ob ich die Nummer notiert hatte. Dann rechtfertigte er sich vorwurfsvoll, er habe schließlich keine Zeit, alle Anrufe selbst entgegenzunehmen, und das könne bei seinem geleisteten Arbeitspensum auch niemand von ihm erwarten. Das Ganze hörte sich an wie ein entschuldigendes Selbstgespräch und dabei lief er, so schnell er konnte, gebückt um meinen Tisch und fuhr sich mit den Händen durch die nicht vorhandenen Haare. Eigentlich hätte er in dieser Zeit den Anruf selbst annehmen, die Sache klären und zusätzlich noch eine ganze Zeit lang seinen kleinen Knetball kneten können. Aber ich hütete mich, ihm das zu sagen. Stattdessen gab ich ihm recht und er trottete selbstzufrieden zurück in sein Büro. So lief es, wenn alles gut lief. Leider gab es Ausnahmen. Zum Beispiel, als ich mir ein einziges Mal erlaubt hatte, die Nummer eines Anrufers für meinen Chef nicht zu notieren, da es sich um seine Mutter handelte. Leichtsinnig war ich davon ausgegangen, dass man die Nummer der eigenen Mutter einfach besitzt. Das wurde mir von Herrn Speeks sogar bestätigt, allerdings ging es »ums Prinzip!« und wenn ich die Anweisung hatte, »jede Nummer zu notieren!«, dann sollte ich eben auch »jede Nummer notieren!«

Nach einem halben Jahr in diesem Verein war man wahrscheinlich automatisch für sinnloses Handeln nach vorgegebenen Schritten in der höheren Beamtenlaufbahn qualifiziert. Aber ich sollte lernen, dass es ganz so einfach doch nicht war. Es gab nämlich genau einen Ausnahmefall, in dem man den Namen auf keinen Fall notieren durfte – und zwar bei Prominenten. Diese könnten sich dann nämlich nicht erkannt und damit diskreditiert fühlen. Blöd nur, wenn man die Promis wirklich nicht kennt. Einmal rief ein sehr netter Herr namens Walter Plathe an. Ich notierte Namen und Nummer und erzählte das alles meinem Chef, als er nach 5-4-3-2-1 Sekunden aus seinem Büro gestürmt kam. Das war nicht gut.

»*Ein* Walter Plathe hat angerufen? *Eiiin* Walter Plathe? Sie wollen in der Filmbranche arbeiten und kennen Walter Plathe nicht?«

»Nein, tut mir leid, Chef.«

»Haben Sie nie *Derrick* gesehen? Oder *Der Landarzt*?«

»Nein, tut mir leid, Chef. Das ist nicht mein Geschmack. Jeder hat so seine Favoriten, oder? Also, hätte Josh Hartnett angerufen, hätte ich gewusst, wer's ist.«

»Wer zum Teufel ist Josh Hartnett?«

»Sehen Sie?«

Mit einem diesmal lautstarken »hmpfgrmlgrml« verschwand er wieder; durch den Schock hatte er sogar vergessen, gebückt um den Tisch zu laufen. Dafür kam er wenige Minuten später zurück in mein Büro gestürmt, um mir zu sagen, dass er sich über Josh Hartnett informiert hatte.

»... aber der wird für unsere Produktionen zu teuer sein, Frau Bentz. Also seien Sie bitte nicht enttäuscht, wenn er niemals hier anruft!«

»Das dachte ich mir schon, Chef«, sagte ich und erklärte stolz, dass ich mich in der Zwischenzeit auch über Walter Plathe informiert hatte.

»Gut so!«, bellte mein Chef und stürmte wieder davon.

→

So war es ausschließlich meinem Sondereinsatz im Vorzimmer zu verdanken, dass ich mich nun auf eine bestimmte – wenn auch eher skurrile – Weise plötzlich besser mit meinem Chef verstand. Damit hatte ich den anderen Praktikanten etwas voraus. Der Nachteil: Trotz der vier Stunden am Tag, die mein Bürodienst verschlang, verlangte Herr Speeks nach wie vor die gleiche Arbeit von mir wie von allen anderen, teilweise sogar mehr. Er wollte permanent Meinungen zu Drehbüchern, fertige Kalkulationen und eingeholte Angebote. Ich erschien morgens als Erste, ging abends als Letzte und arbeitete nachts weiter, um das Soll zu erfüllen. Am Freitagnachmittag fühlte ich mich so müde und kraftlos, dass ich ausnahmsweise pünktlich zum Feierabend das Büro verließ. Auf dem

Nachhauseweg plagte mich das schlechte Gewissen so sehr, dass die Müdigkeit in Nervosität umschlug. Sogar ein kurzer Besuch meiner alten Schulfreundin Melissa, die zufällig zum Shoppen in der Stadt war und deren stoische Gemütsruhe in aller Regel jegliche Hektik und Unruhe aus dem kompletten Umfeld zu absorbieren vermochte, wirkte sich nicht positiv auf meinen Gemütszustand aus. Der Versuch, mit Melissa über meine Situation zu sprechen, war Zeitverschwendung; sie blickte mich aus ihren großen Kuhaugen ausdruckslos an und empfahl mir, mich einfach mal locker zu machen. Sie hatte leicht reden.

Melissa hatte sich noch niemals in ihrem Leben in einer schwierigen Situation befunden, da sie grundsätzlich und mit traumwandlerischer Sicherheit den Weg des geringsten Widerstandes aufspürte. Nach einer abgebrochenen Lehre als Schuhverkäuferin hatte sie aus purer Langeweile Jürgen geheiratet, der in unserem Nachbardorf dafür berühmt geworden war, dass er im zarten Alter von 27 Jahren das mäßig erfolgreiche Lampenschirmimperium seines verstorbenen Großonkels übernommen hatte. Jürgen als Mensch ist so spannend wie mein Schleudertrockner, das weiß auch Melissa. Und Jürgen weiß, dass Melissa es weiß. Aber er würde sich ein Bein ausreißen, um sie glücklich zu machen. Das reicht ihr. Manchmal beneide ich sie alle um ihre Einfalt. Aber als ich in dieser Nacht schlaflos an die Decke über meinem Bett starrte, beneidete ich Melissa vor allem um ihre an Apathie grenzende Gleichmut und ärgerte mich über meinen Mangel daran.

→

Wacher als je zuvor und gleichzeitig unglaublich müde saß ich in den frühen Morgenstunden in meinem Wohnzimmer, rauchte Kette und dachte nach. Meine Nervosität und die Schlafprobleme verschlimmerten sich nun schon seit mehreren Monaten konstant. Angefangen hatte es mit dem Lernstress für die Abschlussprüfungen an der Uni: Je anstrengender ein Tag oder eine Woche war und je nötiger ich daher die Erholung in der Nacht oder am Wochenende brauchte, desto weniger konnte ich entspannen. Und obwohl ich sicher gewesen war, den ganzen Druck nach der letzten Klausur mit einem Schlag los zu sein, ging die nervöse Grundstimmung nahtlos in die Zeit der Jobsuche über. Erst eine sichere Anstellung, ein fester Vertrag, dachte ich, dann kann ich aufatmen. Zwar hatte ich schon vor dem Abschluss Bewerbungen geschrieben, um einen nahtlosen Übergang in den Job sicherzustellen – allerdings ohne Erfolg. Ich gab dem fehlenden Abschlusszeugnis die Schuld und blieb optimistisch. Nach der letzten Prüfung startete ich den nächsten Versuch; mein Lebenslauf listete nun fein säuberlich alles auf, was gemeinhin verlangt wird: Ich hatte Berufsausbildung und Studium schnell und gut abgeschlossen, die unverzichtbaren Auslandserfahrungen gesammelt und langjährig unbezahlt als Praktikantin oder freie Mitarbeiterin in den Redaktionen der ganzen Nation geschuftet. Die Welt wartete nur auf mich, da war ich mir sicher.

Tat sie aber nicht. Es gab kaum Stellenangebote in meinem Bereich, noch weniger Einladungen zu Vorstellungsgesprächen, und auf Initiativbewerbungen reagierten die meisten Firmen noch nicht einmal mit einer Eingangsbestätigung. Ich fühlte mich wie die Grille, die hungrig in der Kälte sitzt, weil sie den Sommer über gesungen hat, anstatt, wie die fleißige Ameise, Nahrung für den Winter zu sammeln. Paradox daran war: Ich hatte gar nicht gesungen, sondern gesammelt, und zwar für zehn Ameisen, stand aber trotzdem mit leeren Händen da. Jahrelang hatte ich mich abgerackert, mir keine Pause gegönnt. Die Grille, die wenigstens im Sommer ihr Leben genossen hatte, und die Ameise, der es gelungen war, etwas Verwertbares zu sammeln, lachten mich beide hämisch aus. Stattdessen wieder ein Praktikum. Wie viele meiner Exkommilitonen musste ich weiterhin alle möglichen Stationen des Niedrig- und Garnicht-Lohnsektors durchlaufen. Immer noch musste ich mich beweisen, hatte Prüfungen zu bestehen. Und es war kein Ende in Sicht. Selbst das Ausbildungsprogramm, auf das ich hinarbeitete, war befristet. Obwohl ich die ganze Debatte um die Generation dreißig hasste, steckte ich mittendrin.

Wir sorgen für viel Diskussionsstoff. Als Gesellschaftsgruppe, die sich abrackert und trotzdem auf der Stelle tritt, als Generation Praktikum, als wissenschaftliches Prekariat. Vor allem aber als Menschen, die innerlich zerrissen sind zwischen alten Werten und vermeintlicher Freiheit. Während die Vorgängergeneration der Meinung ist, wir sollten doch aufhören zu jammern. Sie hat gut reden. Damals hatte man mit dreißig feste Gehälter, Haus und Familie. Und obwohl ich das viel zu spießig finde, ärgert es mich doch, dass selbst, wenn ich wollte, es einfach nicht machbar wäre. Die Ausbildungswege sind lang, ein Studienabschluss führt nicht mehr zu einem sicheren Job oder zumindest nicht gleich. Die Finanzkrise hat dieser ganzen Entwicklung nur noch das Sahnehäubchen aufgesetzt. Sie ist zwar sang- und klanglos wieder verschwunden, aber die Zukunftsangst, die sie uns mitgebracht hatte, die durften wir behalten. Darüber darf man aber nicht sprechen. Motiviert müssen wir sein, offen für die Welt, wir sollen es großartig finden, bedingungslos flexibel und mobil zu sein und für jedes Praktikum oder Volontariat die Stadt zu wechseln – ohne zu wissen, wie lange wir diesmal bleiben dürfen oder ob es diesmal zu einem befristeten Vertrag führt. Wieder eine andere WG, wieder andere Mitbewohner, wieder ein Nebenjob bei Starbucks, wieder ein Techtelmechtel, das keine Aussichten auf Zukunft hat. Mit 24 ist das aufregend, mit dreißig einfach anstrengend. Und obwohl ich zurzeit in meinem gewohnten Umfeld bin, fühle ich mich prophylaktisch heimatlos. Wer weiß, wann und wie schnell es mich irgendwo anders hin verschlägt. Es gibt nur noch Aufbruch, kein Ankommen. Daran zerbrechen Freundschaften und Beziehungen: Der eine muss nach dem Abschluss für ein Praktikum ins Ausland, der andere wird für sein Lehramtsreferendariat nach Castrop-Rauxel berufen. Fernbeziehung oder Trennung? In dieser Reihenfolge. Solche Überlegungen lassen mich mein Studium bereuen. Für eine Stelle werde ich früher oder später wieder die Stadt wechseln müssen und damit weiterhin Job über Wahlheimat, Freunde und Beziehung stellen. Hätte ich mich für eine Laufbahn als Krankenschwester oder Rechtsanwaltsfachangestellte entschieden, könnte ich nun überall arbeiten. Und mir erlauben, mein Privatleben wichtig zu nehmen. Eine Familie gründen gilt nur für Akademikerfrauen als sozialer Fauxpas gegenüber dem Arbeitgeber. Eine Sekretärin darf das. Und bekommt noch Blumen vom Chef dazu. Auch wenn das Feuilleton geschlossen darüber sinniert, wie sich Gesetze und Ehemänner besser einbringen können, auf die Welt gebracht werden müssen Kinder weiterhin von Frauen, daran kann auch die Politik nichts ändern. Und die Arbeitgeber wissen das. Aber den Männern geht es nicht besser, nur anders. Die Phase fester Jobs und berechenbarer Gehälter verschiebt sich auch für sie nach hinten. Und damit auch die Zeit, in der sie als traditioneller Versorger eine Familie ernähren könnten, wie es der Vater vorgelebt hat. Selbst wenn es heute nicht mehr gefragt ist, dass der Mann alleine für den Unterhalt sorgt, so kratzt die Vorstellung, dass er es auch gar nicht könnte, doch am männlichen Stolz. Aber was sollen wir dagegen tun? Sich wehren, heißt es von »oben«. Aber was will man von einer Generation erwarten, die ausgerechnet durch die Angst vor Sozialversagen in die Opferrolle der leicht Ausbeutbaren getrieben wird? Ich glaube nicht, dass unsere Eltern und Großeltern, die uns Fleiß und soziale Sicherheit als höchstes Gut eingetrichtert haben, das wollten. Aber die Gesellschaft hat uns zu dem gemacht, was wir sind. Da helfen nun auch keine Vorwürfe. Wir sind nicht zu 68ern erzogen worden. Natürlich müssten wir uns wehren. Eine derart streitbare Lebenslage müsste mich eigentlich herausfordern. Meinen Kampfgeist wecken, das Problem siegessicher anzugehen und allem Übel den Todesstoß zu versetzen. Aber im Augenblick schaffte ich es noch nicht einmal, meine Wäsche zu sortieren. Als ich die letzte Zigarette meiner Packung rauchte, hörte ich den Schlüssel in meiner Wohnungstür; wie jeden Samstagmorgen kam mein Freund für das Wochenende zu Besuch. Kurze Zeit später betrat er mit einer Brötchentüte in der Hand das Wohnzimmer. Ich raffte mich von der Couch auf und lief ihm entgegen.

»Morgen«, sagte ich und umarmte ihn. »Danke für die Brötchen.«

»Hi«, sagte er und musterte mich. »Was ist los mit dir?«

Ich sah mit der zerknitterten Bluse vom Vortag, ungekämmten Haaren und zerlaufener Wimperntusche tatsächlich etwas abgewirtschaftet aus.

»Konnte nicht schlafen«, sagte ich. »Bin ziemlich fertig heute.«

»Hm, okay«, erwiderte er, legte die Brötchentüte in der Küche ab und wandte sich zum Gehen. »Also ich hab heute Bock auf Sport und Party, das ist dir dann wohl zu viel. Wir können ja telefonieren.«

Den Impuls, ihm zu sagen, dass mich seine herablassende Gleichgültigkeit zusätzlich fertigmachte, konnte ich erfolgreich unterdrücken. Das hätte unter Garantie zu Streit geführt. Und Streiten war ohnehin Hauptbestandteil unserer mittlerweile vier Jahre alten Beziehung. Dabei kann ich noch nicht einmal sicher sagen, wo das Problem liegt. Wir sind wie der Kommunismus: in der Theorie eine gute Idee, aber in der Praxis ein absolutes Desaster – und keiner weiß genau, warum.

»Hast du noch Kippen?«, fragte ich. Er warf mir eine angebrochene Schachtel zu und war nach einer gequält-liebevollen Verabschiedung verschwunden. Ich fühlte mich krank. Mein Kopf glühte und ich bekam schlecht Luft. Den restlichen Tag verbrachte ich damit, meine Wohnung zu putzen, obwohl sie nicht schmutzig war.

→

In der Nacht schlief ich wenige Stunden in Etappen und setzte mich frühmorgens, von schlechtem Gewissen getrieben, an die Arbeit. Ich hatte mir vorgenommen, ein raffiniertes Stempel- und Vorsortierungssystem für neue Drehbucheinsendungen zu entwickeln, um Frau Segmüller und meinem Chef für die Zukunft einiges an Verwaltungsaufwand zu ersparen. Bei der Arbeit wurde ich über die Lautsprecherfunktion meines Telefons unablässig von Stimmen begleitet; entweder war's die in ruhigem Ton mahnende Stimme meiner Freundin Melissa oder die gackerig-hysterische meiner Freundin Sam. Abwechselnd machten sie mir Vorwürfe, weil ich aus ihrer Sicht die Situation mit meinem Freund falsch gehandhabt hatte. Sam meinte, ich müsse endlich lernen, einen gesunden Egoismus zu entwickeln und ihm sagen, was ich denke. Dabei schlug ihr Hang zum Feminismus durch. Sam hatte ich direkt an meinem ersten Tag an der Universität kennengelernt. Letztendlich waren aus ihrem Studium nur ein sechstel Semester Soziologie und Theaterwissenschaften sowie eine Langzeitaffäre mit meinem Marketingdozenten geworden. Seitdem hält sie sich mit Gelegenheitsjobs über Wasser und wartet auf den großen Durchbruch als Philosophin. Insgeheim wünscht sie sich die Zeiten im alten Athen zurück: Sie könnte ihre Weisheiten auf dem Marktplatz kundtun und die erleuchteten Menschen würden sie mit Geld bewerfen.

»Aber ich habe nach so einer harten Woche einfach keine Kraft mehr zum Streiten«, rechtfertigte ich mich. »Und darauf läuft es jedes Mal hinaus. Dass mir das Ganze noch mehr Kraft raubt.«

»Da sagst du genau das Richtige«, sagte Sam. »Deine Beziehung raubt dir Kraft, anstatt dass sie dir welche gibt. Denk mal drüber nach.«

Melissa hingegen meinte, ich bräuchte mich nicht zu wundern, wenn mein Freund mich demnächst sitzen lassen würde, um mit einer unterbelichteten zwanzigjährigen Koch- und Backfee glücklich zu werden, die ihm seine Hemden bügeln und Kinder gebären würde. Ich hingegen würde in meinem fortgeschrittenen Alter von fast dreißig Jahren keinen Mann mehr finden und leer ausgehen. Deshalb sollte ich künftig mehr auf seine Bedürfnisse achten. Außerdem nutzte sie die Gelegenheit, mich mahnend darüber in Kenntnis zu setzen, dass ich seit Wochen nicht mehr bei ihrem Umweltschutzprojekt »Müllfreier Hubertuswald« geholfen hatte. Im Nachhinein hätte ich eine Telefonkonferenz mit Melissa und Sam schalten und den Hörer zur Seite legen sollen. Während sich die beiden mit ihren konträren Meinungen gegenseitig zerpflückt hätten, hätte ich ordentlich was weggeschafft. Letztendlich gab ich beiden recht, um in Ruhe arbeiten zu können.

→

Am Montag erschien ich, wie ich es mir mittlerweile angewöhnt hatte, eine Stunde zu früh im Büro. Es war kein guter Tag. Ich fühlte mich immer noch krank, mein Kopf glühte weiter, ich bekam schlecht Luft und weder mein Chef noch Frau Segmüller kommentierten mein neues Sortierungssystem. Um punkt zwölf Uhr standen, wie jeden Mittag, die vier anderen Praktikanten in meinem Büro, um mich zur Kantine abzuholen. Und wie jeden Mittag kam ich nicht mit. Da ich niemanden vor den Kopf stoßen wollte, erfand ich ständig Diäten, Entgiftungskuren, Lebensmittelunverträglichkeiten und abendliche Grilleinladungen. Insgeheim hatte ich den Eindruck, dass die anderen in ihrer kürzeren Arbeitszeit einfach viel mehr schafften als ich, denn sonst konnten sie sich wohl kaum jeden Tag eine Stunde Mittagspause gönnen und dann auch noch rechtzeitig nach Hause gehen. Meine Gedanken wurden von lautem Klopfen an der Bürotür unterbrochen. Frau Segmüller überbrachte mir die Nachricht, ich solle am nächsten Morgen ein Meeting zur Vorproduktion unseres neuen TV-Thrillers leiten, und fügte mit einem Augenzwinkern hinzu, Herr Speeks habe mich deswegen ausgewählt, weil ich *die Fleißigste* im Team sei. Die Freude über dieses Lob paarte sich mit dem bitteren Argwohn, dass es sich bei der Aufgabe um einen Test handeln könnte, ob ich trotz meines durch den Sekretariatsdienst erhöhten Arbeitspensums ein gutes Ergebnis abliefern würde. Ja, ich würde. Selbst wenn ich mich der Zusatzbelastung im Augenblick nicht gewachsen fühlte. An diesem Abend saß ich bis 22 Uhr im Büro. Während der anschließenden Feierabendzigarette auf der Feuerleiter war ich so nervös, dass ich nicht ruhig stehen konnte. Zu allem Überfluss fühlte sich Mimi aus unerfindlichen Gründen dazu berufen, mir ununterbrochen zu sagen, wie scheiße ich aussah.

Endlich zu Hause angekommen, setzte ich mich an den Schreibtisch und ärgerte mich darüber, wie gemächlich mein alter Laptop die Präsentation für das Meeting vom USB-Stick öffnete. Mein Herz klopfte schneller als sonst. Alle Unterlagen waren seit dem späten Nachmittag fertig und ursprünglich wollte ich nur einen groben Drehplan an alle Kollegen mailen. Letztendlich saß ich mehrere Stunden fieberhaft daran, Präsentation und Zeitpläne mehrfach umzustellen, neu auszuarbeiten und wieder in den Ursprungszustand zu versetzen. Um Viertel nach fünf zwang ich mich ins Bett. Ich *musste* sofort einschlafen, sonst würde ich das Meeting niemals durchstehen. Mit jeder Minute, die verging und die mein Digitalwecker höhnisch in roten Zahlen aufblinken ließ, wurde ich verzweifelter. Um halb sechs saß ich laut schluchzend aufrecht im Bett und versuchte, um mich wieder zu beruhigen, mit mir selbst die Übereinkunft zu schließen, nach der Präsentation das Büro rechtzeitig zu verlassen und endlich Schlaf nachzuholen.

Nur noch diesen Tag durchstehen. Um mich etwas abzulenken, checkte ich meine privaten E-Mails. Ein paar Mails mit Polizistenwitzen und dem Titel FWD: von Sam. Und eine Einladung zur ersten

Prüfungsrunde für ein Volontariat beim öffentlich-rechtlichen Fernsehen. Damit hatte ich nicht mehr gerechnet. Tausend Fragen schossen mir gleichzeitig durch den Kopf. Hatte ich das Praktikum zu unbedacht angenommen? Hätte ich lieber auf Antwort von anderen Firmen warten sollen? Sollte ich zu dieser Prüfungsrunde fahren? Ich könnte es im Büro verheimlichen. Mein Plan war es von vornherein gewesen, vom Praktikum abzuspringen, falls sich etwas Besseres böte. Aber wie sollte ich es im Augenblick auch noch schaffen, mich auf eine Prüfung vorzubereiten? Dann fehlte die Zeit im Büro und ich würde auch noch die Chance auf das Ausbildungsprogramm verlieren. Oder sollte ich alles auf eine Karte setzen, weil hinter dieser Mail vielleicht die Zukunft lauerte, die ich mir wünschte? War dieser Job vielleicht der, auf den ich gewartet hatte? Einerseits suchte ich nach festen Strukturen und Sicherheit, andererseits traute ich mich nicht, selbst einen soliden Standpunkt anzunehmen. Aus Angst, mich falsch zu entscheiden. Jede Entscheidung für ein bestimmtes Lebensmodell ist gleichzeitig eine Entscheidung gegen viele andere. Welcher Weg war jetzt richtig? Womit würde ich am glücklichsten? In welcher der Städte wartete langfristig der beste Job? Die große Liebe? Die schönste Zukunft? Genau deswegen werden wir zynisch »Generation Maybe« genannt, ein Haufen unentschlossener Optimierer, die »vielleicht« sagen und im »Sowohl-als-auch« leben. Das klingt, als wären wir schrecklich verwöhnte Spaßmenschen, die vorsätzlich entscheidungsgehemmt nicht erwachsen werden wollen. Aber so ist es nicht. Bei dieser Vielzahl an Möglichkeiten, hinter denen sich selten etwas Haltbares verbirgt, scheint mir absolute und freie Selbstbestimmung nicht immer ein Segen zu sein. Man springt gedanklich und körperlich im Zickzack, nur um nicht die Chance zu verpassen, irgendwann Ruhe und Sicherheit zu finden – und verpasst sie auf diese Weise erst recht. Es kommt mir so vor, als könne das Hirn durch dieses jahrelang verlangte Hin und Her nicht mehr stillstehen. Bietet sich dann tatsächlich eine Möglichkeit, geradlinig einen Weg zu verfolgen, ändern wir schon von selbst die Richtung – weil wir die Ruhe nicht mehr ertragen, sie erscheint uns verdächtig. Stillstand kann nichts Gutes bedeuten in einer Zeit, in der das Sammeln von Lebenslaufstationen zum Selbstzweck geworden ist. Wir können nicht mehr anhalten – wie ein kleines Kind, das zum ersten Mal losläuft und vor lauter Unbeholfenheit von selbst immer schneller wird.

→

Auf dem Weg zur Arbeit war mir so übel, dass ich zwei Mal am Straßenrand halten musste. Ich ärgerte mich darüber, wie jämmerlich mein Körper auf ein paar Tage ohne Schlaf reagierte. Als ich im Aufzug in den Spiegel sah, wusste ich, was Mimi gemeint hatte. Zwar gehöre ich aufgrund meiner naturroten Haare generell zum eher blassen Menschentyp, aber nun war mein Gesicht bleich, beinahe gräulich, so dass es einfach nur ungesund aussah. Schwarze Schatten unter meinen Augen schimmerten kraftvoll durch ein gut deckendes Make-up und die eingefallenen Wangen ließen mich vermuten, dass ich schon wieder untergewichtig war. Zurzeit aß ich nur schlabberige belegte Brötchen, wenn ich ohnehin zum Zigarettenholen zur Tankstelle musste. Als sich der Aufzug in Bewegung setzte, wurde mir so schwindelig, dass ich kaum das Gleichgewicht halten konnte. Ich stellte mir ernsthaft die Frage, wie ich den Tag bewältigen sollte. Als sich die Aufzugtür im sechsten Stockwerk öffnete, sah ich Timo und Florian mit ihren Kaffeebechern auf dem Flur stehen.

»Hey, Jenny«, sagte Timo gut gelaunt, »guten Morgen!«

»Hi«, sagte ich knapp.

»Wir reden gerade über die Praktikanten-Einstandsparty am Freitag«, fuhr Timo fort. »Bist du dabei? Hast du Lust, etwas mitzuorganisieren?«

Ich erfand eine Familienfeier für den besagten Abend und entschuldigte mich höflich. Als ich auf dem Weg in mein Büro am Besprechungsraum vorbeikam, sah ich Mimi, die einen langen Konferenztisch für unser Vorproduktionsmeeting herrichtete. Ich musste feststellen, dass sie keinerlei Wert auf Symmetrie und Einheitlichkeit legte, als sie bei jedem der fünfzehn Sitzplätze zwei kleine Fläschchen mit Wasser und einen Teller mit Keksen platzierte. Ich ging ihr zur Hand.

»Jenny, das nicht Aufgabe«, sagte Mimi wild gestikulierend, »du viel schon zu tun!«

»Ich will aber«, antwortete ich trotzig und platzierte die Unterlagen, die ich für jeden Teilnehmer vorbereitet hatte, jeweils schräg mit einem Blümchen und einer Klarsichtfolie unter die Keksteller. Beim vorletzten Platz, im vorderen Teil des Besprechungsraumes, fiel mein Blick auf die Überschrift des Zeitplanes und ich entdeckte ein überflüssiges Leerzeichen zwischen Filmtitel und Sendetermin. Das konnte so nicht bleiben. Eilig verließ ich den Besprechungsraum in Richtung meines Büros. Auf dem Flur spürte ich plötzlich ein starkes Ziehen im Herzen. Schnell bog ich ab, schloss meine Bürotür hinter mir und ließ mich auf den Stuhl fallen. Der befremdliche Schmerz ließ zwar sofort nach, aber ich fragte mich ängstlich, ob es im zarten Alter von 29 Jahren schon erlaubt ist, Herzinfarkte zu bekommen. Vor allem, wenn man noch nicht einmal zwei Wochen am Stück gearbeitet hat. *Überforderte Praktikantin zeigt guten Willen und eliminiert sich selbst.* Dafür kann man sicher schon mal den Darwin-Award kassieren. Das Herzstechen war verschwunden, aber ich fühlte eine seltsame Enge in der Brust und musste mich, um Luft zu bekommen, auf jeden einzelnen Atemzug konzentrieren. Ich schluckte zwei Ibuprofen mit einem dreifachen Espresso und wartete vergeblich auf eine Verbesserung meines Zustandes. Es war nun bereits kurz vor neun und es machte mich rasend, dass die Zeit für die Korrektur der Unterlagen nicht mehr ausreichte. Als ich den Besprechungsraum betrat, saßen Florian und Timo bereits auf den beiden Plätzen am hinteren Teil des Konferenztisches.

»Danke für die Vorab-Unterlagen per Mail«, sagte Timo. »Wie hast du das gemacht mit den Mindmaps? Sieht super aus! Gibt's dafür irgendein Programm?«

»Äh ... Concept Draw«, sagte ich und zwang mich, hinsichtlich einer so dämlichen Frage nicht vorwurfsvoll zu klingen. Während weitere Kollegen aus Marketing und Online-Redaktion eintraten, schaltete ich den Beamer ein, um die Präsentation und den Zeitplan für den Dreh sichtbar zu machen. Zu guter Letzt kamen mein Chef und Frau Segmüller in den Besprechungsraum, während zwei andere Kollegen wegen Handy-Anrufen den Konferenztisch wieder verließen, um laut sprechend und wild gestikulierend im Flur umherzugehen. Ich konnte die Unruhe um mich herum kaum aushalten, da schon die Nervosität in meinem Innern kaum kontrollierbar war. Wieder musste ich mich auf das regelmäßige Einatmen konzentrieren, um Luft zu bekommen.

»Fangen Sie ruhig an, Frau Bentz!«, rief mein Chef laut von der linken Seite des Konferenztisches und schloss die Tür hinter sich. »Sie müssen hier nicht auf alle warten!«

Ich begann.

»... Pre-Production-Meeting vor Ort ...«, und »... zwei alternative Drehpläne für unterschiedliche Sendetermine ...«, hörte ich mich erklären, nachdem ich kurz alle Beteiligten begrüßt und das Thema vorgestellt hatte. Mein Magen krampfte sich zusammen, mir wurde übel. Die Tür des Konferenzraumes flog auf und meine beiden Praktikantenkollegen Michael und Christian betraten, in ein Gespräch vertieft, den Konferenzraum. Ich sprach lauter, um die beiden zu übertönen und den Vortrag nicht unterbrechen zu müssen. Meine Übelkeit wurde immer stärker und ich versuchte, dem Impuls, mich hinzusetzen, auf keinen Fall nachzugeben.

»... Location-Besichtigungen in etwa zeitgleich mit der ersten Castingrunde ...«, hörte ich mich noch sagen, als es kein Halten mehr gab. Ich stürmte aus der offenen Tür, den Flur entlang zur Damentoilette, schloss die Tür hinter mir und fühlte bereits die saure Mischung aus Espresso und Schmerzmittel in meiner Kehle aufsteigen. Nachdem ich mich, seit meiner Abiturfeier vor etlichen Jahren, zum ersten Mal wieder übergeben hatte, wühlte ich hektisch in der Tasche meines Blazers, fand ein Kaugummi und trat eilig zurück auf den Flur. Ich versuchte, tief einzuatmen; es ging nicht.

»Entschuldigen Sie bitte«, sagte ich mit fester Stimme, als ich den Konferenzraum betrat. Es herrschte betretene Stille und alle Blicke waren auf mich gerichtet, als ich meine Position neben dem Beamer wieder einnahm und mir ein Lächeln abzwang. »Mir war gerade etwas übel – wahrscheinlich was Falsches gegessen – aber das soll uns hier nicht aufhalten, weiter geht's! Wie gesagt, auf Seite drei finden Sie die für diesen Termin verfügbaren Location-Scouts mit –«

»Frau Bentz«, unterbrach mich Frau Segmüller, »lassen Sie mal. Sie sind ja kreidebleich! Was haben Sie denn da gegessen? Doch nicht etwa dieses Sushi? Mein Sohn ...«

»Erika!«, zeterte mein Chef. »Lern doch endlich mal, die Dinge, die in deinem Kopf rumschwirren, nach Wichtigkeit zu sortieren!«

»Günther, schau sie dir doch an«, sagte Frau Segmüller, völlig unbeeindruckt von Herrn Speeks respektlosem Ton, und gestikulierte in meine Richtung.

»Das geht schon alles«, sagte ich laut, »wir sind ja auch bald durch. Kann ich weiter machen?«

»Nein, lassen Sie mal, Frau Bentz«, sagte mein Chef in beängstigend ruhigem Tonfall. »Sie haben das in Ihren Mail-Unterlagen schon so gut vorbereitet, dass es ohnehin selbsterklärend ist. Gehen Sie für heute nach Hause und ruhen sich aus.«

Widerstand war zwecklos, da Herr Speeks bereits wenige Sekunden später aus dem Konferenzraum verschwunden war und die anderen Kollegen freudig ihre Privatgespräche wieder aufnahmen. Ein paar Minuten später saß ich wieder in meinem Büro und fühlte mich elender als zuvor. Die Wut über meine eigene Unzulänglichkeit lieferte sich ein Wechselspiel mit der Angst davor, irgendwann aufzufliegen. Meine Fassade nicht ewig aufrechterhalten zu können. Für den Augenblick wusste ich absolut nicht, was ich tun sollte; nach Hause gehen, wie Herr Speeks es mir angeboten hatte, kam nicht infrage. Ich wählte Sams Nummer und schluchzte laut ins Telefon. Dabei stammelte ich zusammenhanglose Satzfetzen, von denen mir klar war, dass sie niemand in eine sinnhafte Ordnung zu bringen vermocht hätte. Sam verstand allerdings genug, um mir in ihrem strengen, gegen jegliche Art von Protest resistenten Tonfall das Versprechen abzuringen, nicht nur für heute nach Hause zu gehen, sondern gleich für ein paar Tage zu meinen Eltern zu fahren. Sie hätte mich auch gern zu sich nach Hause eingeladen, allerdings, so erzählte sie mir, war sie bereits damit beschäftigt, einen Nachmieter auszuwählen, da sie am selben Abend noch an die Westküste Vorderindiens auszuwandern gedachte. Sie hatte schon eine möblierte Wohnung vor Ort und eine Arbeitsstelle in einem Internetcafé gefunden. Frau Segmüller reagierte sehr verständnisvoll, als ich *familiäre Gründe* vorschob, für die ich den Rest der Woche verreisen musste.

»Ich habe mir ja gedacht, dass da was mit Ihnen nicht stimmt, Sie sind in den letzten Tagen ein wenig blass um die Nase«, sagte sie und lehnte vehement ab, als ich anbot, von zu Hause zu arbeiten. »Kümmern Sie sich in Ruhe um alles, ich gebe dem Chef Bescheid, der wird das schon verstehen.«

Kurze Zeit später fuhr ich vom Parkplatz. Ich hatte es Sam versprochen, und nur deswegen konnte ich es vor mir selbst rechtfertigen.

Kapitel 2

Antilopen bekommen schneller Burn-out

»Ich hätte viel mehr eingekauft und dein Bett bezogen, wenn ich nur gewusst hätte, dass du zu Besuch kommst«, schimpfte meine Mutter, nachdem ich sie begrüßt und mich zu Hause am Küchentisch niedergelassen hatte.

»Mach dir keine Umstände«, sagte ich, »ich will gar nichts essen.«

»Du gefällst mir überhaupt nicht«, sagte meine Mutter und setzte sich neben mich an den Küchentisch, »seit Monaten sage ich dir, dass du Urlaub brauchst.«

»Ich kann erst Urlaub machen, wenn endlich alles so ist, wie ich es haben will«, sagte ich. »Vorher kann ich nicht entspannen.«

»Meinst du, der ganze Stress und der viele Druck tun dir gut?«, fragte sie. »Du weißt, dass du jederzeit zurückkommen und wieder bei uns im Büro arbeiten kannst.«

»Ja, ich weiß.«

»Das wäre zumindest der einfachere Weg.«

»Der einfachere Weg muss aber nicht der richtige sein.«

Oder doch?

»Aber schau doch mal, wie du aussiehst, das bricht einem ja das Herz«, fuhr meine Mutter unbeirrt fort. »Es würde mich nicht wundern, wenn du durch den ganzen Stress krank geworden bist. Lass dich doch wenigstens bei Dr. Herberti mal durchchecken.«

»Nein.«

»Bitte.«

»Später.«

→

Nach dem Essen ließ ich mich erschöpft auf das Bett in meinem alten, seit Jahren unveränderten Zimmer fallen. Ich hatte es noch nicht einmal geschafft, die Treppe vom Erdgeschoss in den ersten Stock, ohne eine Pause einzulegen, hochzugehen. Je länger ich über die Krankheitstheorie meiner Mutter nachdachte, desto plausibler erschien sie mir. Nach einer halben Stunde Bedenkzeit ging ich bereits von einem seltenen, lebensbedrohlichen Gebrechen aus, das nun beizeiten entdeckt werden musste, um dann auf riskant-dramatische Weise in letzter Sekunde geheilt zu werden. Das würde endlich meine Symptome erklären. Und vor allem würde es bedeuten, dass ich gar nicht leistungsschwach war, sondern die Krankheit an allem schuld war.

Zwei Stunden später, als ich im Wartezimmer meines Hausarztes Dr. Herberti saß, war ich schon so weit, dass ich jede ärztliche Diagnose sofort geglaubt hätte - je fataler, desto einleuchtender. Dr. Herberti vermutete allerdings nur einen »latent-verschleppten grippalen Infekt«.

»Wieso überhaupt *latent*?«, fragte ich gereizt. »Ich fühle mich eindeutig schlecht. Das ist keine Krankheit, die so tut, als wäre sie nicht da. Im Gegenteil, sie ist ziemlich offen und ehrlich!«

Dr. Herbertis Praxis sah noch genauso aus wie früher. Er sitzt seit jeher neben einem großen, schweren Eichenschrank, der mit unzähligen zerschlissenen Medizinbüchern vollgestopft ist. Das Fenster hinter ihm gibt freie Sicht auf *Willie's Schrottplatz*, was nur dann zu Komplikationen führt, wenn Willie ein Mal täglich mit flacher Schirmkappe auf dem Kopf und Zigarette im Mundwinkel auf seinem Turbolader Müll sortiert. Dann ist es nämlich kaum möglich, Dr. Herbertis lange Monologe, in denen er in der Regel völlig unbeirrt fortfährt und aus Prinzip nichts wiederholt, zu verstehen. Das Kunststoffskelett neben dem Tisch war mir seit meiner Kindheit unheimlich; sogar mit dem bunten Halloween-Hut, den es mittlerweile trägt. Auch Dr. Herbertis Eigenheit, seine Patienten grundsätzlich in der dritten Person anzusprechen, selbst wenn er sich allein mit ihnen im Raum befindet, war Bestandteil der vertrauten Welt. Als Kind saß ich an Dr. Herbertis dunklem, zum Eichenschrank passenden Tisch, wenn ich Halsschmerzen hatte, aber die Welt ansonsten in Ordnung war. Oder als Teenie, wenn ich ein Attest brauchte, um nicht nach dem Partywochenende übermüdet zum Schwimmunterricht zu müssen. Dann lächelte ich Dr. Herberti verschmitzt an und er bescheinigte mir mit einem Augenzwinkern eine Mittelohrentzündung.

An diesem Tag blickte ich Dr. Herberti anders an, mit einem seltsamen Mischgefühl aus vorwurfsvoller Resignation und stiller Nostalgie.

Alles, was mir früher ein wohliges Heimatgefühl vermittelt hatte, wirkte nun, nach all den Jahren und mit distanziertem Blick, seltsam surreal. Anstatt nach vorne, in die Metropolen dieser Welt, warf mich das Schicksal zurück auf Start, in das Dorf meiner Kindheit, wo ich in den letzten Jahren nur hin und wieder ein Wochenende verbracht hatte. Mit der Zeit hatte ich den Zugang zu dieser Welt verloren. Meine Problematik und Fragestellungen wirkten an einem Ort, an dem jeder einzelne seinen Platz zu kennen schien und nichts infrage stellte, unangemessen. Hier gehörte ich nicht mehr hin. In meiner neuen Welt konnte ich aber auch nicht so richtig Fuß fassen. Ich war und blieb heimatlos.

»Ich meine latent nicht im Sinne von versteckt, sondern ähhh ... anders«, antwortete Dr. Herberti und räusperte sich.

»Ja, schon klar, als klangvolles Füllwort, das eigentlich gar nichts kann, keine Bedeutung hat«, sagte ich und sofort tat mir mein aggressiver Tonfall leid. »Tschuldigung.«

»Hat sie denn heute etwas schlechte Laune?«, fragte Dr. Herberti ernst, aber versöhnlich.

»Ich kann nachts überhaupt nicht schlafen«, sagte ich und zwang mich, ruhiger zu klingen. »Und kriege keine Luft.«

»Wie meint sie das?«

»Ich kann nur flach, aber nicht tief einatmen und habe Angst, einzuschlafen, weil ich dann vielleicht ersticke, ohne es zu merken.«

»Da hat sie vermutlich einen bronchialen Infekt, schauen wir einfach noch mal nach.«

Dr. Herberti suchte sein Stethoskop.

»Ich habe gehört, sie macht Filme in ihrem neuen Job?«, fragte er und fand sein Stethoskop in einer der untersten Schubladen seines Eichenschrankes. »Kann man denn damit rechnen, bald was von ihr im TV oder Kino zu sehen?«

»Nein. So weit bin ich noch lange nicht«, antwortete ich. »Ich bin nur Praktikantin. Und schon damit komplett überfordert. Zumindest hatte ich den ersten Zusammenbruch, bevor überhaupt die Einstandsparty gefeiert wurde.«

Dr. Herberti lachte laut auf, trat um den Tisch und drückte den kalten Stethoskop-Kopf an meinen Rücken.

»Einmal tief einatmen und Luft anhalten, bitte.«

Ich tat wie befohlen. Mir fiel auf, dass dem Plastikskelett der rechte Arm fehlte.

»Sie kann doch auch wieder im Büro bei ihren Eltern arbeiten«, sagte Dr. Herberti. »Das wäre –«

»Jajaja, ich weiß, das wäre der *einfachere Weg*.«

»Hm«, sagte Dr. Herberti, der soeben mit dem Abhören fertig geworden war, »also ein Infekt ist da nicht drauf.« Fieber fand er auch keins, obwohl mein Kopf permanent glühte.

»Ich will später in der Redaktion auch mal selbst Filme betreuen«, sagte ich. »Das ist zumindest das Endziel.«

»Wenigstens hat sie noch Visionen und viel Abwechslung im Leben«, sagte Dr. Herberti, stopfte das Stethoskop zurück in seine Schreibtischschublade und setzte sich wieder an den Tisch. »Aufregend. Ich beneide sie.«

»Mir wäre weniger Aufregung lieber«, sagte ich, »endlich wissen, wo ich mal ankommen werde, Ruhe und Routine haben. Das bräuchte ich.«

»Sie kann froh sein, dass sie noch ein wenig Spannung hat. Ich sitze hier, tagein, tagaus. Die Leute kommen und wissen schon vorher, welche Rezepte oder Atteste sie wollen.«

Dr. Herberti machte ein deprimiertes Gesicht.

»Sie haben doch eine ganze Bande Enkelkinder«, sagte ich nach einer kurzen, peinlichen Pause, »das sorgt doch auch für Abwechslung.«

»Ja, aber ...«, Dr. Herbertis Lippen bewegten sich lautlos weiter, während Willie auf seinem Turbolader ein Mal von rechts und ein Mal von links am Fenster vorbeiraste, »... und die nehmen mich nicht ernst.«

Ich hatte nicht mitbekommen, wer Dr. Herberti nicht ernst nahm. Vielleicht seine Enkelkinder, weil sie im Windelalter noch nicht verstanden, dass man als Subjekt gemeint sein könnte, auch wenn man in der dritten Person angesprochen wird.

»Oh«, sagte ich und stand auf.

»Sie hat's mal wieder eilig, nicht wahr?«, fragte Dr. Herberti. »Na ja, zumindest sieht sie noch ganz gut aus, obwohl sie nachts nicht schlafen kann.«

»Dr. Herberti«, sagte ich seufzend, »ich habe seit fünfzehn Jahren Hautprobleme, bin aber krankhaft eitel: Ich könnte ein *Schnitzel* so schminken, dass Sie es entzückend fänden!«

Dr. Herberti fing hysterisch an zu lachen und bestellte mich für den nächsten Morgen zu einem Lungenfunktionstest.

→

Am Abend schlief ich zum ersten Mal wieder etwas besser ein und mehrere Stunden am Stück durch. Aber mehr als diese eine Nacht war mir nicht vergönnt; morgens lieferte ich bei Dr. Herbertis Lungenfunktionstest ein dermaßen schlechtes Ergebnis ab, dass er mir mit besorgtem Gesichtsausdruck eine Überweisung zum Radiologen ausstellte. Meine Lunge sollte umgehend geröntgt werden. Obwohl ich erst für den nächsten Tag einen Termin beim Facharzt bekommen hatte, war ich mir meiner Diagnose bereits sicher: Lungenkrebs im Endstadium. Wikipedia sagte, das sei die aggressivste Krebsform mit den geringsten Heilungschancen. All meine Symptome erklärten sich plötzlich wie von selbst, sogar der permanent heiße Kopf: Fieber, das vergeblich versuchte, den Krebs zu bekämpfen. Ich verbrachte die qualvollste Nacht meines Lebens, rauchte zwei Päckchen Zigaretten und hegte die inständige Hoffnung, dass die Zeit noch für die Entwicklung einer genialen Antiraucher-Kampagne reichen würde, um irgendwie schnell noch in die Geschichte einzugehen. Oder um das Ausbildungsprogramm zu bekommen und abzuschließen. Oder vielleicht auch, um noch einmal etwas Schönes zu machen. Vielleicht auf ein Rockkonzert zu gehen. Ein unterdrücktes Freiheitsgefühl wimmerte kläglich in irgendeinem verschütteten Seelenwinkel, aber bevor ich es zu einem Funken Lebensfreude transformieren konnte, wurde mir meine dämliche Lage bewusst. Einerseits war mir der Tod auf den Fersen, andererseits rannte ich einer banalen Arbeitsstelle hinterher. Ich erinnerte mich daran, dass mein Freund vor Jahren auch einmal von einem tödlichen Lungenkrebsleiden überzeugt gewesen war. Damals hatte er starke Schmerzen in der Brust gehabt, die sich letztendlich als eine unheilbare, aber harmlose Muskelkrankheit herausgestellt hatten. Er hatte dabei allerdings etwas Wichtiges von seinem Arzt erfahren: Krebs an sich *tut nicht weh*. Seitdem war er ein Besserwisser auf diesem Gebiet. Hier sah ich einen weiteren Beweis für meine Krebserkrankung: Ich hatte keinerlei Schmerzen in der Lunge.

Als ich am nächsten Morgen in der Facharztpraxis ankam, schwor ich mir, das Rauchen sofort aufzugeben, sollte ich wider Erwarten gesund sein. In eine solche Situation wollte ich durch eigene Dummheit nie wieder geraten. Nach der Patientenaufnahme durfte ich sofort zum Röntgen, anschließend bat mich eine gesichtslose Arzthelferin, im Wartezimmer Platz zu nehmen. Wartezimmer, Wartezeit, Warteschlange. Warten auf den Uni-Abschluss, den Job, den festen Vertrag. Mein ganzes Leben war zu einer Warteschleife verkommen, kreisförmig und ohne Ausweg. Ich verweigerte das extra fürs Warten vorgesehene Zimmer und setzte mich auf einen der beiden weißen Plastikstühle im Flur neben der Rezeption. Von einem leicht rebellischen Blickwinkel aus betrachtet war der Gedanke an den Tod verführerisch – wenigstens hier hielt das Warten ein Ende bereit.

»Das sind ja ganz schön krasse Aufnahmen bei Herrn Schelling«, hörte ich die Arzthelferin, die kurz zuvor noch meine Personalien aufgenommen hatte, durch die dünne Wand sagen.

»Boahhh, stimmt«, hörte ich eine andere, mir bislang unbekannte, rauchige Frauenstimme antworten. »Aber der is' eh ein Vollidiot, fand ich von Anfang an total daneben.«

»Echt jetzt? Ist doch ganz nett eigentlich ...«, erwiderte die erste Arzthelferin.

»Nein wirklich, nicht schlimm um den! *Time to say goodbye*, würde ich mal sagen«, sagte die zweite Arzthelferin und lachte so frei und beschwingt, dass es den Zuhörer glauben machen könnte, sie hätte einen unschuldigen Kinderwitz zum ersten Mal gehört. In Verbindung mit ihrer Äußerung klang diese Art von Lachen fürchterlich und grotesk. Innerhalb von Sekundenbruchteilen spürte ich, wie sich mein Magen schon wieder zusammenkrampfte. Ein Brechreiz, der sich mit aller Macht nicht aufhalten ließ. Als es mir sauer die Kehle hochschoss, drehte ich meinen Kopf zur Seite und übergab mich auf den Plastikstuhl neben mir.

»*Alter*, was geht denn hier ab?«, hörte ich die Stimme ebendieser Arzthelferin mit dem grässlichen Humor neben mir fragen. Ich blickte auf und sah ihr Gesicht. Rundlich, grell geschminkt, von schwarz gefärbten, auftoupierten Haaren eingerahmt. Sie blickte mich fragend und gleichzeitig vorwurfsvoll an.

»Tut mir leid«, sagte ich und kämpfte gegen einen weiteren Brechreiz an, »mir war schlecht und ich konnte ...«

»Tamara!«, unterbrach sie mich laut und wandte sich schon wieder zum Gehen. »Bring mal bitte 'nen Eimer und 'nen Lappen, hier hat eine hingekotzt!«

Dann verschwand sie kopfschüttelnd um die Ecke und ließ mich beschämt und vor Magenschmerzen gekrümmt im Flur zurück. Nach vorn gebeugt und das Gesicht in den Händen vergraben, konzentrierte ich mich mit aller Kraft darauf, nicht zu weinen oder mich nicht erneut zu übergeben. Als sie zurückkam, konnte ich mich noch nicht aufrichten.

»Hier«, sagte sie laut und in meinem nach unten gerichteten Blickfeld erschien ein halb mit Wasser gefüllter Eimer, auf dessen Oberfläche ein gelber, zerlöcherter Lappen schwamm, »kannste aufwischen. Heut' Nacht durchgefeiert und gesoffen, he?«

Als ich aufblickte, war sie bereits verschwunden. Ich hätte ihr gern gesagt, dass ich seit Monaten weder Nächte durchgefeiert noch Alkohol getrunken hatte. Und es außerdem ein schreckliches Gefühl ist, damit rechnen zu müssen, dass sich jemand, der mich gar nicht kennt, über meinen qualvollen Tod freuen könnte. Selbst wenn man damit eine kreisförmige Warteschleife austricksen kann. Als ich endlich zum Arzt gerufen wurde, hatte er meine Röntgenbilder schon an die Wand geworfen und fragte mich noch vor der Begrüßung, welche Beschwerden mich überhaupt zu ihm geführt hatten. Bei Krebs im Endstadium würde er das nicht fragen, schoss es mir durch den Kopf. Hatte ich auch nicht. Gar nichts hatte ich an der Lunge. Für diese Information brauchte er zehn Sekunden. Im Anschluss erzählte er mir von seinem letzten Urlaub in Kambodscha, wo er die schönste Zugfahrt seines Lebens gemacht hatte.

Dann versuchte er, mich von der Linken als der einzig wählbaren Partei zu überzeugen. Er war einer dieser Menschen, die von selbst, ohne jegliches Zutun eines Gesprächspartners, von einem Thema zum nächsten übergehen. Zum Abschluss erklärte er mir eindringlich, dass die Verdauungsprobleme seiner Frau nach dem Genuss von Vollkornbrot wahrscheinlich mit dem Alter zusammenhingen. Auch wenn sich die Helferinnen nicht über meine Gesundheit freuten, der Arzt tat es schon. Zumindest indirekt das spürte ich, sonst hätte mich all das nicht interessiert.

→

Erleichterung und Euphorie über meine gesunde Lunge waren kurzlebig – die Atembeschwerden unverändert. Obwohl ich nun endlich etwas Ruhe und Zeit hatte, konnte ich mich weder entspannen noch schlafen. Am nächsten Tag spürte ich wieder das Stechen im Herzen. Wieder half kein Ibuprofen. Wieder hatte ich Angst vor einer lebensbedrohlichen Krankheit, aber diesmal nicht die Lunge, sondern das Herz betreffend. Stündlich musste ich die Versuche meiner Mutter, mich zu einem Arztbesuch zu bewegen, abwehren. Ich fühlte mich einfach zu schlecht, um das Haus zu verlassen. Schon allein die Treppe vom Erdgeschoss in mein Zimmer hatte mir am Morgen erneut Probleme bereitet. Heute war die erste Prüfungsrunde für das TV-Volontariat und ich wäre nicht im Geringsten in der Lage gewesen, daran teilzunehmen. Wieder eine Chance verstrichen. Nun musste ich weiterhin alle Energie auf das Ausbildungsprogramm richten, dachte ich. Aber auch beim Praktikum konnte ich mich in meinem augenblicklichen Zustand nicht blicken lassen. Ich lag in meinem Bett und versuchte, mich zu beruhigen, tief durchzuatmen. Am späten Abend kamen allerdings Herzrasen und Herstolpern hinzu, die dermaßen außer Kontrolle gerieten, dass meine Mutter keine Widerrede mehr duldete und mich in die Notaufnahme des Krankenhauses brachte. Nachdem ich meine Beschwerden beschrieben hatte, durfte ich direkt zum EKG. Ich konnte kaum glauben, dass es keinerlei Auffälligkeiten zeigte, und entschied mich für einen Herzultraschall, um es zu kontrollieren. Da ich nun aber offiziell kein Notfall mehr war, musste ich wieder einmal eine lange Wartezeit in Kauf nehmen. Vielleicht lag es auch daran, dass ich den wahrscheinlich langsamsten und mit Sicherheit ältesten Herzarzt der Welt erwischt hatte.

»Na ja, also Ihr Herz ist jetzt nicht unbedingt ... äh ... ambitioniert«, sagte er nach dem Ultraschall. »Aber es arbeitet gerade so viel, dass man ihm auch keinen Vorwurf machen kann.«

Was war das denn bitteschön für eine Diagnose?

»Also man kann das Herz ja trainieren«, fuhr der Arzt fort, »zum Beispiel mit Sport. Treiben Sie Sport?«

»Keine Zeit im Moment.«

»Aha, aha ...«, sagte er und räusperte sich laut, »nehmen wir mal die letzten drei Tage. Was hat Sie denn davon abgehalten, Ihrem Körper etwas Gutes zu tun?«

Da hatte er mich. Ich entschied, ehrlich zu sein, der Mann war ohnehin bald im Ruhestand.

»Eigentlich gar nichts«, sagte ich resigniert, »außer mich darüber aufzuregen, dass ich gar nichts tue und dabei auch noch nervös und krank bin.«

Der alte Arzt runzelte die Stirn, setzte langsam seine Brille ab und fing an, sie mit seinem Kittelzipfel zu putzen.

»Haben Sie mal daran gedacht, dass Ihre Beschwerden auch psychosomatisch sein könnten?«, fragte er und blickte mich ohne Brille an.

Was? »Ich bild mir das doch nicht ein!«

»Das habe ich auch nicht behauptet.«

»Doch! Ich will einfach nur eine Pille, die diese ganzen Symptome verschwinden lässt! Oder endlich mal eine ordentliche Diagnose!«

»Denken Sie mal darüber nach, ob Ihnen möglicherweise ein Psychotherapeut in irgendeiner Form weiterhelfen könnte.«

Ich fragte mich, ob mir der alte Arzt überhaupt zugehört hatte.

»Wenn sie nix finden, schieben sie es auf den Geisteszustand«, beschwerte ich mich auf der Rückfahrt bei meiner Mutter.

»Ich finde die Idee gar nicht so schlecht«, antwortete sie. »Du bist im Moment wirklich unausgeglichen.«

»Weil auch verdammt noch mal *nichts* so läuft, wie ich mir das vorstelle!«, schrie ich aufgebracht.

»Siehst du?«

Mit jedem weiteren Wort hätte ich mir selbst die Schlinge nur noch enger um den Hals gezogen. Ich bin klug genug, eine solche Situation zu erkennen, aber nicht, um den Ärger darüber zu kontrollieren.

»Gestern meintest du noch, ich wäre krank und erschöpft, heute hältst du mich schon für verrückt«, sagte ich gereizt. »Entscheide dich doch endlich mal!«

Meine Mutter seufzte und brachte mich wortlos nach Hause.

→

Beim abendlichen Telefonat mit meinem Freund beschloss ich, ehrlich zu sein, was eine möglicherweise bevorstehende Psychotherapie anging. Zu meinem allgemeinen Gemütszustand bastelte ich ihm allerdings eine kastrierte Version aus Generalisierungen und Stereotypen: »Es ist gerade etwas kompliziert, aber ich hab alles im Griff. Ich fühle mich etwas schlapp, aber das wird schon. Im Grunde geht es mir gut und ich bin optimistisch.« Mein Konstrukt schien aber zur tatsächlichen Täuschung nicht ausgefeilt genug zu sein; er kritisierte mein ständiges Gejammer und äußerte im gleichen Atemzug, dass auch er, wie meine Mutter und der alte Herzarzt, eine Psychotherapie für mich als sinnvoll erachten würde. Ich bedankte mich höflich für das nette Gespräch und beschloss heimlich, ihm das niemals zu verzeihen.

Schlussendlich beugte ich mich dem Druck meines Umfeldes und beschloss, mich um einen Therapieplatz zu bemühen. Aber nicht weil ich, wie alle anderen, glaubte, ich sei verrückt, sondern weil ich beweisen wollte, dass ich es nicht war. Jeder Wühltischpsychologe würde mir sofort attestieren, dass ich körperlich litt, nicht geistig. So hätte ich etwas Offizielles in der Hand. Dr. Herberti hatte mir die Nummer einer psychologischen Vermittlungsstelle besorgt.

→

»Bitte halten Sie die Verbindung, der nächste freie Mitarbeiter wird sich um Ihre Belange kümmern.« Mittlerweile ist es zehn Minuten nach acht. Die psychedelische Musik in der Warteschleife erinnert mich an die siebziger Jahre im Allgemeinen und an bewusstseinserweiternde Drogen in Andy Warhols Fabrik im Speziellen, obwohl ich zu dieser Zeit noch nicht mal auf der Welt war. Auf der Suche nach Zigaretten laufe ich mit dem Handy am Ohr zur Treppe. »Psychologischer Vermittlungsservice, Frau Müller-Frei am Apparat, was kann ich für Sie tun?« Ich erschrecke. Mein Handy fällt mir aus der Hand. Sekunden später schweift mein Blick über seine Einzelteile, die sich über die komplette Treppe verteilt haben. Manche davon bewegen sich noch. Ich weiß nicht, ob ich lachen oder weinen soll.

Mein zweiter Versuch beim Vermittlungsservice ist erfolgreicher. Allerdings lerne ich, dass man im Durchschnitt 1,5 Monate auf einen Termin für die erste Sitzung warten muss. Zusätzlich wollen die meisten Therapeuten am Telefon nicht nur die gröbsten Symptome hören, sondern auch noch umworben und geradezu zum Probegespräch überredet werden. Ist man als Patient am Anfang dieser Werbungsphase vielleicht noch unsicher, ob man wirklich therapiebedürftig ist, so weiß man es am Ende zu hundert Prozent, schon allein, um die verloren gegangene Würde mühselig zurückzugewinnen. Überraschenderweise bekomme ich meine erste Therapiesitzung nach insgesamt nur zwei Stunden Wartezeit seit dem Telefonat. »Aber das ist wirklich eine Ausnahme«, wird mir von der Sprechstundenhilfe mehrmals in mahnendem Tonfall versichert. Wahrscheinlich hat sich ein anderer Patient vor den Zug geworfen und deshalb ist ein Termin frei geworden. Kein Wunder – wenn man seinen Suizid plant und vorher doch noch mal eine zweite Meinung einholen will, sind sechs Wochen Wartezeit einfach zu lang.

Als mich mein Therapeut, Herr Manke, in sein Behandlungszimmer führt, fällt mir als Erstes auf, dass es keine Couch gibt. Nur zwei kleine Sessel der Marke *Ektorb Jennylund*, dazwischen ein schnörkelloses, viereckiges Tischlein, dahinter ein paar Regale mit Fachliteratur. Vielleicht liegt es daran, dass Herr Manke ein »TCM« hinter dem Namen führt, das für *Traditionelle Chinesische Medizin* steht. Möglicherweise funktioniert die fernöstliche Geistesheilkunde ohne Couch, aber mit Ikea. Herr Manke selbst sieht sehr kompetent aus; er ist mittleren Alters mit vollem, weißem Haar und durchschnittlicher Statur. Sein grün und weiß gestreiftes Hemd hat er ordentlich in eine etwas zu weite, mit Hosenträgern fixierte Jeans gestopft. Als wir uns gegenübersitzen, soll ich meine Probleme grob umreißen. Während ich das tue, blickt er nicht auf, sondern schreibt durchgehend auf einem beigefarbenen Vollkornblock mit. Herr Manke schreibt sogar noch, als ich schon längst aufgehört habe zu erzählen. Dann blickt er ganz langsam auf, setzt in aller Ruhe seine Brille ab und beginnt zu sprechen.

»Sie sind ... wie soll ich saaagen ...«, beginnt er und lässt seinen Blick dramatisch durch die scheinbar unendlichen Weiten des Raumes schweifen, »insgesamt etwas ... ähm ... jaaa ... ich habe den Eindruck ...«

»Gestresst?«, unterbreche ich und spüre eine enorme innere Anspannung in mir aufsteigen, wie immer, wenn etwas offensichtlich nicht im Normaltempo vonstattengeht. Ich werde dann nervös, fühle mich gezwungen, der Langsamkeit entgegenzuwirken, und handle dadurch kontraproduktiv – wenn zum Beispiel mein DVD-Player auf Zeitlupe hängen bleibt, ziehe ich den Stecker und verlasse wutentbrannt das Haus.

»Jaaa ...«, sagt er und hebt die Stimme am Ende, um mir zu zeigen, dass der Satz noch nicht zu Ende ist, »aber auch ... wie soll ich sagen ...«

»Nervös?«, unterbreche ich Herrn Manke erneut und ärgere mich über mich selbst. Mein Herz schlägt wieder viel schneller, als es wahrscheinlich müsste. Ich möchte aber auf keinen Fall meinen mühsam erkämpften Therapeuten verärgern.

»Ja, auch das ...«, sagt er und atmet lange aus, »Sie lassen mich ja zum Beispiel gar nicht ... ähhh ...«

»Ausreden?«

»Richtig«, sagt er langsam, »man könnte fast saaagen ... Sie sind etwas, ja ...«

Ich beiße mir auf die Lippen.

»... ungeduldig«, bringt Herr Manke seinen Satz endlich zu Ende. Diese Diagnose ist nicht unbedingt ihr Geld wert – dass ich ungeduldig bin, weiß mein Bäcker auch. Der verfügt sogar über die wertvolle

Zusatzinformation, dass ich auch noch ausfallend werde, wenn ich zu lange warten muss.

»Ich sage Ihnen mal, was so mein erster Eindruck von Ihnen ist«, sagt Herr Manke. Meine Freude über seinen ersten zusammenhängenden Satz weicht schnell der Verwirrung über sein weiteres Vorgehen: Er steht langsam von seinem Sessel auf, streicht in aller Ruhe die Falten aus seiner Hose, geht um den Tisch herum und bleibt stumm vor mir stehen. Dann mustert er mich von oben bis unten, dann von unten nach oben und noch mal zurück. Ich fühle mich seltsam beobachtet und beginne, etwas unruhig auf meinem Sessel hin- und herzurutschen. Mir fällt auf, wie Herr Manke sehr nachdenklich und kaum merklich nickt. Dann dreht er sich um, geht langsam zurück zu seinem Sessel und nimmt Platz.

»Sie haben den Körperbau einer Antilope«, sagt er ruhig in die Stille. Er fährt damit fort, dass Antilopen dünn und drahtig seien und ständig unter Anspannung stünden. Das komme daher, dass hinter jedem Baum ein Tiger lauern könnte, der sie gern auffressen möchte. Sie seien folglich ständig auf der Flucht und können kaum Körpermasse bilden. Die Masse, die ein Lebewesen um sich herum trage, schütze es aber vor der Außenwelt und grenze es ab, erklärt Herr Manke.

»Und da liegt der Unterschied zwischen Ihnen und einem Mammut«, fährt er fort, »das Mammut hat viel Schutzmasse und fühlt sich dadurch stärker. Es kann sich besser von der Außenwelt abgrenzen und muss nicht ständig Angst haben. Das Mammut ist deshalb meist ausgeglichen und gemächlich.«

Ich frage mich, wie ich diese Information in eine praxisorientierte Erkenntnis umwandeln soll. Essen wie ein Mammut und nächstes Jahr wieder zur Therapie kommen, wenn ich Komplexe wegen Adipositas habe? Ich blicke Herrn Manke fragend an.

»Ich habe das Gefühl, Sie erwarten jetzt von mir, dass ich Ihre Probleme löse«, sagt Herr Manke.

Nein! Ich erwarte mehr Insiderinformationen über die exotische und ausgestorbene Tierwelt! *Natürlich* bin ich hier, um meine Probleme zu lösen. Das streite ich nun aber vehement ab, um Herrn Manke nicht unter Druck zu setzen. Er ist der Meinung, ich müsse insgesamt ruhiger und ausgeglichener werden. Dafür zeigt er mir, nachdem er mir für einen Test Blut abgenommen und mich anschließend wieder zur Rezeption begleitet hat, chinesische Kräuter in einer Plastiktüte, aus denen ich mir einen Tee kochen soll. Sie sehen aus wie ein lustiges Potpourri, das dekorationswütige Omis in kleinen Schälchen im Gemeinschaftshausflur verteilen. Deshalb schaue ich ihn zu einem Großteil belustigt und höchstens zu zehn Prozent schräg an. Als Psychologe ein Fuchs auf diesem Gebiet, durchschaut er meine Skepsis aber sofort.

»Ja, so ist das heutzutage«, sagt Herr Manke aufgebracht und zumindest für seine Verhältnisse ungewohnt schnell. Dann schüttelt er den Kopf und winkt ab. »Dass eine kleine, in Folie verschweißte Pille helfen kann, glaubt jeder! Aber echte Kräuter und Pflanzen, was sollen *die* schon bewirken! Bis nächste Woche. Machen Sie's gut.«

Er drückt mir die Potpourritüte in die Hand, nickt mir kurz zu und verschwindet im Flur. Ich habe es tatsächlich geschafft, meinen Therapeuten schon in der ersten Sitzung wütend zu machen.

→

»Vielleicht helfen dir ja die Kräuter von dem Medizinmann, um etwas entspannter zu werden«, sagt meine Mutter voller Hoffnung, nachdem ich ihr stirnrunzelnd die Potpourritüte gezeigt habe. Sie helfen nicht. Ich habe schon mehrmals meinen verordneten Tee getrunken und fühle mich kein bisschen anders – nur wäre ich jetzt gern ein Mammut. Es ist Samstagmorgen und ich habe eine weitere schlaflose Nacht hinter mir. Wachgehalten hat mich die Wut darüber, dass ein gesamtes Wochenende ohne Termin und Arbeit vor mir liegt und ich trotz allem nicht schlafen kann. Paradox. Aus Angst, noch unruhiger zu werden, verbiete ich mir sogar meine geliebte Tasse Kaffee am Morgen und starte gleich mit Herrn Mankes Psychotee. Das Herzrasen bleibt, mein Körper ignoriert die Ruhekräuter gekonnt. Und versetzt mir noch dazu einen saftigen Adrenalinstoß, als ich eine SMS von Timo lese: *Hallo Jenny, schau doch einfach nach deiner Familienfeier mal auf unserer Einstandsparty vorbei! Würde mich freuen!!* Welche Familienfeier? Fange ich etwa schon an, Termine zu vergessen? Erleichtert fällt mir ein, dass es sich um das von mir erfundene Alibifest handelt, bei dem ich folglich nicht anwesend sein muss. Die nächste SMS ist von Sam. Sie ist in Mumbai angekommen und hat bereits ihren ersten Arbeitstag hinter sich: *Keine normalen Touristen, nur Aussteiger, interessante Künstler und an Kultur interessierte Freigeister. Tolle Party heute Abend! Endlich Abenteuer!* Und ich bin einfach nur erleichtert, dass ich nicht das Haus verlassen muss. Weder für das Alibi- noch für das Praktikantenfest. Mein Herz rast und ich muss mich immer noch auf jeden Atemzug konzentrieren, um Luft zu bekommen. Die Verzweiflung über meine Situation lässt kaum noch andere Tätigkeiten zu als Rauchen und Weinen. Gedanklich stecke ich in einer immer schneller werdenden Abwärtsspirale, ein unauflösbares Zugleich aus Selbstmitleid und einem allgemeinen Weltschmerz, die sich bis zur Unkenntlichkeit miteinander vermischen. Das werde ich alles Herrn Manke erzählen.

→

Hätte ich das alles Herrn Manke mal besser nicht erzählt. Nachdem dieser fleißig mitgeschrieben hat, blickt er auf und informiert mich zunächst über das Ergebnis meines Tests. Er erklärt mein Blut aufgrund von energetisch vorhandenen Viren, Bakterien und Toxinen für »unrein«, was mich unmittelbar an J. K. Rowlings Bezeichnung »Schlammblut« und die damit verbundene Anspielung auf die Nazis erinnert. Es sei aber nichts Schlimmes, versichert mir Herr Manke. Dann stellt er mir eine Überweisung ins Krankenhaus aus. Kurz bevor ich ihn auf dieses Paradoxon ansprechen kann, lese ich auf dem DIN-A5 großen Formular nicht etwa die Worte *Herzspezialabteilung* oder *Ganzkörper Check-up* sondern *Psychosomatik und Psychotherapie.* Ich soll mich um einen stationären Aufenthalt in einer psychosomatischen Klinik bemühen, da eine ambulante Behandlung bei einem »Burn-out diesen Ausmaßes nicht engmaschig genug« sei, erklärt Herr Manke.

»Ich kann gar keinen Burn-out haben, ich habe doch noch gar nicht richtig gearbeitet!«, schreie ich laut und ungehalten.

Es folgt ein etwa fünfminütiger hysterischer Wutausbruch, der mehrmals die Worte Klapsmühle und Irrenanstalt enthält und in dem ich entschieden klarmache, dass ich mir unter keinen Umständen einreden lasse, ich sei verrückt. Burn-out, so weit kommt's noch! Burn-out haben Topmanager und Spitzensportler, aber doch keine Praktikanten. Nachdem mich Herr Manke im Anschluss an meinen Ausbruch eine gefühlte halbe Stunde lang stumm und ausdruckslos angesehen hat, stürme ich wutentbrannt aus seiner Praxis, nur um mich wenige Minuten später per Telefon bei ihm zu entschuldigen. Er macht mir keinerlei Vorwürfe und versichert mir in ruhigem Ton, dass es sich bei der psychosomatischen Station nicht um eine geschlossene Anstalt handele, sondern um einen rein freiwilligen Aufenthalt, der jederzeit auf eigenen Wunsch beendet werden könne. Selbst meinen Bedenken, durch ein offizielles psychisches Leiden meinen Job zu gefährden, hat Herr Manke etwas entgegenzuhalten: Der Arbeitgeber bekomme lediglich eine Bestätigung über den Aufenthalt im Krankenhaus, einen Grund müsse man nicht liefern, man könne aber, sofern man das wolle, alles Mögliche vorschieben. Bandscheibenvorfälle seien als Psychosomatikerausrede groß im Kommen, erklärt Herr Manke. Ich verspreche, darüber nachzudenken, und lege auf.

Seitdem drehen sich meine Gedanken um die Frage, wie es so weit kommen konnte. So weit, dass ein erfahrener Therapeut tatsächlich der Meinung ist, ich bräuchte noch professionellere Hilfe. All meine ursprünglichen, mit der Therapie verbundenen Endziele, zum Beispiel das einer schnellen Lösung des Problems oder des fachlichen Beweises dafür, dass ich nicht verrückt bin, habe ich nicht erreicht – ganz im Gegenteil. Ich blicke auf den Wecker, es ist kurz nach drei Uhr nachts. Neben meinem Bett steht der fertig gepackte Koffer, morgen beginnt meine stationäre Therapie. Einzig die Gewissheit, dass ich mich dann im Krankenhaus befinden werde, tröstet mich – im Falle eines tatsächlichen Herzinfarktes oder Lungenversagens bin ich umgeben von Spezialisten. Langsam kehren bruchstückhafte Erinnerungen an einen Traum zurück, der offensichtlich von *Einer flog über das Kuckucksnest* inspiriert worden war. Nur war es in diesem Traum ich gewesen, die unter Höllenqualen ans Bett fixiert und gespritzt wurde. Bis ich tatsächlich mental den Löffel abgab.

Kapitel 3

Wundersame neue Welt

Eine halbe Stunde zu spät steige ich auf dem Parkplatz der Klinik aus dem Auto, verabschiede mich von meiner Mutter und haste mit meinem Koffer durch die Drehtür ins Foyer. Schon wieder bin ich so nervös, dass ich das Gefühl habe, jeden Augenblick die Fassung zu verlieren. Die Information ist mit einer wasserstoffblondierten Dame an einem Computer besetzt, die nur mit ihren langen, künstlichen Fingernägeln, nicht mit ihren Fingern, tippt. Dabei bestätigt sie kontinuierlich jemanden am Telefon.

»Die G3, wo muss ich hin?«, frage ich laut dazwischen.

Die Empfangsdame flötet unbeirrt weiter ins Telefon *»Ja«, »Mhm«, »Ja«, »Mhm«* und deutet dabei geistesabwesend mit dem Finger in Richtung Aufzug und Treppe.

»Und in welches Stockwerk?«, frage ich.

Sie blickt noch nicht einmal auf, sondern macht die gleiche Handbewegung zum zweiten Mal. Es ärgert mich, dass sie meine hochgezogene Augenbraue als Zeichen zurückgeschleuderter Geringschätzung noch nicht einmal registriert. Betont hektisch wirble ich meinen Koffer herum und gehe Richtung Aufzug. Links neben der Treppe ist ein großes Schild angebracht, auf dem jede Station und das dazugehörige Stockwerk aufgelistet sind. »Ebene 5 – G3 – Psychosomatische Station«. Im fünften Stock. Da können sich die Irren praktisch direkt in den Tod stürzen, wenn es ihnen zu bunt wird. Neben mir taucht ein älterer Mann im Jogginganzug mit eingegipstem Arm auf. Mit seinem gesunden Arm drückt er den Knopf, um den Aufzug zu öffnen. Noch während die Türen sich öffnen, tritt er ein, wählt die »Ebene 2 – G1 – Chirurgie« und blickt mich fragend an. Ich bleibe stehen und frage mich, was er wohl von mir denken würde, sollte ich nun tatsächlich auf die G3 fahren. Selbst wenn ich erkläre, dass ich gar nicht da hingehöre, das behaupten die echten Verrückten schließlich auch alle. Ich hebe abwehrend eine Hand, schüttle leicht den Kopf und lächle ihm zu. Die Türen schließen sich und der Aufzug setzt sich geräuschvoll in Bewegung. Ich steige nicht in diesen Aufzug. Mein Griff um die Kofferschlaufe wird fester.

»Guten Morgen, Frau Bentz«, höre ich eine Frauenstimme hinter mir sagen.

Ich drehe mich um.

»Sie sind spät dran.«

Die Stimme gehört zu einer Schwester in blauem Kittel, mit riesiger Brille und vielen sympathischen Lachfalten. Sie sieht so alt aus, dass sie problemlos die große Schwester meines betagten Herzarztes sein könnte.

»Woher wissen Sie meinen Namen?«, frage ich.

»Wir haben schon auf Sie gewartet«, sagt sie, lächelt mich freundlich an und drückt den Aufzug-Rufknopf. An der Digitalanzeige sehe ich, wie der Aufzug vom zweiten Stock über den ersten wieder ins Erdgeschoss fährt. Die Türen öffnen sich. Ich bleibe immer noch stehen und halte meinen Koffer fest.

»Kommen Sie«, sagt die Schwester ruhig und legt ihre Hand auf meine Schulter. Sie ist mir auf eine seltsame Art angenehm vertraut. »Wir können Ihnen helfen.«

Nichts und niemand kann mir helfen, aber schon der reine Gedanke an Beistand und Unterstützung erschüttert mich auf positive Weise, während mich gleichzeitig meine eigene Bedürftigkeit beschämt. Vergeblich versuche ich, die Tränen zurückzuhalten. Die Schwester schiebt mich sanft, aber bestimmt in den Aufzug und reicht mir ein zerknülltes Papiertaschentuch aus ihrem Kittel. Dann drückt sie auf die Fünf. Ich blicke durch die Aufzugtür auf die künstlichen Fingernägel der Wasserstoffblondine, die immer noch tippen. Dann schaue ich an ihr vorbei durch die gläserne Drehtür auf den grauen, regennassen Parkplatz vor den Toren der Klinik. Ein bedrückendes, farbloses Bild. Mein Blickfeld wird durch die sich schließenden Aufzugtüren immer weiter eingeschränkt, bis ich nur noch die tristen, blattlosen Bäume neben den Autos erkennen kann und dann gar nichts mehr. Der Aufzug setzt sich in Bewegung und ich tupfe mir mit dem Taschentuch die Augen ab. Dann versuche ich zu lächeln.

»Ich bin Schwester Margit«, sagt sie. »Ihre Vertrauensschwester.«

»Vertrauensschwester?«

»Sie haben jede Woche ein längeres Gespräch mit mir, in dem Sie mir mitteilen können, wie es Ihnen hier ergeht«, sagt Schwester Margit, »aber auch sonst können Sie jederzeit auf mich zukommen, wenn Sie Redebedarf haben oder Sie irgendetwas bedrückt.«

Ich nicke und schaffe es weiterhin nicht, mich gegen meine aufsteigenden Tränen durchzusetzen. *Jede Woche* klingt nach viel Zeit, die ich nicht habe. Der Chefarzt hatte mir am Telefon einen Zeitraum von drei bis vier Wochen genannt, die meine stationäre Therapie dauern sollte. Länger als ein paar Tage werde ich auf keinen Fall opfern; wenn man mir innerhalb dieser Zeit nicht helfen kann, wird es auch danach zu keinem Ergebnis kommen. Der Aufzug ruckelt kurz und bleibt schließlich stehen. Die Türen öffnen sich langsam und lassen einen immer breiter werdenden Strahl aus hellem, rötlich-warmem Licht in den Aufzug fallen. Etwas geblendet kneife ich die Augen zusammen und mein Blick fällt als Erstes auf sattgrüne Palmen in übergroßen, bunten Töpfen. Es riecht nach frischem Kaffee. Schwester Margit greift nach meinem Rollkoffer, hakt sich bei mir unter und führt mich aus dem Aufzug. Sie deutet nach rechts zu einer Schiebetür aus Glas, die mit bunten Tierfiguren aus Papier beklebt ist und sich automatisch öffnet. Warme Luft strömt mir entgegen. Wir kommen in einen hellen, breiten Flur, der mit bunten Lichterketten geschmückt ist. Gleich links hinter der Glastür, die sich langsam wieder hinter uns schließt, bleibt Schwester Margit stehen. Sie klopft an eine weitere Glastür, die in großen Buchstaben mit *Schwesternzimmer* überschrieben ist. »Ich habe Frau Bentz mitgebracht«, sagt Schwester Margit, nachdem sie die Tür halb geöffnet hat. Zwei jüngere Schwestern mit großen Kaffeetassen in der Hand drehen sich um und nicken mir freundlich zu. Sie sind kaum älter als ich. Verlegen und stumm grüße ich zurück.

»Kommen Sie, ich zeige Ihnen Ihr Zimmer«, sagt Schwester Margit. Ich folge ihr den Flur entlang und schon beim dritten Zimmer auf der rechten Seite bleibt sie stehen.

»Die 523 ist für Sie«, sagt sie und schließt die Tür auf.

Das Zimmer ist für Krankenhausverhältnisse sehr groß, mit blassgelben Wänden und einem hellblauen, geräumigen Schrank. Zwei Betten stehen in Folie verpackt hintereinander an der linken Wand.

»Wieso sind hier zwei Betten?«, frage ich.

»Im Augenblick sind Sie noch alleine im Zimmer, aber in der nächsten Woche kommen wieder Neuzugänge«, antwortet Schwester Margit. »Sie sind nun in der guten Lage, sich ein Bett aussuchen zu können. Normalerweise wird dann immer das hinten am Balkon genommen.«

Ich lege meine Sachen auf das Bett neben der Glastür, die zu einem großen Gemeinschaftsbalkon führt. Durch die Scheibe sieht man in den Park des Krankenhauses mit mehreren Grünflächen, einer verwilderten Trauerweide neben einem Springbrunnen und dem Hubschrauberlandeplatz. Dahinter sind Wald und Berge.

»Hier geht's in Ihr Badezimmer«, erklärt Schwester Margit und zeigt auf eine Tür rechts neben dem Schrank.

Ich nicke und blicke mich weiter um.

»Und wo ist der Fernseher?«, frage ich.

Schwester Margit schüttelt den Kopf. »Es gibt keine Fernseher in den Zimmern. Nur ein Gerät im Aufenthaltsraum, damit die Patienten gemeinsam schauen können. Das ist täglich von 18 bis 23 Uhr erlaubt.«

»Das geht nicht«, sage ich und schüttle vehement den Kopf, »ich brauche einen eigenen Fernseher. Und zwar von morgens bis abends! Ich arbeite im Medienbereich und muss gewisse Dinge beobachten.«

»Das muss warten«, sagt Schwester Margit. »Sie haben noch viel Zeit, um gewisse Dinge zu beobachten. Jetzt geht es erst mal nur um Sie selbst.«

Viel Zeit. Das stimmt nicht.

»Selbst wenn es nur um mich geht ... Ich brauche Fernsehen zum entspannen! Und zwar alleine!«, sage ich. »Frau Schwester, wir müssen uns da was einfallen lassen!«

»Sie werden lernen, dass Sie bei allem, was Sie tun, entspannt sein können. Sogar bei der Arbeit.«

»Bei Ihrem Job vielleicht, aber ...«, sage ich, und noch während ich es ausspreche, tut es mir leid. Ich spüre wieder einen Stich im Herzen. »Wir werden sehen«, sagt Schwester Margit mit einem versöhnlichen Nicken. »Ich lasse Sie jetzt mal in Ruhe auspacken.«

Nur kurz nachdem Schwester Margit sanft meine Zimmertür geschlossen hat, klopft es laut und rabiat an der Tür.

»Ja?«

Die Tür fliegt auf und eine etwa vierzigjährige, mittelgroße Frau mit dunkelblonden, halblangen Locken und Lederjacke tritt ein.

»Hi, ich bin Jessica«, sagt sie und reicht mir die Hand.

»Hi«, sage ich, während sie schmerzhaft fest meine Hand zusammendrückt. Ich blicke sie fragend an.

»Rauchst du?«

»Ja«, antworte ich, »aber ich hasse mich dafür.«

»Hey, ich bin nicht deine Therapeutin«, erwidert sie und hebt abwehrend die rechte Hand. »Nur deine Patin.«

»Patin?«

»Jeder neue Patient bekommt einen Paten aus seiner Gruppe, damit er sich zurechtfindet«, sagt sie ungeduldig, beinahe so, als hätte sie es mir bereits mehrfach erklären müssen. »Du bist in Gruppe D, genau wie ich. Ich habe hier auch deinen Therapieplan dabei.«

Sie drückt mir eine DIN-A4-Seite mit Eselsohren in die Hand, die offensichtlich schief gefaltet ist.

»Danke schön«, sage ich, falte das Blatt auseinander und schaue auf einen Wochenplan, der für jeden Tag mehrere Termine umfasst. Manche Termine gibt es jeden Tag, andere nur ein oder zwei Mal pro Woche. Jeden Morgen um acht Uhr gibt es Frühstück, danach eine *Morgenrunde*. Jeden Abend eine *Abendrunde*. Ansonsten gibt es an unterschiedlichen Tagen Einzeltherapie, Gruppentherapie, Visite von Stationsärzten, Kunst- und Musiktherapie, verschiedene Sportaktivitäten und Termine, die aus für mich nichtssagenden Buchstabenkombinationen zusammengesetzt sind.

»Was ist BT?«, frage ich.

Jessica seufzt entnervt und mein leiser Eindruck, dass sie diesen Patenjob unfreiwillig übernommen hat, verfestigt sich.

»Kriegst du schon noch mit«, sagt sie, »jetzt komm endlich mit raus. Ich muss rauchen.«

Ich nehme die Zigaretten aus der Seitentasche meines Koffers und folge ihr aus dem Zimmer. Jessica biegt direkt links ab, in Richtung der beklebten Glastür. Auf der Höhe des Schwesternzimmers bleibt sie abrupt vor einer halbhohen, antiken Holzkommode stehen, die ich erst jetzt bemerke. Obenauf steht eine kleine, brennende Tischlampe und daneben liegt ein großes, geöffnetes Buch.

»Hier musst du Dich austragen, wenn du die Station verlässt«, sagt Jessica und greift zum Bleistift. »Damit dich Schwestern und Ärzte nicht auf der Station suchen, wenn du vielleicht gar nicht da bist.«

Nachdem sie etwas in das Buch gekritzelt hat, reicht sie mir den Bleistift. Ich blickte auf die Tabelle der geöffneten Seite. Man muss Namen, Uhrzeit des Verlassens und Uhrzeit der wahrscheinlichen Rückkehr eintragen. Ich schreibe bei Jessica ab, Zeit der Austragung um zehn nach elf, wahrscheinliche Rückkehr um halb zwölf. Dann folge ich ihr durch die sich automatisch öffnende Glastür, vorbei am Aufzug zu einer anderen Glastür, die sich nicht von selbst öffnet, aber zu einem Raucherbalkon mit Ausblick auf die Stadt führt. Dort sitzt bereits eine kleine Gruppe aus drei Personen an einem weißen Plastiktisch, auf dem ein überquellender Aschenbecher und eine große Vase stehen, die mit viel zu wenig bunten Papierblumen bestückt wurde und daher etwas jämmerlich aussieht. Offenbar hatte aber bereits jemand Erbarmen mit ihr und hat aus diesem Grund etwas Tischmüll, etliche Kippen und einen halben Bierdeckel dazu gesteckt. Jessica schiebt mich nach vorne.

»Das ist meine Patentochter Jenny, sie ist eben angekommen«, stellt sie mich der Gruppe vor. Alle drei winken mir freundlich zu. Der Mann, der uns am nächsten sitzt, steht auf und reicht mir die Hand.

»Hallo, ich bin Max«, stellt er sich vor und lächelt mich aus einem sehr runden, sommersprossigen Gesicht freundlich an. Ich schätze ihn auf Mitte vierzig, er hat grau meliertes Haar, einen rötlichen Vollbart und trägt eine Brille. Er sieht aus wie eine Mischung aus Karl Marx und dem Sams.

»Hallo«, sage ich und blicke in die Runde. Neben Max sitzt eine auffallend hübsche, sehr große und hellblonde Frau, die sich mit dunkler, fester Stimme als Isabelle vorstellt. Neben ihr sitzt Lotte, dunkelhaarig, weniger imposant, aber sehr sympathisch und sehr jung. Jessica und ich setzen uns zu den anderen an den Tisch und ich bemühe mich, wohlerzogen in die Runde zu lächeln. Hitze steigt in mir auf, mein Kopf fühlt sich fiebrig heiß an. Die ungewohnte Umgebung und die vielen neuen

Menschen strengen mich an und ich verkrafte es kaum. Wieder fühle ich mich unkontrollierbar nervös und nehme einen tiefen ersten Zug von meiner Zigarette.

»Wieso bist du hier?«, fragt Lotte.

»Äh ...«, ich bin etwas überrascht von der direkten Frage. »Bei mir ist das ein Missverständnis. Ich habe keine psychischen Probleme, sondern körperliche. Nur findet niemand was.«

»Was für Beschwerden sind das denn?«, fragt Isabelle.

»Äh ...«, sage ich wieder und sehe, wie Max und Lotte mich neugierig ansehen, »Herzstechen vor allem. Atem- und Schlafprobleme. Insgesamt bin ich einfach total erschöpft.«

Nach einer kurzen Stille pumpt mir Jessica freundschaftlich in die Seite. »Herzlichen Glückwunsch, dann bist du hier zu hundert Prozent richtig.«

»Ich denke auch«, sagt Max und nickt, »deine Symptome sind hier ganz beliebt, hab ich übrigens auch. Und noch ein paar mehr.«

»Was?«, frage ich überrascht. »Das Gleiche?«

»Ja«, sagt Max und zuckt mit den Achseln, »ich war wegen des Herzstechens sogar schon in der Notaufnahme.«

»Was?«, rufe ich aus. »Ich auch!«

»Ich auch«, sagt Jessica.

»Ich auch«, sagt Isabelle.

Verdutzt blicke ich in die Runde.

»Dann ist es doch Einbildung?«, frage ich.

»Nein«, sagt Max entschieden, »wir sind Psychosomatiker, keine Verrückten.«

»Sonst wären wir ja auf der Geschlossenen«, sagt Isabelle.

»Aber ich habe ja auch einen medizinischen Befund«, kläre ich auf, »eine schlechte Lungenfunktion.«

»Wurde die Ursache gefunden?«, fragt Lotte.

»Nein«, sage ich und spüre, dass meine Hand, mit der ich die Zigarette halte, zittert. »Bisher noch nicht.«

»Dann könnte auch das psychosomatisch sein«, sagt Max. »Bei mir wusste auch keiner, woher mein Tinnitus kommt, aber da ist er ja trotzdem.«

»Und mittlerweile wissen wir alle, woher er kommt«, sagt Lotte und schaut mich kichernd an, »kriegt er immer, wenn er sich aufregt.«

»Hm«, sage ich und mir schießen mehrere Gedanken gleichzeitig durch den Kopf, die ich einzeln nicht zu fassen kriege. »Aber was kann denn die Psyche dafür, wenn ich keine Luft bekomme?«

»Es gibt da so ein Sprichwort«, sagt Isabelle, »wenn du nicht gut mit dir selbst umgehst oder psychisch irgendwas im Argen liegt, sagt deine Seele zum Körper: ›Sag du's ihr, auf mich hört sie nicht.‹«

»Genau«, ergänzt Max, »Körper, Geist und Seele hängen miteinander zusammen. Früher wussten die Menschen das noch besser, der Volksmund hat für alle psychosomatischen Leiden seine eigenen Bezeichnungen. Bei dir wäre es zum Beispiel *Etwas nimmt mir die Luft zum Atmen.*«

»Oder *Etwas Schweres liegt mir auf der Brust*«, sagt Isabelle.

»Es schnürt mir die Kehle zu«, sagt Max wieder. »Oder *Etwas erdrückt mich.*«

So fühlt es sich an.

»Du musst raus finden, was dir die Luft nimmt«, erklärt Isabelle. »Dann hast du die Ursache des Problems und kannst es lösen.«

»Aber glaub bloß nicht, dass es einfacher wird, wenn du es erkannt hast«, sagt Jessica. »Dann geht die Scheiße nämlich erst richtig los.«

Max nickt, Lotte kichert.

»Gibt es denn auch Psychosomatikersprüche für einen heißen Kopf?«, frage ich.

»Hitzkopf«, sagt Isabelle.

»Einen kühlen Kopf bewahren«, sagt Max nachdenklich, »und wenn man das nicht kann, könnte es mit fehlender Ausgeglichenheit zusammenhängen. Bist du denn manchmal nervös?«

→

»Jetzt zeig ich dir mal noch den Aufenthaltsraum und das Wohnzimmer«, sagt Jessica, nachdem wir im großen Buch unsere Rückkehr eingetragen haben. Ich folge ihr, vorbei an meinem Zimmer, über den breiten Flur.

Rechts und links befinden sich weitere Patientenzimmer und ein zweiter Raum mit Milchglasfenstern, der mit *Gruppentherapie* überschrieben ist. Am Ende des Flures stoßen wir wieder auf geflügelte Glastüren, die sich von selbst öffnen. Sie geben den Blick frei auf einen sonnendurchfluteten Raum mit großen Fenstern, vier Tischgruppen und deckenhohen Wandschränken. Jeder Tisch ist mit kleinen gelben Tischdeckchen, Papierblumen in einer kleinen Vase und Kerzen in selbst gebastelten Behältern geschmückt. An den Wandschränken hängen bunte Plakate, die handschriftlich beschrieben sind, zum Beispiel mit *Malutensilien* oder *Spiele*. An manchen Tischen sitzen Patienten und zeichnen, lesen oder unterhalten sich. Die Stimmung im Raum ist ruhig und gelöst.

»Das ist der Aufenthaltsraum, hier gibt es auch Frühstück, Mittag- und Abendessen«, erklärt Jessica. Dann zeigt sie in die rechte Ecke des Aufenthaltsraumes. »Und da hinten ist die Küche, da kannst du Sachen in den Kühlschrank räumen oder dein Geschirr spülen. Außerdem findest du hier immer frischen Kaffee und Tee.«

Die kleine Holzküche mit pastell-oranger Arbeitsplatte sieht etwas unmodern, aber freundlich aus. Am Kühlschrank sind viele Postkarten mit unterschiedlichen Motiven befestigt, meist sieht man Strand und Meer. Über der Spüle hängt ein großes Schild, das mit schwarzem Edding beschrieben ist: *Geschirr bitte selbst spülen, ich habe zwar Küchendienst und bin schizophren, aber kein Depp. Gruß, Michael.*

»Und hier geht's dann zum Wohnzimmer.« Jessica führt mich durch eine Tür rechts neben der Küche in einen riesigen, aber wohnlichen Raum mit mehreren unterschiedlichen Sesseln, einer wuchtigen gelben Sofagarnitur und einem großen Couchtisch aus Holz, auf dem mehrere angefangene Puzzles liegen. Der Raum ist an der rechten sowie an der Hinterseite komplett verglast und gibt, wie mein Zimmer, freie Sicht auf den Klinikpark.

»Hier ist auch der Fernseher«, sagt Jessica und deutet auf einen höchstens 11 Zoll großen, etwas altersschwach wirkenden Röhrenfernseher, der neben einem mit allerhand Süßigkeiten und Chipstüten vollgestopften Regal steht.

»Aber man darf ihn nur zwischen 18 und 23 Uhr benutzen«, ergänze ich.

»Genau«, sagt Jessica. »Aber freu dich nicht zu früh, solange Nadja da ist, laufen sowieso nur Soaps.«

»Essen ist da!«, brüllt jemand vom Aufenthaltsraum nebenan und ich sehe durch die Wohnzimmertür, wie ein großer Eisenwagen von einem Bediensteten aus einem Sonderaufzug im Flur in den Aufenthaltsraum geschoben wird.

»Na, dann mal los«, sagt Jessica.

Im Aufenthaltsraum befinden sich plötzlich viel mehr Leute als noch vor einer Minute. Die Türen des Eisenschrankes stehen weit offen und davor hat sich eine Traube aus Patienten gebildet, von denen ich, bis auf Max und Isabelle, niemanden kenne. Das auf den ersten Blick heillose Durcheinander scheint einer inneren Struktur zu folgen: Einzelne Personen ziehen Tabletts aus dem Eisenschrank, die mit Namen versehen sind und den jeweils richtigen Patientenplätzen zugeordnet werden müssen.

»Michael, ich hab deins«, ruft eine Frau mit blonden, wild auftoupierten Haaren und rosa Jogginganzug. Sie hat ein sehr langes, aber trotzdem fröhliches Gesicht. »Willst du's gleich mitnehmen oder soll ichs dir nach hinten stellen?«

»Hintäään«, antwortet ein dicklicher Mann mittleren Alters mit vollem, dunklen Haar, »Traudel, ich hab dein Tablett, du sitzt doch dauernd woanders, wohin damit?«

»Wer ist denn ›Frau Bentz‹?«, ruft Max dazwischen.

»Ich.«

»Und wo sitzt du?«

»Keine Ahnung.«

»Sie kann mit an unseren Tisch«, sagt Isabelle zu Max, »Heinz und Ines sind doch jetzt weg, wir haben zwei Plätze frei.« Dann wendet sie sich wieder ab und läuft mit einem Tablett quer durch den Raum. »Vanessa, dein Essen«, ruft sie der toupierten Blondine zu.

»Und wo ist euer Tisch?«, rufe ich ihr hinterher.

»Gleich hier vorne.« Max taucht kurz neben mir auf, stellt mein Tablett auf dem ersten Tisch neben dem Flur ab und verschwindet wieder. Etwas unsicher lege ich die Hände auf die Lehne des mir zugeteilten Stuhles und fühle mich inmitten dieses eingespielten Gewusels etwas deplatziert, so als würde ich als neue Schülerin direkt in eine Klassenfahrt hineinplatzen. Erst als Isabelle mir gegenüber und Max direkt neben mir Platz nehmen, setze auch ich mich hin. Vor mir steht mein Tablett mit einem großen Teller, über den eine Plastikglocke gestülpt ist, und mehreren abgedeckten Schüsselchen.

»Am ersten Tag kriegt man immer das Tagesessen«, sagt Isabelle zu mir. »Ist manchmal ganz okay, meistens aber nicht. Ab heute kannst du dann immer für den Folgetag aus mehreren Menüs auswählen, ich zeig dir später, wie's geht.«

»Danke«, murmle ich. Im Raum wird es langsam ruhiger, die meisten Patienten sitzen nun in Dreier- oder Vierergruppen an den vier Tischen verteilt und fangen an zu essen.

Isabelle wünscht »Guten Appetit!« und hebt den Deckel von ihrem Essen. Zum Vorschein kommen zwei graue Knödel, die in einer beigefarbenen Mehlsoße schwimmen. »Verdammte Fleischklöße.«

Als ich den Deckel von meinem Essen hebe, erwartet mich exakt der gleiche Anblick. Unter den abgedeckten beiden Schüsselchen finde ich ein paar traurige Salatblätter mit einem einsamen Petersilienstückchen und einen Vanillepudding mit dicker Haut.

»Hier bin ich!«, höre ich eine schrille Mädchenstimme vom Flur aus rufen. Eine Sekunde später stürmt Lotte in den Aufenthaltsraum, sie hat nasse Haare und trägt ein Handtuch um die Schultern. Sie lässt sich auf den noch freien Stuhl neben Isabelle fallen.

»Oh, hallo Jenny, willkommen in unserer Runde.«

»Hallo«, sage ich, »danke schön.«

»Wie war dein Telefonat?«, fragt Lotte an Isabelle gewandt.

»Ja, hm«, sagt Isabelle und zuckt mit den Achseln, »mein Chef meint, es wäre schon okay mit der Verlängerung, *›Es dauert eben so lange, wie es dauert, Frau Berger.‹* Aber ich merke ihm an, dass er es nicht so meint. Macht mein schlechtes Gewissen nicht besser.«

»Sei froh, dass er dich nicht als Simulantin bezeichnet, wie mein Chef mich«, sagt Lotte.

»Deswegen bin ich offiziell wegen Rückenbeschwerden in der Klinik«, sagt Max und lacht.

»Rückenprobleme schiebt ja jeder vor«, sagt Isabelle und mir fällt Herrn Mankes Bandscheibenvorfall-Vorschlag ein. »Irgendwann gilt das schon als Synonym für Psychokram und man glaubt den *wirklichen* Rückenkrüppeln kein Wort mehr.«

»Die armen Säcke«, sagt Max.

»Aber es ist ja nicht nur das«, sagt Isabelle, »wahrscheinlich bereut es mein Chef jetzt, wo ich so lange ausfalle, dass er mich zur Stationsärztin gemacht hat und nicht meinen Kollegen.«

»Du bist Ärztin?« Ich bin erstaunt.

»Jap«, bestätigt Isabelle und zerteilt einen ihrer Fleischklöße. „Nephrologin."

»Krass«, sage ich.

»Was? Warum?«, fragt Isabelle und runzelt die Stirn.

»Na ja, du bist noch so jung und schon Stationsärztin«, erkläre ich. »Perfekte Karriere.«

»Ja«, sagt Isabelle lachend, »und perfekt durchgeknallt.«

»Da hat sie recht«, sagt Lotte und kichert, »sie hat sich die erste Woche noch nicht mal aus ihrem Zimmer rausgetraut.«

»Bist du deswegen hier?«, hake ich nach.

»Ja«, sagt Isabelle, »Angst. Also Ängste. Verschiedene.«

»Wovor?«, möchte ich wissen und merke, dass ich zwar schon angefangen habe zu essen, aber ohne zu registrieren, wie es schmeckt.

»Nichts Spezielles«, erklärt Isabelle, »oft ist mir einfach schwindelig und ich kriege Panikattacken. Zum Beispiel kann ich nicht mehr alleine in meiner Wohnung sein. Autofahren geht auch nicht mehr.«

Das ist schwer vorstellbar bei einer so selbstsicher und souverän wirkenden Frau. Während ich Isabelle nachdenklich zunicke, schweift mein Blick zu den Glastüren in Richtung Flur. An die Wand zwischen einer offenen Zimmertür und dem Sonderaufzug steht ein Mädchen gelehnt, das uns beobachtet. Sie trägt einen hellblauen Jogginganzug, ist sehr dünn und hat kurze blonde Locken. Sie steht etwas gebückt und mit verschränkten Armen. Lotte folgt meinem Blick.

»Die ist auch neu«, flüstert sie, »gestern Abend angekommen, aber sie ist noch nicht ein einziges Mal zum Essen erschienen.«

»Vielleicht ist sie schüchtern?«, frage ich und winke dem Mädchen mit einem Lächeln zu. Sie hebt zaghaft einen Arm und winkt kaum merklich zurück, dann verschwindet sie durch die Tür in ihr Zimmer.

»Jenny!« Vom Tisch gegenüber gestikuliert Jessica wild in meine Richtung.

»Was?«, frage ich erschrocken.

»Wir haben um zwei Gruppentherapie, nicht vergessen. Ich hol dich ab.«

→

Nachdem mir Lotte und Isabelle im Anschluss an das Mittagessen den Bestellvorgang mit den Essenskarten für die drei täglichen Mahlzeiten erklärt haben, bin ich gegen halb zwei zurück in meinem Zimmer. Auf meinem Bett liegt ein gelber Zettel, auf dem mit ordentlicher Schrift geschrieben steht: »Frau Bentz, Körperliche Untersuchung, heute 15.30 Uhr«. Das bedeutet eine halbe Stunde Leerlauf zwischen Gruppentherapie und Untersuchung. Genau wie jetzt. Das ist zu kurz, um komplett auszupacken, und zu lang für eine Zigarette. Eine halbe Stunde ist unter den Zeitfenstern, in denen man etwas Sinnvolles anstellen kann, die Grauzone schlechthin. Es ärgert mich, dass ich mein Notebook nicht mitgenommen habe, denn so könnte ich wenigstens meine Firmenmails abrufen und die Zeit wäre nicht vertan. Jetzt, im Liegen auf dem Rücken, fällt mir wieder das Atmen schwer und ich hoffe auf einen Aha-Effekt bei der körperlichen Untersuchung. Ich schalte die Deckenlampe ein, lege mich aufs Bett und greife nach meinem Handy. Keine Anrufe, auch nicht vom Büro. Mit jedem Tag, den ich hier verbringe, entferne ich mich ein Stück weiter von meinem Ziel, statt ihm näher zu kommen. Ich bin fast dreißig Jahre alt und habe absolut keine Ahnung, wie mein Leben verlaufen wird. Das ist niederschmetternd.

Die Sonne brennt auf meinem Kopf und mein Mund ist trocken. Ich bin in der Wüste und sehe, wie Jürgen Trittin auf einer riesigen Schildkröte an mir vorbei reitet. Ich rufe und fuchtele mit den Armen, weil ich denke, er könnte Wasser dabei haben. Er hört mich aber nicht. Langsam und gemächlich reitet Trittin auf seiner Schildkröte an mir vorbei. Keine zwanzig Meter von mir entfernt, aber er hört mich nicht. Dann ist er weg. Als ich die Augen aufschlage, scheint mir das Licht der Stehlampe auf den Kopf, meine Stirn fühlt sich heiß an. Und Durst habe ich tatsächlich. Noch dazu ist es kurz vor zwei – wie konnte dieser kurze Traum eine halbe Stunde dauern? Ich stehe langsam auf und suche meine Wasserflasche. Da klopft es an der Tür.

»Ja?«

»Gruppe!«, höre ich Jessicas Stimme durch die Tür schreien.

»Sofort.«

Endlich finde ich meine Flasche unter dem Bett und trinke sie in einem Zug zur Hälfte leer. Mein Kopf fühlt sich immer noch heiß an. Ich blicke noch mal kurz in den Spiegel, fahre mir mit den Händen durch meine sträflich vernachlässigten Haare und verlasse mein Zimmer. Schräg gegenüber, vor dem mit *Gruppentherapie* überschriebenen Milchglasfensterraum, stehen schon Max, Jessica und eine in Jeans und bunten Strickpulli gekleidete Frau, die sich mir als Susan vorstellt. Sie ist schlank, dunkelblond und begrüßt mich sehr freundlich. Ganz hinten im Flur, neben der letzten Tür vor dem Aufenthaltsraum, lehnt wieder das dünne Mädchen. Sie hat sich umgezogen und trägt nun eine braune Stoffhose kombiniert mit einer weißen, etwas altmodisch wirkenden Rüschenbluse. Als sie bemerkt, dass ich sie fixiere, verschwindet sie wieder in ihrem Zimmer. Ohne reifliche Überlegung gehe ich den Flur nach hinten durch und bleibe in ihrer halb geöffneten Tür stehen. Sie sitzt auf dem Bett und hat den Kopf in den Händen vergraben.

»Hallo«, sage ich leise. »Ist alles okay mit dir?«

Sie blickt auf und nickt stumm. Sie ist so abgemagert und blass, dass selbst ich neben ihr wie das blühende Leben wirken muss. Neben dem Bett stehen unausgepackte Koffer.

»Bin gestern erst angekommen«, sagt sie und wischt sich die Tränen mit dem Ärmel ihres Jogginganzuges ab.

»Ich bin auch neu. Jenny«, sage ich und strecke ihr die Hand entgegen.

»Linda«, sagt sie, steht auf und reicht mir die Hand. Sie hat einen so zarten Händedruck, dass ich Angst bekomme, ihre fragilen Finger zu zerbrechen.

»Hast du keine Patin?«, frage ich.

»Doch, Ines«, sagt sie. »Aber das war wohl ein Missverständnis, sie wurde früher entlassen und ging, als ich kam.«

»Das geht ja gut los für dich«, sage ich. »In welcher Gruppe bist du denn?«

»D«, sagt sie.

»Dann sind wir zusammen. Wir haben jetzt Gruppentherapie. Kommst du mit?«

Sie nickt etwas zaghaft, folgt mir aber schließlich aus dem Zimmer. Die anderen warten noch immer vor dem geschlossenen Therapieraum und ich stelle ihnen Linda vor. Zu meiner großen Freude wird sie von Max direkt in ein Gespräch verwickelt.

»Gruppe D ist dann jetzt vollzählig«, ruft Jessica. »Und von C fehlen nur noch Nadja und Vanessa.«

Ich erschrecke, als die Tür des Therapieraums von innen geöffnet wird. Eine ältere Frau mit wirr abstehenden, grauen Haaren tritt uns entgegen. Sie trägt einen knielangen, hellblauen Rock mit buntem Blumenmuster und ein schlabberiges rosa T-Shirt. Die Sommerklamotten wirken Ende November fehl am Platz, aber ihre gesunde Gesichtsbräune passt dazu. Wahrscheinlich ist sie gerade aus dem Urlaub zurück und will noch nicht wahrhaben, dass er vorbei ist.

»Guten Morgen zusammen«, sagt sie mit dunkler, fester Stimme.

»Morgen«, »Hallo«, »Morgen Frau Dr. Wills«, murmeln Jessica, Max und Susan durcheinander. »Hallo Herr Dr. Schmidt.« Erst jetzt fällt mir auf, dass die Urlauberin noch einen Gehilfen im Schlepptau hat. Ein schlaksiger, blonder Mann mit dunklem Brillengestell und weißem Hemd.

»Hallo zusammen, kommen Sie doch rein«, sagt Herr Dr. Schmidt.

Nacheinander betreten wir den Gruppentherapieraum. Ich schaue mich um. Es gibt etwa zehn Holzstühle, die im Kreis stehen, ein Flipchart mit großen Papierbögen und eine Fensterfront mit Blick auf den Parkplatz, sonst nichts. Neben der Tür zeigt eine riesige Uhr mit weißem Ziffernblatt und schwarzen Zeigern klackend die vergehenden Sekunden an. Ich frage mich, ob es wohl eine Gruppentherapiestunde wird, wie man sie aus schlechten deutschen Filmen kennt – in denen die Patienten sich ständig in den Armen liegen und sich ausweinen. Max setzt sich auf einen Stuhl direkt an der Wand und weist Linda und mir die beiden Plätze neben sich. Auf meiner anderen Seite lässt sich Jessica auf den Stuhl fallen. Auch die Frau mit den wild toupierten, blonden Haaren und der dickliche Michael, die ich beide beim Mittagessen gesehen habe, sind mittlerweile eingetroffen. Sie bilden wohl, zusammen mit einer weiteren Frau, die mir bisher nicht aufgefallen ist, die Gruppe C.

»Einen schönen guten Morgen«, sagt Frau Dr. Wills, als sich alle im Stuhlkreis gesetzt haben. Sie sitzt zwischen Herrn Schmidt und Jessica. »Wir haben zwei Neuzugänge, hallo Frau Bentz, hallo Frau Fried. Möchten Sie sich kurz vorstellen?«

Ich blicke Linda an, aber sie weicht meinem Blick aus. Also werde ich anfangen.

»Frau Fried, fangen Sie bitte an?«, sagt Frau Dr. Wills, als wollte sie unsere stillschweigende Übereinkunft zerschlagen. Linda seufzt, blickt danach aber auf.

»Hallo, ich bin Linda, arbeite als Bürokauffrau und lebe hier in der Stadt.« In Gruppentherapien schlechter deutscher Filme würde das ausreichen und die alteingesessenen Gruppenmitglieder würden alle »Hallo Linda«, »Hi Linda«, »Willkommen Linda« durcheinander flüstern. Aber nichts passiert. Gar nichts. Niemand sagt etwas. Ich spüre, dass Linda nervös wird und sich fragend umschaut.

»Hi«, sage ich, um die Aufmerksamkeit von Linda zu lenken. »Ich bin Jenny, 29 Jahre alt und heute Morgen angekommen.« Wieder folgt Stille. Ich blicke auf die Uhr. Es ist exakt drei Minuten nach zwei.

»Soll ich noch was sagen?«, frage ich in die Stille.

Die beiden Therapeuten und die anderen Gruppenmitglieder schauen mich an, dann lassen sie ihren Blick wieder wandern, wenden ihn jemand anderem zu oder blicken ins Leere. Ich versuche, mit Jessica Augenkontakt aufzunehmen, aber auch ihr Blick weicht mir aus. Was ist hier los? Habe ich was falsch gemacht oder läuft das immer so? Die Krankenkassen bezahlen eine ordentliche Summe für solche Therapiestunden und hier passiert rein gar nichts. Ich blicke wieder auf die Uhr. Immer noch drei Minuten nach zwei. Ich werde nervös, mein Kopf glüht und ich fühle mein Herz klopfen. Ich erschrecke beinahe, als Susans Stimme die Stille unterbricht.

»Ich glaube, dass jeder von uns einen falschen Leitsatz verinnerlicht hat und danach lebt«, sagt sie.

»Was ist denn Ihr falscher Leitsatz, Frau Bauer?«, fragt Herr Schmidt.

»Ich bin nicht gut genug.«

»Und das sagen Sie sich selbst?«, fragt Frau Dr. Wills nach.

»Täglich mehrfach«, antwortet Susan. »Mehrfach.«

»Haben wir noch mehr solcher falscher Leitsätze hier?«, fragt Herr Schmidt in die Runde.

»Ich bin schuld«, sagt die Frau mit den blonden, toupierten Haaren.

»Ich tue nicht genug«, höre ich mich sagen.

»Ich bin nichts wert«, sagt Linda.

Dann kehrt wieder Stille ein.

»Was wollen Sie uns damit sagen, Frau Bentz?«, fragt Dr. Schmidt.

»Äh, was? Womit?«, frage ich überrascht zurück. Herr Dr. Schmidt macht eine nickende Kopfbewegung in Richtung meines rechten Beines und erst jetzt merke ich, dass ich nervös mit dem Fuß wippe.

»Sind Sie ungeduldig?«, fragt Herr Schmidt.

»Nein«, antworte ich und versuche, so gelassen wie möglich zu wirken. »Ich dachte nur, ich müsste was sagen, und wusste nicht direkt, was.«

»Wieso dachten Sie, Sie *müssten* was sagen?«

»Damit es vorangeht.«

»Sie haben das Gefühl, Sie seien dafür verantwortlich, dass die Gruppentherapie vorangeht?«

»Nein, aber ... also nicht alleine, aber schon auch ein bisschen vielleicht ...«, antworte ich. »Oder?«

»Eben haben Sie Ihren Leitsatz genannt, Sie haben gesagt: ›Ich tue nicht genug.‹ Vielleicht hat es ja damit etwas zu tun? Dass Sie das Gefühl haben, Sie müssten auch hier etwas *tun?*«, sagt Frau Dr. Wills.

»Ich weiß nicht«, erwidere ich und zucke mit den Schultern. Ich frage mich, ob sie recht hat, während im Raum wieder Stille einkehrt.

»Diejenigen, die ihren falschen Leitsatz nun vorgestellt haben«, unterbricht Frau Dr. Wills die Stille, »welche Gefühle sind denn damit verbunden?«

Doch wie in einem schlechten deutschen Film.

»Frau Fried?« Frau Dr. Wills spricht Linda direkt an.

»Na ja«, antwortet Linda, »wenn mein Leitsatz ist: ›Ich bin nichts wert‹, fühle ich mich eben wertlos.«

»Welche Gefühle hängen noch damit zusammen?«, fragt Frau Dr. Wills weiter.

»Angst«, sagt Linda. »Und der Wille zu beweisen, dass ich doch etwas wert bin.«

»Wie machen Sie das?«, fragt Dr. Schmidt.

»Ich versuche, nicht angreifbar zu sein«, sagt Linda mit leicht tränenerstickter Stimme. »Immer alles richtig zu machen, aber jetzt kann ich nicht mehr.«

»Ist alles okay mit Ihnen, Frau Fried?«, fragt Frau Dr. Wills und reicht Linda ein Taschentuch.

»Ja, es geht schon, danke schön«, sagt Linda. Sie hat sich wieder gefasst und tupft sich mit dem Taschentuch die Tränen ab.

»Machen wir mal ein Gedankenexperiment«, fährt Frau Dr. Wills fort, »und betrachten wir die falschen Leitsätze, wie Frau Bauer sie genannt hat, als *falsche Programme*, die in Ihrem Kopf ablaufen, wie auf einer Computerfestplatte. Können Sie sich das alle vorstellen?«

Die meisten Patienten nicken, manche murmeln *»Ja«* oder *»Mhm«*.

»Gut«, sagt Frau Dr. Wills. »Was passiert denn, wenn man auf einem Computer *falsche* Programme installiert, die nicht zum Betriebssystem passen?«

»Absturz«, sagt Michael.

»Richtig«, sagt Frau Dr. Wills. »Aber die menschliche Psyche ist weitaus schlauer als ein Computer und stürzt nicht sofort ab. Sie entwickelt erst einmal *Gegenprogramme.*«

Dann steht Frau Dr. Wills von ihrem Stuhl auf und schiebt das Flipchart, das seinen Platz in der rechten Ecke unter der Fensterfront hat, direkt vor unseren Stuhlkreis. Sie nimmt einen dicken roten Filzstift und schreibt auf die linke Seite des Papierbogens in Druckschrift *Falsches Programm,* auf die rechte *Gegenprogramme.* Instinktiv suche ich an meinem Stuhl nach einer geeigneten Schreiblehne, die allerdings nicht existiert. Block und Stift habe ich auch nicht dabei. Ich blicke mich um und stelle fest, dass von den anderen Patienten ebenfalls niemand mitschreibt, so wird es dann von mir wohl auch nicht erwartet. Ich kann nichts anderes tun als still sitzen und mich berieseln lassen. Unruhig rutsche ich auf meinem Stuhl hin und her und versuche, mich darauf zu konzentrieren, nicht mit dem rechten Fuß zu wippen.

»Nehmen wir mal Frau Fried als Beispiel«, fährt Frau Dr. Wills fort. »Ihr falsches Programm ist *Ich bin nichts wert.*«

Das schreibt Frau Dr. Wills nun auf die linke Seite.

»Ihre Gegenprogramme sind *Ich muss meinen Wert beweisen* und *Ich darf nichts falsch machen.* Richtig, Frau Fried?«

»Ja«, sagt Linda.

Frau Dr. Wills trägt die Gegenprogramme ein.

»Haben Sie das Gefühl, dass Sie mit diesen Gegenprogrammen erfolgreich sind?«, fragt Frau Dr. Wills.

»Nein«, sagt Linda.

»Warum nicht?«

Linda schweigt.

»Man kann gar nicht immer alles richtig machen«, sagt Michael nach einer kurzen Pause. »Aber der Versuch, immer perfekt zu sein, laugt einen so sehr aus, dass man dann erst recht Fehler macht.«

»Und man kann auch seinen eigenen Wert nicht beweisen«, sagt Vanessa, die mich in diesem Moment mit ihren blonden, auftoupierten Haaren und dem rosa Jogginganzug an Cindy aus Marzahn erinnert.

»Stimmt«, sagt die andere Frau aus Gruppe C, sie hat wallendes, dunkelblondes Haar und ein sehr rundes, aber dennoch filigranes und feminines Gesicht mit ausdrucksvoller Mimik. »Ich habe immer versucht, meinen Ex davon zu überzeugen, dass ich ihm wichtig bin, ich habe fast schon um seine Liebe gebettelt und hätte alles für ihn getan. Damit habe ich aber alles noch schlimmer gemacht. Schwester Margit sagt, man kann Liebe nicht erarbeiten. Liebe ist immer ein Geschenk.«

Mein Eindruck von Schwester Margit verfestigt sich. Sie bringt die Dinge einfach, aber einleuchtend auf den Punkt.

»Gut«, sagt Herr Dr. Schmidt. »Insgesamt sind wir uns nun alle einig, dass die Gegenprogramme nicht funktionieren. Oder?«

Wieder herrscht für eine kurze Zeit absolute Ruhe im Raum.

»Man kann sogar so weit gehen, zu behaupten, dass es gerade die Gegenprogramme sind, die einen Menschen zerstören«, fährt Frau Dr. Wills fort. »Nehmen wir mal Frau Bentz als Beispiel.« Ich horche auf.

»Ihr falsches Programm ist: ›Ich tue nicht genug‹, ihr Gegenprogramm: ›Ich muss mehr tun‹. Das hat nicht funktioniert.«

»Das hat sehr wohl funktioniert!«, verteidige ich mich unvermittelt. Eine Unverschämtheit! Wie kann jemand, der mich erst seit ein paar Minuten kennt, mein Leben auf zwei Sätze herunterbrechen, die dann auch noch negativ enden. »Ich habe sehr erfolgreich –«

»Frau Bentz«, unterbricht mich Frau Dr. Wills, »es hat eben nicht funktioniert. Sonst ginge es Ihnen gut und Sie wären nicht hier.«

Ich wollte überhaupt nicht hierher kommen und jetzt muss ich mich auch noch rechtfertigen.

»Aber ich –«, setze ich an, werde aber wieder von Frau Dr. Wills ' autoritärem Ton unterbrochen.

»Lassen wir das«, sagt sie, »und kommen wir zurück zum Thema. Was könnte man denn mit den falschen Programmen tun, wenn man keine schädlichen Gegenprogramme entwickeln will?«

»Die falschen Programme direkt löschen?«, fragt Vanessa.

»Das ist eine gute Idee«, sagt Frau Dr. Wills, »aber es ist sicherlich nicht so einfach, man hat es sich schließlich über Jahre hinweg angewöhnt.«

Wieder herrscht Stille im Raum.

»Wie wäre es denn, das falsche Programm in ein richtiges umzuwandeln?«, fragt Frau Dr. Wills nach einer längeren Pause. »Also ein neues, gesundes Programm zu entwickeln, das im Betriebssystem gut läuft. Frau Bentz, Sie könnten sich sagen: ›Ich bin immer zufrieden mit mir, egal wie viel ich tue.‹ Was halten Sie davon?«

Nichts. Ich bin doch kein Hippie.

»Weiß nicht«, sage ich.

»Oder Sie, Frau Fried, könnten sich sagen: ›Ich bin liebenswert, auch wenn ich nicht perfekt bin‹«, fügt Frau Dr. Wills an.

»Mhm«, sagt Linda, ebenso wenig überzeugt wie ich.

»Wollen Sie es mal aussprechen, Frau Fried?«, fragt Herr Dr. Schmidt.

»Nein«, sagt Linda und schüttelt den Kopf.

»Warum nicht?«, fragt Herr Dr. Schmidt.

»Ich weiß nicht.«

»Gut«, sagt Frau Dr. Wills, »je mehr Sie sich innerlich wehren, es auszusprechen, desto offensichtlicher ist es, dass es für Sie das richtige neue Programm ist.«

»Versuchen Sie's einfach«, sagt Herr Dr. Schmidt und blickt Linda auffordernd an.

Linda schüttelt den Kopf.

»Versuchen Sie's«, sagt Herr Schmidt erneut. »Sprechen Sie es aus.«

Linda schlägt die Hände vors Gesicht und schluchzt. Diesmal sehr laut.

»Ach, so 'ne *Scheiße«*, sagt Max plötzlich so laut, dass ich neben ihm zusammenzucke. Er spricht zum ersten Mal in der ganzen Therapiestunde und alle Blicke richten sich auf ihn. »Das ist doch völlig übertrieben!«

»Herr Bruckmann ...«, versucht Dr. Schmidt einzugreifen.

»Ahhh, verdammt«, brüllt Max und umklammert seinen Kopf mit den Händen.

»Herr Bruckmann, ist das wieder Ihr Tinnitus?«, fragt Frau Dr. Wills.

»Nein, ein lila-kariertes Nashorn galoppiert durch meinen Kopf! Was soll es denn *sonst* sein?«, schreit Max, den Kopf in die Hände gestützt.

»Beruhig dich, dann verschwindet's wieder, so wie gestern«, sagt Jessica. Sie beugt sich, über mich hinweg, weit zu ihm vor und tätschelt sein Knie.

Max nickt still, den Kopf immer noch in den Händen vergraben.

»Herr Bruckmann, das ist doch ein Gewinn, dass Sie Ihr Symptom hier bekommen«, sagt Herr Schmidt. »Wir hatten ja schon festgestellt, dass es mit Ärger zusammenhängt. Was haben Sie denn noch gespürt, bevor Sie eben den Tinnitus bekommen haben?«

Max blickt auf und wirft Herrn Schmidt einen bösen Blick zu.

»Ja, was war denn los?«, fragt Jessica. »Wieso eben?«

»Ach, das ist doch einfach ungerecht.«

»Was war denn ungerecht?«, fragt Frau Dr. Wills.

»Dass Sie Linda in ihrer ersten Gruppe so hart ran nehmen«, sagt Max wieder etwas ruhiger, während er sich die Schläfen massiert. »Man sieht doch, dass sie sich noch gar nicht wohlfühlt und völlig überfordert ist.«

»Verstehe«, sagt Herr Schmidt und notiert etwas auf seinem karierten Klemmbrettzettel.

»Für heute reicht es«, sagt Frau Dr. Wills. »Ich hoffe, Sie haben einen ersten Eindruck über die Gruppentherapie bekommen, Frau Bentz, Frau Fried. Wir sehen uns bei der Visite. Ich wünsche Ihnen allen noch einen schönen Tag.«

Kapitel 4

Einen Durchschnittsknacks hat jeder

Die körperliche Untersuchung hat vorläufig zu keinen neuen Erkenntnissen geführt, dafür hat mir Herr Dr. Schmidt all meine Schlafmedikamente abgenommen. Angeblich verfälschen sie meinen mentalen Zustand. Jetzt hoffe ich auf das Ergebnis des Bluttestes, das ich im Laufe der nächsten Tage bekommen werde. Es ist jetzt 16 Uhr und um 17 Uhr steht mit der *Abendrunde* der nächste Termin an. Ich bereue schon wieder, dass ich mein Notebook nicht mitgenommen habe, verlasse mein Zimmer und schlendere den Flur entlang. Im Aufenthaltsraum sitzt eine dicke, etwas ältere Dame direkt neben dem Wandschrank und zeichnet. Als ich hereinkomme, blickt sie auf.

»Hallo, wir haben uns noch gar nicht vorgestellt, ich bin Jenny«, sage ich.

»Ich bin Traudel«, sagt sie und nickt mir zu. Dann zeichnet sie weiter. Mein Blick fällt auf ihren Block und ich sehe, dass sie eine Katze aus einem Buch abzeichnet.

»Süß«, sage ich.

»Ja, ich habe zu Hause auch Katzen. Ich hoffe nur, dass sich mein Mann ordentlich um sie kümmert. Er interessiert sich nämlich nur für seinen PC und chattet den ganzen Tag im Internet mit fremden Leuten.«

»Oh«, sage ich.

»Ja. Und ich habe Diabetes. Das interessiert ihn auch nicht«, sagt sie und schüttelt den Kopf.

Ich bin etwas unsicher, was ich antworten soll, und sage erst mal nichts. Traudel lässt sich dadurch nicht irritieren. Nach einer halben Stunde kenne ich die Namen ihrer vier Kinder und deren jeweilige Lebensgeschichten. Sie erzählt mir, dass sie im letzten Jahr bei einem Wasserrohrbruch im Keller fast ertrunken wäre und dass sie sich, da ihr Mann nun alleine zu Hause ist, sehr um ihre Lieblingsprimel sorgt. Nach einiger Zeit kommt Linda in den Aufenthaltsraum und setzt sich zu uns. Traudel erzählt immer weiter, ohne auf unsere Reaktionen zu achten. Es scheint ihr sogar völlig egal zu sein, ob wir wirklich zuhören oder nicht. Nach einer halben Ewigkeit tippt mir jemand auf den Rücken: »Jenny, auf zur Abendrunde«, sagt Jessica und verschwindet in Richtung des zweiten Raumes. Einige Patienten strömen bereits vom Flur durch den Aufenthaltsraum ins Wohnzimmer, unter ihnen die blond toupierte Dame, die mir nun die Hand reicht und sich nun offiziell als Vanessa vorstellt.

»Und das ist Nadja«, sagt Vanessa und deutet auf die Dame mit dem runden Gesicht, die ich bereits in der Gruppentherapie gesehen habe.

»Hallihallo«, sagt Nadja mit einem freundlichen Zwinkern.

Traudel, Linda und ich begeben uns nun ebenfalls ins Wohnzimmer. Die Couch am hinteren Ende ist bereits komplett besetzt mit Jessica und Isabelle, die beide an einem Schal stricken, und Lotte, die am Wohnzimmertisch kniet und mit einem riesigen Puzzle ohne Motiv beschäftigt ist. Auch die Stühle an den beiden anderen Wänden sind zum Teil besetzt, Traudel findet noch einen Platz in der Ecke. Max winkt mir zu und weist uns zwei Plätze neben sich zu, direkt unter der Fensterfront. Ich erzähle den beiden von meinem Schildkrötentraum mit Jürgen Trittin und sie verstehen, dass ich als tendenziell eher leicht grün-radikal angehauchte Stammwählerin nun etwas angepisst bin. Als alle Platz genommen haben, kommt eine mir bisher unbekannte, dunkelhaarige Schwester in den Raum und schließt die Tür hinter sich. Sie sieht aus wie Mitte vierzig, ist aber geschminkt wie eine Zwanzigjährige, die einen gelernten Zuhälter zum Stylisten hat.

»Das ist Schwester Tatjana«, flüstert Max mir zu.

»Hallo alle zusammen, willkommen zur Abendrunde«, sagt sie und nimmt mit ihrem Klemmbrett auf dem Stuhl am vorderen Ende des Raumes, direkt neben dem kleinen Fernseher Platz. »Sind alle da? Dann können wir gleich anfangen und klären Organisatorisches im Anschluss. Wer startet?«

Susan, die mir gegenüber an der anderen Wand direkt neben der Tür sitzt, streckt die Hand.

»Ich fang an«, sagt sie. »Also heute war ein guter Tag bei mir. Die Schmerzen in der Brust sind seit der BT gestern einfach verschwunden und danach habe ich zum ersten Mal seit Ewigkeiten durchgeschlafen.«

»Gut, das sind Fortschritte«, sagt Schwester Tatjana und nickt Susan anerkennend zu. Dann blickt sie Lotte an, die sich mittlerweile von ihrem

Puzzle entfernt hat und mit verschränkten Armen in der Ecke neben Susan sitzt. »Frau Vogel? Ich möchte heute nichts sagen«, sagt Lotte. Erst jetzt sehe ich, dass sie gerötete Augen hat. »In der Bewegungstherapie ist mir was klargeworden, aber das muss ich erst mal sortieren.«

Die anderen beiden Gruppen hatten offensichtlich diese Bewegungstherapie, während wir Gruppentherapie hatten.

»Okay«, sagt Schwester Tatjana. »Wenn Sie doch noch mit jemandem sprechen wollen, kommen Sie einfach zu uns ins Schwesternzimmer. Wann immer Sie wollen, ja?«

Lotte nickt stumm.

»Wer noch? Frau Meyer?«

»Mir geht's gut«, sagt Nadja und lächelt. »Ich habe heute mit einer gemeinsamen Freundin telefoniert und habe *nicht* nach ihm gefragt. Danach habe ich das Handy sofort wieder im Schwesternzimmer abgegeben. Insgesamt war es ein schöner Tag. Heute hat mir zum ersten Mal das Essen wieder geschmeckt und ich habe nicht schon beim Hinsehen einen Brechreiz bekommen.«

»Das freut mich«, sagt Schwester Tatjana. »Essen hat ja auch etwas mit Genuss und Lebensfreude zu tun, nicht wahr?«

»Ja«, sagt Nadja.

»Frau Berger?«

Isabelle blickt auf die Uhr, dann beginnt sie zu sprechen. »Unverändert. Die Angst ist immer noch da. Heute hab ich es einigermaßen im Griff gehabt, mir war aber schon wieder total schwindelig. Ich könnte kotzen.«

»Und wer macht dann die Sauerei weg?«, fragt Jessica und lacht.

»Ich versteh grad echt keinen Spaß«, sagt Isabelle und schüttelt den Kopf.

»Das ist verständlich«, sagt Schwester Tatjana, »aber trotzdem bringt es nichts, wenn Sie sich ärgern. Versuchen Sie bitte, Situationen und Gefühle zu analysieren, *ohne sie zu bewerten*. Wollen wir es mal gemeinsam versuchen?«

Isabelle nickt widerwillig.

»Mir war schon wieder total schwindelig, *interessant ...«*, sagt sie.

»Viel konstruktiver«, sagt Schwester Tatjana, »jetzt können Sie Ursachenforschung betreiben. Der Schwindel war ja seit ein paar Tagen weg. Irgendeine Idee, warum er zurückgekommen ist?«

»Ja«, sagt Isabelle, »ich habe mit meinem Chef telefoniert, deshalb wurde mir bewusst, dass meine Zeit hier bald zu Ende ist. Ich weiß nicht, wie ich alleine klarkommen soll. Ich darf gar nicht dran denken.«

»Vielleicht liegt ja da ein Ansatz?«, sagt Schwester Tatjana. »Nicht zu viel nachzudenken, die Dinge mehr auf sich zukommen zu lassen und darauf zu vertrauen, dass es immer eine Lösung gibt.«

»Wenn wir das könnten, wären wir alle nicht hier«, sagt Michael und die meisten Patienten im Raum kichern leise, schmunzeln oder nicken bestätigend.

»Da ist was Wahres dran«, antwortet Schwester Tatjana. »Aber die gute Nachricht ist: Sie können es lernen.«

Lebensvertrauen und Gelassenheit lernen? Obwohl ich mich zu Menschen sehr hingezogen fühle, die wie Schwester Margit Weisheit und innere Ruhe ausstrahlen, war es mir noch nie in den Sinn gekommen, dass ich selbst so jemand sein könnte. Nachdem auch die restlichen Patienten, inklusive Max, über ihr Befinden gesprochen haben, sind Linda und ich an der Reihe.

»Hallo, ich bin Jenny«, sage ich, um Linda noch eine kleine Schonfrist zu geben. »Das ist mein erster Tag, deshalb kann ich noch nicht viel sagen. Ich bin auf jeden Fall gespannt, was die körperliche Untersuchung von heute Mittag ergibt.«

»Haben Sie vielen Dank«, sagt Schwester Tatjana. »So, jetzt ist nur noch Frau Fried übrig.«

»Bei mir ist es genauso«, sagt Linda schnell und leise.

»Okay«, sagt Schwester Tatjana, »aber vielleicht können Sie sich ja für die restlichen Patienten ganz kurz vorstellen?«

»Ich bin Linda und 37 und wohne hier in der Stadt«, sagt Linda knapp.

Mehr muss sie auch gar nicht sagen. Alle Patienten blicken sie ungläubig an. Ich kann es selbst nicht fassen, Linda sieht aus wie ein Teenie mit ihrem kindlichen Körperbau, ihrem blassen Gesicht und ihrem blonden Jungenhaarschnitt.

»Da haben Sie sich aber gut gehalten«, sagt Schwester Tatjana. »Danke, Frau Fried. Wir wären damit durch. Gibt es noch was Organisatorisches?«

»Ja«, Michael hebt die Hand. »Das mit dem Spülen klappt zwar mittlerweile, aber räumt bitte Euer Geschirr auch weg, wenn ihr damit fertig seid.«

»Okay«, sagt Schwester Tatjana. »Wenn's das war, würde ich Ihnen gern noch etwas vorlesen. Es ist von Anselm Grün, ein Teil aus einem seiner Bücher«, sagt sie, faltet eine DIN-A4-Seite auseinander und beginnt langsam zu lesen:

»Du musst nicht etwas leisten ...,
du musst nur ganz Du selbst sein.
So wie Du bist,
in Deiner Einmaligkeit,
bist Du ein Segen für andere.

Jetzt wünsche ich Ihnen noch einen schönen Abend und einen guten Appetit!«

Beim Abendessen ist es sehr still an unserem Tisch. Lotte hat noch immer gerötete Augen und sagt kein Wort, als sie sich zu uns setzt. Isabelle ist komplett in ihren Gedanken versunken und Max hat scheinbar noch an unserer Gruppentherapie und seinem Tinnitus-Ausbruch zu knabbern. Es ist ruhig, aber nicht peinlich ruhig. Wir essen einfach zusammen, ohne zu sprechen. Von den anderen Patienten dringt ein leises Gemurmel zu uns. Am stärksten hört man Traudel vom Tisch hinten links. Sie erzählt wieder die Geschichte von ihrem Sohn Bastian, den aber alle immer Bennie nannten, bis irgendwann vergessen wurde, dass er in Wirklichkeit Bastian heißt. Darüber habe ich vorhin auch schon gestaunt. Nach dem Abendessen gibt es keine Termine mehr. Die meisten gehen vom Speisesaal direkt ins Wohnzimmer und ich folge ihnen. Traudel packt ihre Stricksachen aus und Lotte arbeitet an ihrem Puzzle weiter. Alle anderen sehen sich die Nachrichten an. Ich setze mich neben Isabelle auf die Couch. Die Stille im Raum wird von Jan Hofers Stimme und dem Klappern der Stricknadeln auf eine beruhigende Art unterstrichen. Ich spüre augenblicklich eine tiefe Müdigkeit. Sofort wird mir bewusst, dass ich den ganzen Tag noch nichts gemacht habe, zumindest nichts Sinnvolles. Je länger ich hier sein werde, desto sicherer wird mich mein Chef vergessen und nicht für das Ausbildungsprogramm in Betracht ziehen. Die Müdigkeit ist verflogen, mein Kopf fühlt sich heiß an, ich verabschiede mich und gehe in mein Zimmer.

→

Mein Handy auf dem Nachttisch blinkt und weist mich auf zwei unbeantwortete Anrufe hin. Meine Mutter und mein Freund.

»Hallooo«, schreit er fröhlich ins Telefon, als ich zurückrufe. »Wie geht's dir?«

»Gut!«, lüge ich. »Und dir?«

»Jaja, auch. Du, ich hol morgen dein Auto bei deinen Eltern ab, hab schon mit deiner Mutter telefoniert. Du brauchst es ja jetzt nicht, oder?«

»Nein«, antworte ich.

»Wenn ich dann noch Zeit habe, kann ich ja kurz bei dir vorbeikommen, ist ja nicht weit«, sagt er.

»Gern«, sage ich.

»Dann hole ich dich ab und wir gehen in die Stadt, ich hab nämlich keinen Bock auf Krankenhaus, okay?«

»Okay.«

Nach einem ebenso kurzen Gespräch mit meiner Mutter liege ich im Bett und spüre erneut mein Herz rasen. Meilenweit vom Einschlafen entfernt. Es ist so anstrengend, ich zu sein. Vielleicht hat meine Mutter recht und ich bräuchte Urlaub. Urlaub von mir selbst. Entnervt stehe ich auf und verlasse mein Zimmer für die letzte Zigarette des Tages. Als ich vor dem Ausgehbuch stehen bleibe, erscheint Schwester Tatjana in der halb geöffneten Tür des Schwesternzimmers.

»Hallo Frau Bentz, was haben Sie denn vor?«, fragt sie und lächelt mich an.

»Ich wollte grade kurz rüber zum Raucherbalkon«, sage ich und nehme den Stift in die Hand, um mich auszutragen.

»Ab 22 Uhr dürfen Sie die Station nicht mehr verlassen«, sagt Schwester Tatjana kopfschüttelnd. »Haben Sie das Regelheft nicht gelesen?«

Ich blicke sie fragend an.

»Dann sollten Sie das nachholen. Jedenfalls darf ich Sie jetzt leider nicht mehr rauslassen.«

»Wo kann ich dann rauchen?«

»Auf Station ist das nicht erlaubt. Das müssen Sie vor 22 Uhr tun. Schlafen Sie gut.«

Etwas irritiert gehe ich in mein Zimmer zurück und setze mich aufs Bett. Ohne Gute-Nacht-Zigarette kann ich auf keinen Fall einschlafen, ich brauche die beruhigende Wirkung des Dopamins – oder bilde es mir zumindest ein. Während ich noch darüber nachdenke, ob ich den Rauchmelder im Bad irgendwie austricksen kann, höre ich es leise anklopfen.

»Ja?«

Max' Kopf erscheint in dem schmalen Spalt zwischen Türrahmen und halb geöffneter Tür.

»Ich wohne direkt gegenüber und habe dein Gespräch mit Tatjana mitbekommen«, flüstert er und blickt kurz verstohlen hinter sich auf den Flur, »komm einfach in ein paar Minuten auf den Besucherbalkon hinter dem Wohnzimmer, da sieht uns niemand.«

Dann ist er verschwunden. Kurz darauf tapse ich durch den mittlerweile nur noch schwach beleuchteten Flur. Alles ist still, die meisten Patienten schlafen, nur aus manchen Zimmern dringt noch leise Musik. Ich durchquere den dunklen Aufenthaltsraum und gehe schräg durch das Wohnzimmer hindurch zur großen Balkontür in der hinteren Ecke des Raumes. Draußen kann ich bereits die Umrisse von Max erkennen. Ich öffne die Tür und trete hinaus. Direkt weht mir ein kalter Wind entgegen.

»Hey«, sage ich und ziehe mir die Kapuze meines Shirts über den Kopf.

»Hey«, sagt Max und hält mir direkt eine Schachtel Lucky vor die Nase. Ich drehe mich um und ziehe die Balkontür hinter mir zu.

»Nein – *nicht* zu – oh, *Shit!*«, kommentiert Max mein Tun aufgebracht und stürmt direkt zu der nun geschlossenen Balkontür.

»Was denn?«, frage ich.

»Du hast uns ausgesperrt«, sagt Max und drückt erfolglos gegen die Glastür. »Verdammter Mist!«

»Was?« Ich versuche ebenfalls, die Tür zu öffnen. Es geht nicht. »Kann doch gar nicht sein! Balkon- und Terrassentüren sind im Allgemeinen so konstruiert, dass sie von außen nicht verschließbar sind, also dass man sich nicht aussperren kann. Man kann sie zwar hinter sich zuziehen, aber ...«

»Jenny!«, unterbricht mich Max entnervt. »Meinst du ernsthaft, es macht jetzt Sinn, sich über die Konstruktion von Balkontüren im Allgemeinen zu unterhalten?«

»Nein.«

»Wir sollten uns lieber überlegen, wie wir wieder reinkommen«, sagt Max und blickt sich suchend um. »Vielleicht über das Dach auf den Gemeinschaftsbalkon, dann können wir bei einem der Patienten anklopfen.«

Ich folge Max' Blick. Man müsste vom Besucherbalkon aus an der Dachrinne hinaufklettern und dann, um bis zum Gemeinschaftsbalkon der Patienten zu gelangen, ein gutes Stück ungesichert über das Dach laufen.

»Wir sind im fünften Stock«, sage ich entrüstet. »Ich bin zwar in der Klapse, aber nicht lebensmüde!«

»Schade«, sagt Max. »Ich kann's nämlich auch nicht machen. Höhenangst.«

»Schau mal da unten«, sage ich, lehne mich an die Brüstung des Balkons und zeige auf eine Gruppe von vier Jungen, die auf der Wiese vor dem Springbrunnen um einen großen Pappkarton herumstehen.

»Super«, sagt Max erleichtert, »die sollen einfach drinnen an der Rezeption Bescheid geben, dann kann uns jemand reinlassen.«

»Wir haben uns aus-ge-speeerrrt!«, ruft Max laut und hält seine Hände kreisförmig vor den Mund. Dann deutet er den Jungs mit Handzeichen die Richtung des Krankenhauseinganges an. Sie nicken und lachen. Allerdings macht keiner von ihnen Anstalten, die Wiese zu verlassen und tatsächlich Hilfe zu rufen. Einer von ihnen ist damit beschäftigt, die große Kiste aufzupacken.

»Haaallooo«, rufe ich noch mal nach unten.

»Rchallooo«, ruft einer der Jungs mit einem kehligen R am Anfang zurück, winkt uns zu und lacht.

»Wir wollen wieder rein!«, rufe ich noch mal.

»Rchallooo«, ruft der Junge wieder. Die anderen winken uns ebenfalls freundlich zu.

»Ich glaube, die verstehen kein deutsch«, sage ich.

»So sieht es aus«, sagt Max wütend, »diese ganze Drecksintegrationsdebatte hat rein gar nichts gebracht!«

»Vielleicht können sie uns auch nicht richtig hören«, sage ich, »immerhin sind wir im fünften Stock.«

»Ach, scheiß doch drauf.«

»Rchallooo«, ruft der Junge wieder.

»Ich frag mich, was die in ihrer Kiste haben«, sage ich und winke nochmals zurück. Der Junge, der die ganze Zeit mit dem Aufpacken des Pappkartons beschäftigt war, öffnet nun den Deckel. Wir sind allerdings zu weit entfernt und es ist zu dunkel, als dass ich den Inhalt erkennen könnte. Kurz darauf beugen sich alle vier Jungen über die Kiste, greifen hinein und ziehen mehrere weiße Gegenstände heraus. Dann werfen sie sie in Richtung des Springbrunnens. Es sind einfache Papierflieger, die nun vom starken Wind durcheinandergewirbelt werden. Der Junge, der uns so nett begrüßt hat, wirft nun in unsere Richtung und der Papierflieger wird tatsächlich vom Wind bis zu uns in den fünften Stock getragen. Ich lehne mich ihm entgegen und fange ihn auf. Es handelt sich um sehr hochwertige, fachmännisch gefaltete Flieger mit einer Kunststofflatte in der Mitte und zum Ende hin dünner werdenden Flügeln.

»Vielleicht sollten wir mitspielen«, sage ich zu Max, »dann freunden wir uns mit ihnen an und versuchen noch mal, ihnen unsere Problematik zu erklären.«

Max ist nicht überzeugt von meinem Plan. Trotz allem fängt und wirft er mit mir zusammen in der folgenden halben Stunde so viele Papierflieger wie möglich. Dazwischen ruft uns der freundliche Junge immer wieder ein motivierendes »Rchallooo« zu. Allerdings scheitern alle unsere Versuche, über das Fangen und Werfen von Papierfliegern oder das freundliche Zuwinken hinaus, Kontakt mit der Gruppe aufzunehmen. Nach einiger Zeit packen die Jungs ihre verbliebenen Papierflieger wieder in die Kiste, winken uns zum Abschied zu und machen sich aus dem Staub.

»Die hatten sich bestimmt extra zum Irre-Abwerfen verabredet«, sage ich und lasse mich erschöpft mit dem Rücken an die Balkonbrüstung sinken.

»Wenn wir schon hier sind, sollten wir wenigstens mal eine rauchen«, sagt Max, reicht mir eine Lucky aus seiner Schachtel und gibt mir Feuer.

»Danke«, sage ich und nehme einen tiefen Zug. Es ist kühl und ich sehe, dass in wenigen Zimmern im Hauptflügel des Krankenhauses noch Licht brennt, das durch die weißen Vorhänge scheint. Zu hören ist nur das leise Plätschern des Springbrunnens.

»Eigentlich ganz schön hier«, sage ich. Langsam spüre ich, wie mir die Kälte in den Oberkörper aufsteigt. Ich sitze mit fast blankem Hintern auf den Balkonfliesen und auf meinen Oberschenkeln bildet sich bereits eine Gänsehaut. »Aber wenn ich das nächste Mal verrückt werde, dann lieber im Sommer.«

»Ach, was heißt verrückt«, sagt Max und steckt sich ebenfalls eine Zigarette an. »Wir leben in einer Zeit, in der jeder Neurosen hat. Die meisten Menschen, die ich kenne, sind entweder schizoid, leiden unter Borderline, haben eine Persönlichkeitsstörung, Probleme mit Bindungsangst oder alles davon. Zumindest ein Durchschnittsknacks ist völlig normal. Völlig normal sein dagegen wäre alles andere als normal.«

Vielleicht hat er recht. Mein bester Freund hat Angst vor Rechtskurven auf der Autobahn, meine Katze vor Petersilie. Und die beiden steckt auch niemand in die Klapse. Unsere Station ist nur ein verkleinertes Abbild der Welt und die Welt ohnehin ein Irrenhaus. Max und ich reden darüber, dass wahrscheinlich neunzig Prozent der »Freilaufenden«, wenn man sie genauer betrachten würde, ebenfalls von einer Therapie profitieren könnten und dass Max gerade sehr stolz auf sich ist, weil er trotz der ganzen Balkon-Aufregung weder die Beherrschung verloren noch seinen Tinnitus bekommen hat. Bei unserer siebten Zigarette geht das Licht im Wohnzimmer an und Schwester Tatjana kommt mit einem weißen Tablett um die Ecke, auf dem sie verbliebenes Patientengeschirr stapelt. Gleichzeitig springen wir auf, stürmen an die Tür und trommeln schreiend gegen die Scheibe. Wenige Minuten später muss ich bei einer Tasse Tee im Schwesternzimmer Rede und Antwort stehen, was ich nachts um halb zwölf barfuß und nur mit einem dünnen Shirt bekleidet, aber dafür mit einem Dutzend Papierfliegern beladen, auf dem Besucherbalkon verloren habe. Wieso schaffe ich es ständig, mich in Situationen hineinzumanövrieren, die sonst nur Vollidioten passieren? Als ich kurz vor zwölf wieder in meinem Bett liege, bräuchte ich zur Beruhigung schon wieder eine Gute-Nacht-Zigarette, zumindest bin ich noch aufgedrehter als vorher. Diesmal hat der Dopaminkick seinen Zweck vollends verfehlt.

→

»Guten Morgen! Aufstehen, wiegen, messen!«

Mein Digitalwecker sagt 6.14 Uhr. Ich bin erst gegen drei Uhr morgens eingeschlafen und der Wecker hätte erst um halb acht geklingelt. Im Augenwinkel sehe ich Schwester Tatjana, die irgendetwas Großes in mein Zimmer schiebt.

»Wieso denn so früh?«, frage ich, während ich widerwillig aus dem Bett steige.

»Weil das jeden Donnerstag so ist und weil ich den ganzen Flur vor dem Frühstück schaffen muss, Sie sind nun mal die Erste.«

Das würde nach einer Grundsatzdiskussion schreien, wenn ich nicht nächsten Donnerstag schon längst hier raus wäre. Ich wiege 42 Kilo und bin 1,65 Meter groß, das ergibt einen zu kleinen BMI. Ich kann gut damit leben, weil Schwester Tatjana ihre Wiegemaschine nimmt und zum nächsten Patienten ins Zimmer rollt. Ich rolle mich noch mal auf meinem Bett zusammen und schließe die Augen. Anstatt noch einmal einzuschlafen, setzt sich allerdings mein bekanntes Gedankenkarussell in Bewegung. Erst dreht es sich langsam, mit ein paar morgendlichen Anlaufschwierigkeiten, dann wird es immer schneller: Ich befinde mich in einer anderen Stadt, weit weg von meinen Zielen, und warte entweder auf die Diagnose einer lebensbedrohlichen Krankheit oder die einer psychischen Störung. In beiden Fällen habe ich keine Ahnung, wie es weitergehen soll. Wenn beides nicht eintrifft, allerdings auch nicht. Ich würde gern vom Karussell abspringen, aber es dreht sich zu schnell.

Nach wenigen Minuten fühle ich mich so nervös, dass an Schlaf nicht mehr zu denken ist, und ich gebe resigniert auf. Als ich viel zu früh in den Frühstücksraum komme, sitzen am hinteren Tisch bereits Max, Linda und Traudel bei Kaffee und Tee zusammen.

»Guten Morgen«, sage ich.

»Gut geschlafen?«, fragt Max.

»Guter Witz«, antworte ich.

»Ja, der beste hier«, sagt Max. »Findet jeder nicht lustig. Hab auch schon was aufs Maul bekommen dafür.«

Ich hole mir einen Kaffee und setze mich zu den anderen. Linda sieht sehr müde aus.

»Wie geht's dir, Linda?«, frage ich.

Sie schüttelt nur den Kopf und ihre Augen füllen sich mit Tränen.

»Heimweh«, sagt Max und streicht ihr über den Kopf.

»Ich verstehe einfach nicht, wie es so weit kommen konnte, dass ich hier gelandet bin«, sagt Linda.

»Du spricht mir aus der Seele«, sage ich.

»Das geht uns allen so«, sagt Traudel. »Wir sind ja alle nicht verrückt. Wir haben nur schwere Umstände und können nicht so gut damit umgehen wie andere.«

»Ich kann aber mit gar nichts umgehen, ich kann ja noch nicht einmal schlafen«, sagt Linda.

Das kenne ich, denke ich.

»Das kenn ich«, sagt Max.

Traudel erzählt von ihrer Tochter, die in Heidelberg als Wissenschaftlerin arbeitet und mit einer von ihr selbst geretteten Laborratte zusammenlebt. Nachdem die anderen Patienten eingetroffen sind und wir an unseren gewohnten Plätzen zusammen gefrühstückt haben, versammeln sich alle im Wohnzimmer zur Morgenrunde. Sie dauert nicht so lange wie die Abendrunde und die Patienten müssen nicht über sich und ihr Befinden berichten, es geht eher um Organisatorisches. Schwester Tatjana verteilt Aufgaben für die nächsten Tage, jemand muss sich um die Essenskarten kümmern, einer um die Küche, manche werden zu Paten von neuen Patienten. Kurze Zeit später befinde ich mich in Begleitung meiner Gruppe auf dem Weg zu meiner ersten Bewegungstherapiestunde. Max hat mir beim Frühstück bereits erklärt, es habe trotz des Namens nichts mit Sport zu tun, sondern *man bekomme ein Bewegungsangebot und reagiere darauf.* Ich kann mir rein gar nichts darunter vorstellen. Nachdem wir mit dem Fahrstuhl ins Erdgeschoss gefahren sind, verlassen wir das Gebäude durch den Hinterausgang und gehen durch den Klinikpark, vorbei an Springbrunnen, Trauerweide und Hubschrauberlandeplatz. Dann betreten wir ein Nebengebäude im anderen Flügel des Krankenhauses. Drinnen angekommen, folgen Linda und ich den anderen durch unzählige verschiedene Türen und Flure, biegen rechts und links ab. Der Weg ist so verwirrend, dass ich alleine gar nicht mehr zurückfinden würde. Am Ende steigen wir eine Treppe in den Keller hinunter. Mit jeder Stufe, die nach unten führt, habe ich das Gefühl, als würde es etwas wärmer. Das verwundert mich etwas, da Keller üblicherweise eher kühl sind. Am Ende der Stufen folgt wieder ein Gang und erst an dessen hinterem Ende kommen wir zu einem Raum mit der Aufschrift *Konzentrative Bewegungstherapie.* Eine kurzhaarige, etwas mollige und sehr sympathische Frau tritt uns entgegen. »Hallo, alle miteinander. Hallo auch an unsere Neuzugänge: Hallo Frau Bentz, hallo Frau Fried«, sagt sie lächelnd und drückt uns fest die Hand. »Ich bin Frau Lehre und begrüße Sie ganz herzlich zu Ihrer ersten Bewegungstherapiestunde. Sie müssen Ihre Schuhe ausziehen, bevor Sie den Raum betreten. Dann wünsche ich Ihnen viel Erfolg.«

Auf Socken folgen wir kurze Zeit später Max und Jessica in den Therapieraum, wo bereits Nadja, Vanessa, Susan und Michael auf bunten Wolldecken im Kreis sitzen. Der Raum ist mit honigfarbenem Parkett ausgelegt und verfügt an zwei Seiten über hohe Fenster mit Rundbögen. Wir bekommen ebenfalls Decken und setzen uns zu den anderen. Anfangs gibt es noch eine leise Geräuschkulisse aus Rascheln, dumpfem Gemurmel und Räuspern, bis alle die richtige Sitzposition gefunden haben. Es folgt eine scheinbar ewige Stille. Normale Menschen stehen jetzt im Stau oder vor der Kaffeemaschine im Büro. Ich sitze auf einer Filzdecke und lerne womöglich gleich, meinen eigenen Namen zu tanzen. Ich kann mir kaum vorstellen, dass es meine Schlafprobleme mildert oder meine Allgemeinsituation verbessert, wenn ich morgens zwei Stunden zu früh aus dem Bett geworfen werde und mich ständig in irgendeinem Stuhl- oder Deckenkreis wiederfinde.

»Für mein heutiges Bewegungsangebot stehen Sie bitte alle mal auf und kommen in die Raummitte«, sagt Frau Lehre.

Wir stehen auf und schieben unsere Decken zur Seite.

»Jetzt lassen Sie mal die Arme schön locker hängen und stellen sich bequem hin«, sagt Frau Lehre und schüttelt ihre Arme und Beine. »Ha, He, H«, sagt sie dann. Das letzte »H« klingt wie ein Asthma-artiges Ausatmen. »Machen Sie mit, H, H, H, H.«

Verdutzt blicke ich Linda an und sehe die pure Angst in ihren Augen. Die anderen scheinen aber über die Zeit alle Reste von Schamgefühl abgelegt zu haben und machen kräftig mit.

»H, H, H«, hecheln alle durcheinander. Das soll nun helfen bei Kopfschmerzen, Rückenschmerzen, Tinnitus, Herzstechen und was wir sonst noch so alles haben?

»Keine falsche Scheu, Frau Bentz, Frau Fried, legen Sie los«, ruft Frau Lehre. »H, H, H.«

Ich überwinde mich. »H, H, H«, sage ich ganz leise. Linda weigert sich beständiger.

»Jetzt Ch, Ch, Ch«, hechelt Frau Lehre.

»Ch, Ch, Ch«, rufen alle durcheinander. Ich mache mit und werde sogar lauter.

»Jetzt laufen Sie bitte alle durch den Raum und machen damit weiter«, sagt Frau Lehre und beginnt in Schlangenlinien um die Patienten herumzutänzeln, während sie weiterhin »Ch, Ch, Ch« ruft.

Also laufen wir los, jeder, wohin er möchte. Geradeaus, in Kreisen, an der Wand entlang, linksherum und rechtsherum. *»Ch, Ch, Ch.«*

»So und jetzt blicken Sie immer jemand anderen an, wenn Sie *Ch* sagen«, ruft Frau Lehre. Sie kommt direkt auf mich zu, sieht mir in die Augen, sagt sehr laut »*Ch*« und geht weiter. Susan begegnet mir als Erstes, wir blicken uns an, sagen gleichzeitig »Ch!« und müssen lachen. Es ist wie eine Art der Kommunikation, die nicht schief gehen kann – grotesk ist das Ganze trotzdem. Überall hört man »Ch«, »*Ch*!« oder »Chhhh«.

Jede Person, die mir nun beim Laufen durch den Raum begegnet, bleibt kurz stehen und sagt »Ch« und ich sage auch »Ch«. Nur Linda läuft mit gesenktem Kopf und sagt gar nichts.

»Und jetzt *Ich«*, ruft Frau Lehre und bleibt direkt vor Max stehen, sagt noch einmal sehr bestimmt *»Ich!«* und geht weiter.

Ich laufe neben Susan, die auf Vanessa trifft. Vanessa zischelt ein langgezogenes »Icchhh« und klingt dabei wie eine Schlange. Susan sagt nichts und geht weiter. Ich sehe Max vor Jessica stehen, er sagt »Ich!«, sie sagt auch »Ich!« und zeigt dabei auf sich. Er geht nicht weiter und sagt diesmal bestimmter und lauter *»Ich!«*. Jessica sagt »Nein, *Ich!«* und stampft dabei mit dem Fuß auf. Susan steht in der Ecke und wendet uns den Rücken zu. Linda ist verschwunden. Jessica kommt auf mich zu und sagt mit drohendem Ton in der Stimme *»Ichhhh!«* Ich setze an, um ihr zu antworten, aber etwas sträubt sich in mir. Ich blicke auf den Boden und gehe weiter. Jessica hält mich am Arm zurück und blickt mich eindringlich an. »Ich« sagt sie, diesmal leiser, und zieht die Augenbrauen hoch. Ich weiß, was sie von mir erwartet, aber kann mich nicht überwinden. Wieder blicke ich auf den Boden. Ich spüre, wie mir die Hitze in den Kopf steigt und mein Herz bedrohlich immer schneller schlägt. Dann reiße ich meinen Arm aus Jessicas Griff und drehe mich weg. In der Raummitte hat sich eine Gruppe gebildet aus Michael, Nadja, Max, Jessica und Vanessa, die mit einem einzigen Wort miteinander kommuniziert: *»Ich!«*, »Ich«, »Ich auch!« Am lautesten höre ich Vanessa und Nadja. Es klingt wie ein Gespräch, manchmal auch wie eine Diskussion. Zumindest scheint es nicht so schwer zu sein. Ich versuche, mich zu disziplinieren und stelle mich zur Gruppe. Nadja blickt mich an, Vanessa tippt mir auf die Schulter. Unbedingt will ich in die Runde mit einsteigen, aber irgendetwas blockiert mich. Ich sage nichts, kämpfe aber mit den Tränen und verliere.

»Okay, beenden Sie noch Ihren aktuellen Weg und kehren Sie langsam zurück zu Ihren Plätzen«, ruft Frau Lehre mit ruhiger Stimme in den Raum.

Als wir alle wieder auf unseren Decken sitzen, kehrt erneut Stille ein. Linda ist immer noch verschwunden. Ich zähle die Dielen des

Parketts neben mir. Das lenkt mich ab, sodass ich die Tränen unter Kontrolle habe. Jessica unterbricht das Schweigen:

»Ich denke, das ging um Selbstbehauptung«, sagt sie. »Also sich selbst gegenüber anderen wahrzunehmen und durchzusetzen.«

»Ich habe mich dabei wohlgefühlt«, sagt Nadja. »Aber ich glaube, ich habe dabei auch ein Problem erkannt – dass ich vielleicht oft etwas zu forsch bin, mich immer zu schnell und zu rabiat durchsetze oder so ...«

»Ja, du warst voll aggressiv«, sagt Vanessa und lacht.

»Vielleicht sollte ich manchmal abwarten, ob mich jemand überhaupt angreifen *will*, bevor ich mich so übertrieben selbst verteidige«, sagt Nadja.

Ich blicke in die Runde und sehe Susan, die mir gegenüber auf ihrer Decke sitzt, die Ellenbogen auf die Knie gestützt und das Gesicht in den Händen vergraben. Sie blickt auf, scheinbar hat sie gespürt, dass ich sie taxiere. Sie hat rote, geschwollene Augen, einen resignierten Gesichtsausdruck und verschmierte Wimperntusche. Ich denke an Brandon Lee in *The Crow* und gehe davon aus, dass ich so ähnlich aussehe. Unsere Blicke treffen sich und wir müssen beide lachen. Frau Lehre blickt uns an, von mir zu Susan und wieder zurück. Ich fühle mich ertappt.

»Frau Bauer, Frau Bentz, haben Sie eine stille Übereinkunft?«, fragt sie neugierig, aber sehr freundlich.

»Ja, ich glaube schon«, antwortet Susan wieder etwas ernster. »Ich denke, wir haben beide gemerkt, dass wir nicht in der Lage sind, *Ich* zu sagen.«

»Mhm«, sagt Frau Lehr und nickt. »Und warum nicht?«

»Es fühlt sich falsch an«, sagt Susan. »Egoistisch.«

»Okay«, sagt Frau Lehre. »Wollen Sie es mal auf Ihre allgemeine Lebenssituation übertrage?«

»Mein Mann, die Kinder, meine Eltern ... Ich versuche, es jedem recht zu machen«, erklärt Susan. »Ich weiß, dass ich auch an mich denken sollte, aber es bleibt einfach keine Zeit.«

»Ich verstehe«, sagt Frau Lehr.

»Ich denke, das kennen wir alle«, sagt Michael, »dass man zu vielen unterschiedlichen Erwartungen gerecht werden will und darüber die eigenen Bedürfnisse zurückstellt. Gerade mit kleinen Kindern.«

Die meisten Patienten nicken bestätigend und murmeln durcheinander.

»Aber was hab ich denn dann für ein Problem?«, frage ich. »Ich habe nur mich und meinen Job. Keine Familie.«

Es folgt Stille.

»Ich denke, das kannst du dir nur selbst beantworten«, sagt Max nach einer halben Ewigkeit.

Ich hab's geahnt.

→

»Scheinbar weißt du jetzt, was Bewegungstherapie ist, oder?«, fragt mich Isabelle, als ich beim Mittagessen nachdenklich und lustlos auf meinen abgedeckten Teller blicke. Ich nicke stumm.

»Das wird schon wieder«, sagt Lotte, »schau mal, mir und Isa ging's gestern nach der BT auch schlecht und heute haben wir uns wieder gefangen.«

»Danke Lotte«, sage ich und lächle gequält.

»Treffen sich zwei Psychologen«, sagt Max. »Fragt der eine –«

»Nein!«, ruft Isabelle und lacht. »Nicht schon wieder einen deiner Psychowitze.«

»Fragt der eine den anderen«, fährt Max unbeirrt fort, »›Hast du eine Uhr an?‹, sagt der andere: ›Nein, aber ich finds toll, dass wir so offen drüber sprechen können.‹«

»Das ist kein Witz«, unterbricht Lotte. »Die sind wirklich so.«

»Is' ja noch nicht fertig«, sagt Max. »Eine Woche später treffen sie sich wieder, fragt der Erste: ›Hast du jetzt eine Uhr an?‹, sagt der andere: ›Nein, aber ich kann schon viel besser damit umgehen.‹«

Für einen kurzen Moment ist alles still. Dann müssen wir lachen. Ich habe einen Entschluss gefasst.

»Ich bleibe hier, bis ich verstehe, was mein Problem ist«, sage ich und wundere mich selbst über meine klaren Worte.

»Herzlichen Glückwunsch, bei mir hat die Weigerungsphase drei Tage gedauert«, sagt Lotte.

»Bei mir 'ne ganze Woche«, sagt Isabelle.

→

Nach dem Essen machen wir uns erneut auf dem Weg durch den Klinikgarten zum Therapiegebäude. Musiktherapie haben wir nur in unserer Gruppe D, das sind Max, Linda, Jessica, Susan und ich. Der Musikraum befindet sich im Keller, direkt neben der Bewegungstherapie. Eine mittelgroße Frau mit raspelkurzen dunklen Haaren kommt uns entgegen.

»Hallo zusammen«, sagt sie laut und energisch.

»Hallo Frau Blank«, sagt Jessica und geht voran in den Musiktherapieraum.

Wir folgen und dürfen diesmal unsere Schuhe anbehalten.

»Wer von Ihnen beiden ist Frau Bentz, wer Frau Fried?«, fragt Frau Blank, an mich und Linda gewandt. Wir stellen uns vor. »Dann kommen Sie mal rein und sehen sich um.«

Der Raum ist fantastisch. Er ist mit rotbraunem Teppichboden ausgelegt und es ist angenehm warm. Das ganze Zimmer ist mit Instrumenten übersät und erinnert an eine Spielwiese im Kindergarten. Auf den ersten Blick erkenne ich mehrere Xylofone, Flöten, Trommeln, ein Klavier, eine Gitarre, eine Geige, eine sehr große Harfe und einen Gong. Dazwischen liegen kleinere Instrumente und Gegenstände, deren genauere Umrisse im Wirrwarr untergehen.

»Setzen Sie sich, dann können wir direkt anfangen.« Frau Blanks Stimme holt mich zurück in den Moment. Erst jetzt sehe ich, dass zwischen all den Instrumenten ein Stuhlkreis angeordnet ist. Wie könnte es auch anders sein. Ich setze mich zwischen Max und Linda, Frau Blank sitzt mir gegenüber zwischen Susan und Jessica.

»Sie sehen die ganzen Instrumente hier im Raum?«, fragt Frau Blank an mich und Linda gewandt. »Wir werden in der Gruppe gleich musikalisch improvisieren. Sie können sich ein Instrument aussuchen und einfach mal ausprobieren. Wenn Sie wollen, können Sie auch im Laufe der Improvisation das Instrument wechseln. Nichts ist verboten. Nur sollten Sie bitte während der Zeit der Improvisation nicht sprechen oder den Raum verlassen. Viel Freude wünsche ich Ihnen!«

Susan, Max und Jessica gehen zielsicher auf bestimmte Musikinstrumente zu und verteilen sich im Raum. Max fängt an, auf dem Klavier zu klimpern, Jessica spielt Tonleitern auf dem Xylophon und Susan trommelt. Linda blickt mich etwas unsicher an. Vor mir steht eine Kiste mit kleineren Instrumenten. Nachdem ich kurz hektisch darin gewühlt habe, ziehe ich eine kleine Triangel heraus und reiche sie Linda. Sie nimmt sie erleichtert an sich und schlägt, zunächst etwas unsicher, dann immer lauter, mit dem kleinen Stäbchen auf das untere Teil der Triangel. Ich selbst hole mir eine Flöte aus der Kiste und spiele ein paar leise Töne im Takt von Susans Trommelschlägen. Bis sie aufhören. Im Augenwinkel sehe ich, wie Susan durch den Raum geht, die Gitarre aus der Ecke schräg hinter mir nimmt und anfängt zu spielen. Das Chaos beginnt mich nervös zu machen. Ich lege meine Flöte weg, setze mich neben Jessica an ein kleines Glockenspiel und fange an zu spielen. Nach einiger Zeit stelle ich fest, dass sich unsere Improvisation zu einem durchgängigen Klangteppich entwickelt hat. Susans Gitarre wird etwas schneller und lauter, Jessica spielt keine Tonleitern mehr, sondern immer wieder dieselbe kleine Melodie, und Max passt sich mit dem Klavier daran an. Frau Blank spielt ein paar Töne auf der großen Harfe und zwischendurch erklingen Lindas hohe Triangeltöne. Die Musik fließt einfach so vor sich hin, verändert sich ab und zu und klingt gar nicht schlecht. Nach einigen Minuten wird die Musik etwas leiser, Max hört auf zu spielen, dann stoppt auch Frau Blank und die Improvisation läuft zum Ende aus. Max, Susan und Jessica entfernen sich von ihren Instrumenten und kehren zurück in den Stuhlkreis. Ich setze mich wieder neben Linda, die mit ihrer Triangel gar nicht aufgestanden ist. Frau Blank stellt ihre Harfe zur Seite und blickt in die Runde. Nach kurzer Stille fängt Max an zu sprechen.

»Bei mir war es gut, ich habe heute zum ersten Mal beim Musikmachen an nichts anderes gedacht als ans Musikmachen.«

»Das freut mich«, sagt Frau Blank fröhlich. »Und wie war's bei unseren Neuankömmlingen, Frau Fried, Frau Bentz?«

»Ich fühle mich nervös«, sage ich, »ich schätze, ich komme mit diesem Ausprobieren nicht klar. Wenn jeder macht, was er will, und einfach Instrumente wechselt, kann man sich ja auf nichts verlassen.«

»Wie würden Sie es denn gern handhaben?«, fragt Frau Blank interessiert.

»Weniger chaotisch. Wenn wir genau absprechen, was wir machen, dann könnte ich mich besser darauf einstellen. Und wir könnten ordentlich üben und immer besser werden.«

»Ich fand es aber gerade toll, wie sich alles eingespielt hat, ohne dass wir uns abgesprochen haben«, sagt Susan. »Hat sich harmonisch angehört, finde ich.«

»Ja«, sage ich, »aber nur aus Zufall, nicht weil wir es ordentlich geplant haben.«

»Aber das ist ja gerade das Schöne«, sagt Max. »Dass es ohne Druck funktioniert. Dass man einfach mal nicht denken, nicht organisieren muss, sondern etwas ausprobieren kann und schauen, wie es sich entwickelt. Das ist ja im realen Leben kaum möglich, da muss immer alles sofort funktionieren.«

»Das ist eine interessante Sichtweise, Herr Mann«, sagt Frau Blank. Dann wendet sie sich an mich. »Frau Bentz, es geht hier nicht darum, Regeln einzuhalten oder das Ganze effizient zu organisieren, so wie Sie es formuliert haben. Es geht um ganz andere Dinge.«

Ich komme mit diesem ganzen antiautoritären Mist einfach nicht klar.

»Okay«, sage ich.

»Sie sind nicht überzeugt, oder?«, fragt Frau Blank freundlich, aber mit Nachdruck.

»Hm.«

»Sie haben von ›ordentlich üben‹ und ›besser werden‹ gesprochen. Haben Sie denn das Gefühl, ich erwarte, dass Sie hier etwas besonders gut machen?«

»Nein ... vielleicht ... ich weiß nicht«, sage ich und schüttle den Kopf. Ich habe wirklich keine Ahnung.

»Möglicherweise liegt eines Ihrer Probleme im Bereich *eigener Erwartungs- und Leistungsdruck*?«, fragt Frau Blank. »Denken Sie doch mal darüber nach.« Dann wendet sie sich an Linda. »Wie war's denn bei Ihnen, Frau Fried?«

→

Nach der Musiktherapie setze ich mich auf eine Bank unter die Trauerweide neben dem Springbrunnen. Mein Handy zeigt zwei verpasste Anrufe an – beide von Sam. Sie hat von der indischen Künstler-Aussteiger-Szene bereits genug, erfahre ich, als ich zurückrufe.

»Erst war's ja wirklich so cool hier«, höre ich ihre Stimme, die in den Geräuschen einer Abflughalle etwas untergeht, »aber mittlerweile gehen mir diese dämlich-individuellen Künstlertypen, Wunderblumen und ach so welterfahrenen Besserwisser nur noch auf die Nerven. Wenn mich noch *einer* nach dem kulturellen Zeitgeist in Goa fragt, engagiere ich einen Auftragskiller! Lieber bediene ich eine Horde besoffener Malle-Touristen, echt wahr. Einfach mal normale Menschen. Morgen bin ich wieder da. Hast du Zeit? Wie geht's dir?«

Als ich ihr von meinem Aufenthalt auf der psychosomatischen Station erzähle, schreit Sam plötzlich aufgeregt ins Telefon.

»*Was*? Oh nein! Wer hat dich denn einweisen lassen? Keine Panik, wir kommen sofort und holen dich da raus!«

»Nein Sam, das verstehst du falsch«, antworte ich, »ich bin freiwillig hier.«

»Oh mein Gott, sie haben dich schon völlig infiltriert!«

»Nein, die Therapie tut mir im Moment gut«, sage ich nachdrücklich und klinge dabei unglaublich vernünftig. »Glaub mir.«

Nach einer für Sam langen Pause der Sprachlosigkeit beruhigt sich ihre Stimme wieder.

»Oh Mann, ich wusste nicht, dass es so schlimm ist«, sagt sie, »ich dachte, du hast kein Problem, das sich nicht mit einer Schachtel Kippen und 'ner Flasche Wodka lösen lässt.«

»Mach dir keinen Kopf«, sage ich, »ich wusste es selber nicht.«

»Krass, die ganze Welt dreht durch«, sagt Sam, »weißt du noch Giorgio, mein Chef vom Café Italia? Der wollte sich im Sommer mit der Eismaschine umbringen.«

»Netter Vergleich.«

»Und bei Ben kommen ständig Selbsthilfebücher nach Hause, die angeblich für seinen ›Kumpel‹ sind«, fährt Sam fort, »sogar meine Mutter ist jetzt bei 'nem Seelenklempner, kannst du dir das vorstellen? Mein Gott, könnt ihr nicht alle einfach mal klarkommen?«

Einfach mal klarkommen. Wenn das so einfach wäre.

»Sam, ich –«

»Ich hab's«, unterbricht mich Sam, »wir fahren zu Aramia.«

Sam war seit ihrem ersten ordentlichen Liebeskummer vor sechs Jahren der Esoterik verfallen. Damals wollte sie mich unermüdlich einer Zwangskonvertierung vom halbwegs bodenständigen Menschen zur ernst zu nehmenden Teilzeitirren mit Glaskugel unterziehen. Einmal riss sie mich sogar mitten in der Nacht aus dem Schlaf, es war der 31. Oktober.

»Raus aus dem Bett, es ist *Hexennacht!«*

»Das heißt?«

»Das heißt, der perfekte Tag für Sigillenmagie!«

»???«

»Wir brauchen jetzt weiße Blätter, darauf malen wir das Alphabet im Kreis, dann formulieren wir einen Wunsch, verbinden die Buchstaben miteinander im Wortlaut des Wunsches und so entsteht ein Pentagramm. Das müssen wir dann nur noch magisch aufladen. Dann tun wir es in den Geldbeutel und innerhalb von drei Wochen wird sich der Wunsch erfüllen. Los, anfangen!«

Statt Schönheitsschlaf verband ich Buchstaben durch Striche miteinander. Das erinnerte mich an gewisse Malbücher aus meiner Kindheit, in denen man Zahlen miteinander verbinden musste, um am Ende das Bild einer Ente auf Rollschuhen zu bekommen. Aber das jetzige Gekrakel ähnelte keinem Tierchen und wollte auch sonst kein Motiv sein, es war einfach nur ein heilloses Durcheinander einzelner Linien und sah nicht einmal irgendwie magisch aus. Ein kritischer Blick von Sam allerdings führte sie zu der Annahme, dass mein Wunsch sich sehr bald erfüllen müsse, man könne nämlich fühlen, dass ich sehr viel mystische Energie in meine Sigille mit eingebracht hätte. Ich hatte mir gewünscht, dass Johnny Depp sich verirrte, in einen furchtbaren Schneesturm geriete und dann bei mir klingelte. Bis dahin. Den Rest hätte ich schon selbst geregelt. Sam war stinksauer, als ich ihr das erzählte.

»Du nimmst die Sigillenmagie nicht ernst. Glaubst du etwa nicht dran?«, fragte sie mich wütend.

»Ähh …«, stammelte ich.

»Wie oft gibt es bei uns einen Schneesturm?«, fragte sie mich gereizt. »Dein Wunsch ist vollkommen unrealistisch.«

»Bist du jetzt also die Bodenständige von uns beiden?«

»Und wie soll sich einer von den USA hierher verirren? Das ist ja übers Wasser!«

»Du sagst doch immer, magische Kräfte wirken universell? Dann dürfte *das* bisschen doch kein Problem sein«, verteidigte ich mich. Zumindest kämmte ich mir die Haare, als es am Folgetag an meiner Haustür klingelte. Aber leider kein Johnny. Dafür Sam, die mir verziehen hatte und mich in einen Hexenladen schleppen wollte. Sie sagte, sie sei mit beiden Betreiberinnen ganz gut bekannt. Ich stellte mir zwei grenzdebile, faltige Damen vor, die nachts nackt ums Feuer tanzten, um die Apokalypse zu verschieben. Weit gefehlt: Es waren zwei bildhübsche Frauen mittleren Alters mit stilvollen Klamotten, echtem Schmuck und einem Porsche Cabrio. Zwangsweise musste ich mich fragen, ob an der ganzen Hokuspokusgeschichte vielleicht doch was dran sein könnte. Liebeszauber seien diese Woche im Angebot, erklärte Hexe Aramia, während ihre Kollegin für uns Kaffee aufsetzte. Das passte gut, denn Sam war schließlich gekommen, weil sie ihren Ex zurückzaubern wollte. Zwei Monate zuvor hatte sie ihm grundlos den Laufpass gegeben. Als er dann eine neue Freundin hatte, fiel ihr an einem verregneten Sonntagnachmittag ein, dass er die Liebe ihres Lebens war. Timmy hatte sich geweigert, sofort dankbar zurückzukommen, also geschah es ihm, Sams Ansicht nach, ganz recht, dass er nun verhext wurde. Ein Kreisritual gab es schon für vierzig Euro. Das dürfte reichen, um Timmy die Augen zu öffnen, versicherte Aramia. Wenn jemand keine Gefühle für den anderen hat, kann man das auch nicht durch einen Liebeszauber erzwingen, wurde mir erklärt. Aber wenn Gefühle da sind, kann man sie verstärken, oder wenn sie aus unerfindlichen Gründen blockiert sind, kann man sie wieder an die Oberfläche holen. Das geschieht durch positive Telepathie. Damit werden die positiven Gedanken an jemanden verstärkt und die negativen verhindert. Ich verstehe. Und so was gibt's für Geld in einem Laden? Mein Gott, das muss der Menschheit doch mal einer sagen. Ganz revolutionäre Gedanken kamen mir da plötzlich: »Wir können nach dem Kreisritual auch noch einen Verstärkungszauber machen. Der kostet dann aber extra. Führt aber in den meisten Fällen direkt zur Hochzeit. Also, falls ihr diese beiden Zauber in Kombination nehmt, kriegt ihr noch einen kleinen Job-Erfolgszauber gratis dazu.« Aha. Buy two, get one free – Magie und Ökonomie schienen sich wunderbar zu vertragen.

»Habt ihr auch noch was fürs Aussehen?«, fragte Sam nebenbei, während sie verschiedene Kartendecks in einem Regal genauer untersuchte.

»Klar, wir haben einen ganz neuen Attraktivitätszauber reingekriegt, der wirkt sofort, hält wahnsinnig lange und ist gar nicht so teuer.« Unvergängliche Schönheit, die Hochzeit mit dem Traummann, Erfolg im Beruf: alles zusammen für achtzig Euro. Sam kannte sich in diesem esoterischen Gemischtwarendiscounter bereits bestens aus: Sie wollte das komplette Kombipaket kaufen und das Ritual gleich an diesem Tag durchführen lassen.

»Wenn wir schon dabei sind, kannst du das ja auch machen, oder?«

Klar, könnte ich. Einen Ex wollte ich aber um Gottes Willen nicht zurück. Es hatte zwei gegeben in den Jahren zuvor. Der eine war mir geistig meilenweit unterlegen gewesen, hatte schon mit 19 Haarausfall und mich ganz fies betrogen. Der andere war so anhänglich und weinerlich, dass sich schon nach fünf SMS die Rollenverhältnisse in furchterregende Dimensionen verzerrt hatten. Mir einen von ihnen wieder herbeizuzaubern, wäre nun wirklich ein sinnloses Verschleudern positiv-universaler Erdenergien gewesen. Ich hatte absolut keinen Mann im Auge und – so selten das vorkommt, natürlich passiert es in so einem Augenblick. Also überlegte ich, wen ich sonst gern heiraten würde. Außer Johnny Depp fiel mir schon wieder niemand ein. Aber ich wollte nicht noch einmal Streit mit Sam riskieren. Also fragte ich Hexe Aramia, ob sie mir statt eines Liebeszaubers nicht lieber die Karten legen würde. Nicht, dass ich daran eher glaube, aber ich hielt es für harmloser. Ich bezahlte 25 Euro, um zu erfahren, dass es einen Bereich in meinem Leben gab, der mich stark beschäftigte und in allem, was ich tat, blockierte. Was das sein sollte, wusste Aramia genauso wenig wie ich. Sam hatte doch mehr zahlen müssen, 120 Euro. Ihre Beziehung zu Timmy war nämlich »karmisch«. Das hatte die andere Hexe ganz zufällig herausgefunden und es bedeutete, dass sich die beiden aus einem früheren Leben bereits kannten und dort irgendwas falsch gemacht hatten. Und sie würden sich jetzt in so vielen Reinkarnationen wieder begegnen und Stress miteinander haben, bis sie endlich mal alles richtig machten. Aber wie ärgerlich ist es, sich bis dahin in jedem einzelnen Leben mit der gleichen Person herumzustreiten? Aramias Kollegin wusste Rat. Das Karma einfach auflösen. Für vierzig Euro. Ist alles ganz einfach – wenn man es weiß. Dann steht der Beziehung nichts mehr im Wege, man verträgt sich auf Erden ganz prima und wandert im Anschluss schnurstracks zusammen ins Paradies.

»Soll ich gleich mal einen Termin für dich ausmachen?«, höre ich Sams Stimme hinter den Geräuschen der Abflughalle am Telefon. Ich lehne dankend ab. In Anlehnung an mein Gespräch mit Max auf dem Balkon frage ich mich, warum ich in der Klapse bin und Sam frei herumläuft. Andererseits ist Sam glücklich mit ihrer eigentümlichen Weltanschauung, wieso sollte man sie also wegtherapieren? Der Unterschied zwischen Sam und mir liegt folglich darin, dass ich ein Problem mit meinem Psychoproblem habe, sie nicht. Wir verabreden uns für Sonntag auf einen Kaffee in der Stadt. Im Anschluss erzählt mir meine Mutter am Telefon, dass mein Freund mit meinem Auto schon wieder zu sich nach Hause verschwunden ist. Für einen Besuch bei mir habe es wegen seiner Donnerstags-Pokerrunde nicht mehr gereicht, solle sie ausrichten. Ich bin erleichtert. Heute hätte ich es nicht geschafft, eine unterhaltsame Begleitung für einen Stadtbummel zu sein. Stattdessen sitze ich immer noch auf der Bank unter der Trauerweide, rauche und versuche erneut, mein Herzrasen zu kontrollieren. Bis mich eine mittlerweile bekannte männliche Stimme aus den Gedanken reißt.

»Alles okay?« Nachdem ich vor ein paar Minuten meine Zigarette ausgetreten und meinen Füßen dabei zugesehen habe, war mein Blick nachdenklich am Boden hängen geblieben. Jetzt streift er an vier mit Jeans und Sneakers bekleideten Beinen nach oben. Max und Linda stehen vor mir.

»Ja, schon«, sage ich.

»Siehst aber nicht so aus«, sagt Linda und setzt sich rechts neben mich auf die Bank.

»Ich fühle mich nervös. Und gleichzeitig so sehr erschöpft«, sage ich leise. »Als fehlte mir die Kraft zum Leben, aber trotzdem läuft mein Körper auf Hochtouren und ich kann ihn nicht anhalten.«

»Oh«, sagt Max, setzt sich langsam zu meiner Linken und legt mir die Hand auf die Schulter. »Klingt nach Burn-out.«

»Danke, das hör ich ständig.«

»Die werden dich hier wieder hinkriegen, glaub mir«, sagt Max.

»Selbst wenn«, sage ich, »frage ich mich, wieso mir das überhaupt passiert ist.«

»Wahrscheinlich hast du nicht darauf geachtet, dass du nach Stressphasen immer mal wieder Erholung brauchst.«

»Habe ich *wohl«,* sage ich, »ein komplettes Wochenende zum Beispiel. Ohne irgendwas zu tun! Aber ich konnte trotzdem nicht schlafen. Oder entspannen.«

»Wenn man zu lange unter Dauerbelastung steht, verliert der Körper irgendwann die Fähigkeit, sich zu erholen«, sagt Max. »Bei so einem Kollateralschaden reicht ein Wochenende nicht mehr. Man muss Grundlegendes ändern.«

»Und was?«

»Erst mal akzeptieren, dass der Körper so nicht funktioniert. Man kann ihn nicht ständig peitschen und dann erwarten, dass er auf Knopfdruck entspannt. So einfach ist es nicht.«

»Mir würde es schon reichen, wenn die Nervosität verschwindet«, sage ich.

»Das kommt vom Adrenalin«, sagt Max. »Normalerweise baut es sich auf, wenn man unter Anspannung steht, zum Beispiel für eine Prüfung oder einen stressigen Tag im Job. Wenn alles vorbei ist, baut es sich wieder ab. Das ist ein normaler Wechsel zwischen Anspannung und

Entspannung. Wenn jemand aber unter Dauerstress steht, baut sich das Adrenalin irgendwann gar nicht mehr ab.«

»Weil es denkt, dass es sowieso gleich wieder gebraucht wird?«, fragt Linda.

»Ja, so ungefähr. Dann kann kein Entspannungszustand mehr erreicht werden, weil man praktisch hormonbedingt unter Strom steht.«

»Ich glaub, das hab ich«, sage ich.

»Ich glaube auch«, sagt Max.

Es schmeckt mir nicht besonders, dass ein Außenstehender mehr Ahnung von den Vorgängen in meinem Körper und meiner Psyche hat als ich. Aber sei's drum, ich sollte Wissen und Erfahrung anderer nutzen und gute Ratschläge einholen. Es muss sich etwas ändern. Sam hat recht: Ich muss einfach mal klarkommen.

»Was kann ich tun?«

»Fang mit Sport an«, rät mir Max. »Dann baut sich das Adrenalin ab.«

→

Zehn Minuten später gehen Linda und ich in Sportkleidung durch die Lobby, vorbei an der wasserstoffblondierten Empfangsdame, die wieder private Telefongespräche führt. Linda war früher Marathonläuferin und hat sich bereit erklärt, mit mir joggen zu gehen. Zum ersten Mal seit meiner Ankunft verlasse ich die Klinik durch den Haupteingang. Es fühlt sich an, als wäre ich schon viel länger hier als zwei Tage.

»Dort hinten geht's in den Wald«, sagt Linda und deutet auf eine Stelle schräg gegenüber vom Hauptausgang. Hinter einem Kinderspielplatz sind Felder und Bäume zu sehen.

»Gut«, sage ich. »Dann los?«

Wir joggen los. Schon nach den ersten Schritten spüre ich eine unkontrollierte Anspannung, die sich lösen will, und laufe schneller. Linda zieht mit. Ich frage mich, woher die überschüssige Kraft kommt; ich war eher der Meinung gewesen, zu schlapp und zu schwach zu sein, um Sport zu machen. Ich ziehe das Tempo nochmals an. Kurz bevor wir den Wald erreichen, bekomme ich Seitenstechen und mir wird die Luft knapp.

Keuchend und gebückt bleibe ich am Wegrand stehen und halte mir den Bauch.

»Das ist jetzt nicht dein Ernst, oder?«, fragt mich Linda.

»Was?«, frage ich zurück und blicke auf.

»Du sprintest los, als wäre irgendein Monster hinter dir her, und nach zweihundert Metern bist du völlig außer Puste? Ich dachte, du hättest eine richtig gute Kondition, als du so flott losgelaufen bist.« »Hab ich vielleicht nicht, krieg ich aber noch«, sage ich und laufe wieder los. Ich spüre, dass meine Beine langsam schwer werden, aber trotzdem will ich laufen. Es ist, als ob ich mehr Energie loswerden müsste, als mein Körper an Kraftreserven hat. Wenige Sekunden später stehe ich wieder keuchend am Wegrand. Die kalte Luft schmerzt in meiner Lunge.

»Das ist ziemlich kopflos, was du da tust«, sagt Linda, die kurze Zeit später neben mir auftaucht. »Wir können das Spiel weitertreiben, aber die Abstände, in denen du stehen bleiben musst, werden immer kürzer.« »Hä?« »Du solltest lernen, deine Kräfte einzuteilen«, sagt sie und packt mich, auf für ihre Verhältnisse sehr bestimmte Art, am Arm. »Wir spazieren jetzt ganz in Ruhe zurück und morgen versuchen wir's noch mal.«

→

»Hallooo, hängt ihr oder was?!«, schreit uns Jessica wütend entgegen, als wir in unseren Sportklamotten zurück auf die Station kommen. »Abendrunde! Wir warten alle schon auf euch!«

Als wir ihr eiligen Schrittes den Flur entlang folgen, meckert sie vorwurfsvoll vor sich hin, dass ich als Patentochter viel anstrengender sei, als sie es sich vorgestellt hatte, und dass sie mit mir an der Backe auf keinen Fall ordentlich genesen könne. Als wir im Wohnzimmer ankommen, setzen wir uns auf zwei frei gehaltene Plätze neben Max. Schwester Tatjana ist noch mit ihren Unterlagen auf dem Klemmbrett beschäftigt, ansonsten herrscht betretene Stille. Die Stimmung im Raum ist angespannt und ich frage mich, ob es an unserer Verspätung liegt.

»Ist irgendwas?«, frage ich Max im Flüsterton.

»Ja«, sagt er ernst. »Lottchen hatte einen Nervenzusammenbruch.«

Ich erfahre, dass Lotte heute Nachmittag einen Brief von ihren Eltern erhalten hat, woraufhin sie einen schweren Schock erlitt und mit Beruhigungs- und Schlafmitteln versorgt werden musste. Max erzählt mir, dass Lotte in einer seltsamen religiösen Gemeinschaft aufgewachsen und vor einiger Zeit ausgebrochen ist. Ihre Eltern wollen sie zur Rückkehr zwingen. Dann dürfte sie, wie in ihrer Kindheit und Jugend, keine Hosen tragen, keine elektronischen Unterhaltungsmedien nutzen und auch sonst keinen Spaß haben. Sie liebt aber ihre Jeans, steht total auf Castingshows und hat ihren Freund übers Internet kennen gelernt. Das alles will sie nicht aufgeben, vermisst aber dennoch ihre Familie schrecklich. Die Eltern haben ihr in einem Brief mitgeteilt, dass sie Lotte als Tochter nicht mehr akzeptieren, solange sie die religiösen Vorgaben nicht einhält. Letzte Woche hatte Lotte ihre Eltern in einem Brief über ihren Klinikaufenthalt informiert.

»Und heute kam die Antwort«, sagt Max.

»Und was haben sie geschrieben?«, frage ich.

»Dass sie Lotte *auf diesem Weg nicht unterstützen* werden«, zitiert Max. »Sie glauben, Lotte sei deshalb in der Klinik gelandet, weil sie *Gottes Pfad verlassen* habe. Wäre sie gläubig geblieben, hätte sie nicht von *Desorientierung und psychischer Krankheit* heimgesucht werden können.«

So viel zum Thema Religion als seelische Stütze des Menschen.

»Verglichen damit, weiß ich gar nicht, was ich für ein Problem habe«, sage ich, als wir uns im Anschluss an die Abendrunde zum Essen in den Aufenthaltsraum begeben.

»So darfst du nicht denken«, sagt Max, »wenn man anfängt zu vergleichen, müssten wir alle fröhlich singend durch die Gegend hüpfen, weil wir nicht als Dritte-Welt-Babys geboren wurden. Dann dürfte sich keiner anmaßen, psychische Leiden zu haben. Aber hier landet niemand umsonst und niemand kann objektiv beurteilen, welches Problem welchem Menschen wie viel zu schaffen macht.«

Max erzählt uns während des Abendessens von seiner Arbeit als Paläontologe und wie schwer es ist, mit seiner Krankheit diesen Beruf auszuüben. Er erklärt uns auch, was man bei seiner Arbeit so tut. Im Großen und Ganzen buddelt er Dinosaurierknochen aus, setzt sie wieder zusammen und freut sich dann. Vor Kurzem hat mir eine Kulturanthropologin im Bus genau das Gleiche erzählt, aber bei den Anthropologen sind die Knochen Töpfe. Wenn so einer Dinosaurierreste findet, kriegt er es sicherlich mit der Angst zu tun und ruft ganz schnell einen Paläontologen. Und im umgekehrten Fall wenden sich die Knochenjäger an die Fraktion für Geschirr. Manchmal denke ich, auf dieser Welt ist einfach vieles ganz wunderbar geregelt und man muss sich gar nicht den Kopf zerbrechen. Jeder kann ganz einfach das tun, wofür er sich begeistert. Wenn es nur nicht so viele Stolpersteine auf dem Weg dahin gäbe. Und selbst wenn man den richtigen Weg gefunden hat, heißt das nicht, dass alles gut wird – wie bei Isabelle. Sie erzählt davon, dass ihre Angstsymptome exakt in der Zeit aufgetaucht sind, als sie all ihre Ziele erreicht hatte.

Wir unterhalten uns zwar gut, aber dennoch bleibt die Stimmung etwas gedrückt und unsere Blicke fallen immer wieder auf Lottes leeren Platz mit dem unberührten Tablett. Als wir nach dem Essen den Eisenwagen mit den leeren Tabletts in den Sonderaufzug schieben, kommt uns Schwester Tatjana entgegen. Sie teilt uns mit, dass Lotte sich beruhigt hat und nun schläft. Eine der Schwestern wird die ganze Nacht bei ihr bleiben. Entweder es ist der anstrengende Tag, den ich hinter mir habe, oder der lauwarme Kamillentee, mit dem man hier zum Abendessen versorgt wird, aber plötzlich spüre ich eine so tiefe Müdigkeit wie schon lange nicht mehr. Nachdem wir die Essenskarten für den nächsten Tag ausgefüllt haben, verabschiede ich mich in mein Zimmer. Wieder kein Anruf vom Büro. Offensichtlich hat man mich schon vergessen: aus den Augen, aus dem Ausbildungsprogramm. Vielleicht fragt sich mein Chef, was ich so lange im Krankenhaus tue. Ich bin hellwach und verfluche mich dafür, dass ich so dämlich war, mir all meine Schlafmittel abnehmen zu lassen. Wieder spüre ich mein Herz klopfen und bekomme schlecht Luft. Möglicherweise stehen die Symptome tatsächlich mit meinen Gedanken in Verbindung. Immerhin war ich gerade wieder dabei, die gegen mich selbst gerichteten Boshaftigkeiten in meinen Gedankenschleifen zu verfeinern. Eins der wenigen Dinge, in denen ich wirklich gut bin. Sollten die Symptome aber tatsächlich von der Psyche ausgelöst werden, würde das die Sache keinesfalls besser machen. Eher schlimmer.

Schließlich würde es bedeuten, dass ich selbst schuld bin, für einen Tumor hingegen könnte ich nichts. Nachdem ich mich eine weitere Stunde schlaflos im Bett hin- und hergewälzt habe, packt mich Wut auf Herrn Dr. Schmidt. Ich will augenblicklich meine Tabletten zurück. Ich stehe auf, verlasse mein Zimmer und gehe über den Flur. Als ich vorsichtig am Schwesternzimmer anklopfe, kommt mir eine bisher unbekannte, kräftig gebaute Schwester mit hellblondem Pferdeschwanz und kantigen Gesichtszügen entgegen.

»Alles in Ordnung bei Ihnen, Frau Bentz?«, fragt sie mit fester, lauter Stimme. »Ich bin Schwester Sybille.«

Dann drückt sie mir so fest die Hand, dass meine Knochen krachen.

»Hallo«, sage ich, »ja, alles in Ordnung. Ich kann allerdings nicht schlafen und hätte gern meine Medikamente zurück.«

Schwester Sybille runzelt die Stirn.

»Oder zumindest andere Schlaftabletten?«, frage ich vorsichtig.

»Nein«, sagt sie bestimmt. »Nein, nein. Wir können Ihnen leider nichts geben, das würde Ihren tatsächlichen psychischen Zustand verfälschen und das ist für die Therapie nicht gut.«

»Aber Lotte hat heute auch Schlafmittel bekommen«, sage ich.

»Lottes Problem sind aber nicht Schlafstörungen, sondern andere Dinge«, sagt Schwester Sybille. »Patienten, die generell mit Nervosität, Schlafstörungen oder Wutausbrüchen zu kämpfen haben, werden hier keine Beruhigungsmittel bekommen.«

»Verstehe«, sage ich gereizt und wende mich zum Gehen.

»Ich kann Ihnen aber ein Lavendelkissen mitgeben, wenn Sie wollen«, sagt Schwester Sybille. »Es hat einen beruhigenden Duft und Sie können es sich einfach auf die Brust legen.«

Ich erkenne Schwester Sybilles guten Willen und versuche freundlich zu klingen, als ich dankend ablehne. Zurück in meinem Zimmer lege ich mich aufs Bett und drehe mich zur Wand. Vielleicht fahre ich morgen einfach in die Stadt und besorge mir heimlich neue Tabletten. Oder ich bitte meine Mutter, mir welche vorbei zu bringen.

»Wo waren Sie denn überhaupt, Herr Mann?«, höre ich Schwester Sybilles gedämpfte Stimme vom Flur direkt vor meiner Tür.

»Ach, lassen Sie mich in Ruhe«, antwortet Max unmittelbar.

»Sie kennen die Regeln, um 22 Uhr müssen Sie zurück sein. Jetzt ist es 22.15 Uhr. Haben Sie etwa getrunken?«

»Nein, aber das wäre eine *verdammt gute Idee!«*, explodiert Max plötzlich.

»Jetzt sagen Sie mir bitte, was los war«, sagt Sybille in energischem Flüsterton.

»So ein dämlicher Politesserich hat mir ein Scheißknöllchen gegeben, dann habe ich meinen Tinnitus bekommen und konnte nicht direkt zurückfahren, um eure verfickten Regeln einzuhalten!«, schreit Max aggressiv durch den gesamten Flur.

»Pscht, es schlafen schon welche«, zischelt Schwester Sybille. »Ihr Problem ist, dass Sie sich viel zu schnell aufregen.«

»Das haben Sie ja messerscharf erkannt«, sagt Max und ich höre, wie er auffällig laut in sein Zimmer, schräg gegenüber von meinem, stampft und die Tür laut hinter sich ins Schloss wirft. Ich drehe mich in meinem Bett um und blicke auf die Uhr. Zwanzig nach zehn. Der Wecker klingelt um sieben, also habe ich noch vierzig Minuten Zeit zum Einschlafen, wenn ich auf acht Stunden Schlaf kommen will. Ich finde mich damit ab, dass ich es - wie immer - nicht schaffen werde und beschließe stattdessen, einfach noch ein bisschen wach zu bleiben.

Ich bin Tierärztin und besitze eine eigene Pferdeklinik. Alle Boxen sind belegt und ich habe viel Arbeit. Im Innenhof wird ein großes Fest gefeiert und ich bin noch in meinem Arbeitskittel. Trotzdem habe ich die Verantwortung für die Organisation; meine Mutter fragt, wo sie den Kuchen abstellen soll, zwei Pferdepflegerinnen finden keinen Parkplatz und mein Freund sucht die Grillkohle. Ich versuche alles zu klären und hetze davon, um noch zwei Behandlungen zu erledigen, bevor ich das Fest mit allen anderen auch genießen darf. Warum Meyers lahmer Hengst Schnuppi nun auch noch kastriert werden soll, verstehe ich zwar nicht, aber für Sinnfragen ist wirklich keine Zeit. Der Zuchthengst in der Nachbarbox soll eine Vitaminspritze bekommen, da in nächster Zeit wohl viel Arbeit auf ihn zukommt. Nachdem ich beides schnell erledigt habe, hetze ich in mein Wohnhaus gegenüber, um mich für die Party fertig zu machen.

Ein paar Sekunden später klingelt es Sturm. Als ich die Tür öffne, schreien mich zwei wütende Pferdebesitzer an. Ich hatte wohl die Krankenblätter vertauscht, den Zuchthengst kastriert und Schnuppi mit Vitaminen versorgt. Der Zuchthengst wird nie wieder Nachkommen zeugen und Meyers lahmer Schnuppi hat im Vitaminrausch die Nachbarsstute gedeckt. Das Fohlen ist sogar schon auf der Welt und hat exakt denselben lethargischen und stoischen Gesichtsausdruck wie sein Vater. Schnuppi kann seinen Sohn nicht verleugnen und ich meinen Fehler auch nicht. Ich muss für den im kastrierten Zustand wertlosen Zuchthengst aufkommen und für Schnuppis Fohlen die Alimente zahlen. Ich bin finanziell ruiniert. Das Fest im Innenhof ist immer noch in vollem Gange. Ich sitze alleine in einer leeren Pferdebox. Plötzlich höre ich ein aggressiv zischelndes Flüstern aus der Stallgasse. Es wird immer lauter. Ich öffne die Augen, kann aber nichts sehen. Langsam wird mir bewusst, dass das Flüstern nicht aus der Stallgasse kommt, sondern aus dem Krankenhausflur. Es ist Schwester Sybille, die aufgeregt zischelt. Dann höre ich wieder Max schreien.

»Ich will kein scheiß Lavendelkissen, ich will Schlaftabletten!«

Kapitel 5

Wenn du es eilig hast, mache einen Umweg

Am Morgen bin ich lange vor dem Weckerklingeln wach. Mein Blick schweift durch das Zimmer: In der Ecke steht eine Tasche, die noch nicht ausgeräumt ist, mein MP3-Player muss repariert werden und das Buch auf dem Nachttisch habe ich auch umsonst dabei. Immer gibt es so vieles in der Warteschleife, das noch getan werden muss und das es mir unmöglich macht, Ruhe zu finden. Ich trete in den schwach beleuchteten Flur. Aus dem Aufenthaltsraum dringt ein leises Gemurmel. Als ich näher komme, fällt mir auf, dass die normalerweise offen stehende Glastür heute geschlossen ist. Der Raum ist im Gegensatz zum Flur hell erleuchtet und am ersten Tisch neben dem Eingang zum Wohnzimmer sitzen Max, Linda, Traudel und Susan in ihren Pyjamas und trinken Kaffee. Von außen sieht das Szenario sehr harmonisch aus, wie eine kleine Familie. Als mich Max näher kommen sieht, winkt er mich herein. »Na, Schlafmütze?«, sagt er fröhlich, als ich die Glastür öffne. Er ist zu mindestens achtzig Prozent besser gelaunt als heute Nacht auf dem Flur.

»Morgen«, sage ich und blicke in die Runde. »Was heißt hier Schlafmütze, ich habe höchstens fünf Stunden geschlafen.«

»Du Glückliche«, sagt Traudel, »ich hatte drei.«

»Zwei«, sagt Linda.

»Gar nicht«, sagt Max.

»Ich auch nicht«, sagt Susan.

Etwas erstaunt hole ich mir einen Kaffee und setze mich zu den anderen an den Tisch.

»Ich habe immer das Gefühl, dass ich die Einzige auf der Welt bin, die zu doof zum Schlafen ist«, sage ich.

»Hier nicht«, sagt Traudel.

»Zu doof zum Schlafen ist gut formuliert«, sagt Susan.

»Galgenhumor«, sage ich gereizt, »jeder Hamster schläft, wenn er müde ist. Nur ich nicht.«

»Nur *wir* nicht«, sagt Max mit einem Zwinkern. »Grenz uns bitte nicht aus.«

»Und dann ärgert man sich so sehr darüber, dass man erst recht nicht mehr schlafen kann«, sagt Linda.

»Und damit vermasselt man sich auch noch die Zeit, in der man wach ist, weil man sich vor lauter Müdigkeit nur quält«, sagt Susan.

»Also ich persönlich kann es nicht verknusen, dass normale Menschen selig schlummern, bis der Wecker klingelt, und dann vielleicht noch, aus reiner Boshaftigkeit mir gegenüber, die Snooze-Taste drücken und sofort wieder einschlafen«, sagt Max und erntet allgemeine Zustimmung.

»Im Gegensatz dazu sind hier auf der Station offensichtlich alle gestört«, sage ich, »das gibt mir ein gutes Gefühl.«

»Freut mich, dass unsere Geisteskrankheit zu deiner Genesung beiträgt«, sagt Susan.

Es ist mir sogar egal, dass ich ungeschminkt und im Schlafshirt am Tisch sitze. Wir sind irgendwie alle im gleichen Boot.

»Kommt ein Mann in eine Kneipe«, sagt Max. »Setzt sich –«

»So früh morgens erzählt der uns schon Witze«, unterbricht Traudel.

»Ist doch gut, wir haben ja sonst nichts zu lachen«, sagt Susan.

»Also der Mann setzt sich an die Theke«, fährt Max fort, »und bestellt ein Bier und einen Korn, trinkt und geht aufs Klo. Dann kommt er wieder, bestellt ein Bier und einen Korn, trinkt und geht aufs Klo. Und so weiter und so weiter, ungefähr zehn Mal. Dann spricht der Wirt ihn an:

›Sagen Sie mal, das ist doch nicht normal, dass Sie nach jedem Bier und Korn auf Klo müssen!‹ ›Ich weiß‹, sagt der Mann, ›aber ich kann nichts dagegen tun. Ich muss einfach.‹ Der Wirt rät ihm: ›Dann gehen Sie doch mal zum Arzt. So was lässt sich doch bestimmt behandeln.‹ Ein paar Wochen später kommt der Mann wieder in die Kneipe, bestellt ein Bier und einen Korn, trinkt, bestellt, trinkt, bestellt, trinkt usw. und geht kein einziges Mal aufs Klo. Sagt der Wirt zu ihm: ›Sind Sie nicht der, der vor einigen Wochen immer zur Toilette musste?‹ ›Ja, bin ich‹, sagt der Mann. ›Also haben Sie meinen Rat befolgt und haben sich vom Arzt helfen lassen?‹ ›Nein‹, sagt der Mann, ›der Arzt konnte mir nicht helfen. Ich war dann beim Psychiater.‹ ›Was?‹, sagt der Wirt, ›und der konnte das abstellen?‹ ›Nein‹, sagt der Mann, ›konnte er nicht. Aber er hat mir die Hemmungen genommen – jetzt pinkle ich einfach unter die Theke.‹«

Traudel fängt als Einzige hysterisch an zu lachen und beruhigt sich erst wieder, als der Eisenwagen mit dem Frühstück kommt.

→

Als Linda und ich nach der Morgenrunde in den Aufenthaltsraum kommen, hat sich vor der Pinnwand in der Küche bereits eine riesige Patiententraube gebildet. Offensichtlich hat während der Morgenrunde jemand den Zeitplan für die Visite aufgehängt. Linda und ich stellen uns hinten an.

»Wieso habe ich Visite vom Schmidt? Der ist gar nicht mein Therapeut«, fragt Michael.

»Hat hier jeder seinen eigenen Therapeuten, oder wie?«, frage ich in die Runde.

»Nein, du musst ihn schon mit anderen teilen, aber du hast immer denselben«, sagt Isabelle, »du bist bei Professor Baumann, der ist der Chef hier und ganz okay, den hab ich auch.«

Ich blicke auf die Liste und sehe meinen Namen in der ersten Spalte. Meine Visite ist direkt um neun Uhr. Und zwar tatsächlich bei einem Herrn Professor Baumann.

»Okay, und was passiert bei der Visite und wo muss ich da hin?«, frage ich.

»Visite bedeutet, dass der Arzt zu dir kommt. So ist das doch immer im Krankenhaus«, sagt Michael und zwinkert mir zu. »Und da wir hier auf der psychosomatischen Station sind, geht es auch um deine psychische Erkrankung. Du erzählst, wie es dir geht oder welche Probleme du entdeckt hast. Ist wie eine verkürzte Einzeltherapie. Die hast du ja heute auch noch, oder?«

Mit dem Begriff Einzeltherapie assoziiere ich noch immer Mammuts. Trotzdem verabschiede ich mich brav in mein Zimmer, um für den Stationschef etwas aufzuräumen. Anschließend setze ich mich auf einen der beiden Stühle neben meinem kleinen Tischlein. Pünktlich um neun klopft es an meiner Tür.

»Ja, bitte«, sage ich. Die Tür geht auf und ein gepflegter älterer Mann mit Brille, Vollbart und weißem Hemd tritt ein.

»Guten Morgen, Frau Bentz, ich bin Professor Baumann«, sagt er freundlich. Während er mir die Hand reicht und auf meinem zweiten Stuhl Platz nimmt, treten zu meiner Überraschung weitere Personen ein: Es sind Dr. Schmidt, Schwester Margit und zwei weitere Damen, die ich nicht kenne. Die Schlange scheint gar kein Ende zu nehmen. Sie alle haben Klappstühle dabei, bauen sie vor meinem kleinen Tisch im Halbkreis auf und nehmen Platz. Die beiden unbekannten Damen werden mir von Herrn Baumann als eine weitere Krankenschwester und eine Psychologin in Ausbildung vorgestellt. Ich blicke durch die Reihe von fünf Personen, die mich alle erwartungsvoll anschauen.

»Das ist ja wie vor einem Tribunal hier«, sage ich scherzhaft und lache.

»Interessant«, sagt Professor Baumann. »Wie meinen Sie das?«

»Nein, nein, das war nur ein Scherz«, sage ich und winke schnell ab.

»Kennen Sie den Ausdruck *In jedem Witz steckt ein Fünkchen Wahrheit*?«, fragt er mich.

»Ja, aber das hatte nun wirklich keine tiefere Bedeutung«, sage ich und lache wieder – diesmal etwas nervös.

»Vielleicht ist Ihnen die tiefere Bedeutung nur nicht bewusst«, sagt Professor Baumann und ich sehe, dass die Psychologin in Ausbildung alles mitschreibt. Sie sieht eigentlich sehr sympathisch aus und ist so dick, dass sie ihre Unterschenkel gar nicht richtig abwinkeln kann, wenn sie sitzt.

»Was verstehen Sie denn unter einem Tribunal?«, fragt Professor Baumann.

»Ähm ... so was wie einen Gerichtshof?«, frage ich etwas unsicher.

»Was passiert dort?«, fragt Professor Baumann zurück.

»Jemand steht unter Anklage«, sage ich.

»Aha, Sie fühlen sich unter Anklage?«

»Nein, das habe ich so nicht gemeint«, sage ich und schüttle vehement den Kopf. Obwohl ich mich langsam doch so fühle. Schließlich werde ich gerade in die Verteidigungsposition gedrängt und muss mich rechtfertigen. Im Stillen wünsche ich mir Herrn Manke mitsamt seinem

Potpourri und den Mammuts zurück. Ich blicke zu Schwester Margit, ihr Gesichtsausdruck ist freundlich, verrät aber nichts von ihren Gedanken. Die dicke Azubine schreibt immer noch. Nun breitet auch Herr Professor Baumann sein Klemmbrett auf meinem Tischlein aus. Dann zückt er einen Kugelschreiber.

»Erzählen Sie uns doch mal kurz, wer Sie überhaupt sind«, sagt er.

Ich seufze und erkläre einmal mehr, wer ich überhaupt bin.

→

Als ich nach der Visite in den Aufenthaltsraum komme, sitzt Linda auf meinem Stuhl am ersten Tisch, ihr ganzer Oberkörper liegt auf der Tischplatte, den Kopf hat sie in den Armen vergraben.

»Alles okay?«, frage ich.

Sie blickt unter Tränen auf.

»Die sind zur Visite zu mir reingekommen und haben mich nur gefragt, wie es mir geht. Daraufhin habe ich wie eine Sirene angefangen zu weinen und konnte gar nicht mehr aufhören«, sagt sie. »Ich konnte kein Wort sagen, das war so peinlich.«

Ich erzähle ihr, dass Sprechen in der Visite auch nicht das Wahre ist. Und wie ich durch ein einziges, falsch gewähltes Wort vor fünf Personen in eine Diskussion verwickelt worden bin. Dann beschließen wir, uns zur Ablenkung noch mal am Joggen zu versuchen. Als wir die Klinik durch den Haupteingang verlassen und ich die frische Luft einatme, spüre ich wieder meine tiefe Müdigkeit, die hinter der Nervosität immer zurücktreten muss. Meine Arme und Beine tun weh, wahrscheinlich, weil sich mein Körper wegen des Schlafmangels nie richtig regenerieren kann. Wieder kann ich nicht tief einatmen, irgendwas drückt mir die Luft ab und mein Kopf fühlt sich heiß an.

»So, versuchen wir's noch mal. Diesmal aber langsam«, sagt Linda. »So langsam, wie man nur irgend möglich joggen kann, ohne dass es Gehen ist. Verstanden?«

»Verstanden«, sage ich.

Wir laufen los und ich orientiere mich an Lindas ruhigem Tempo. Es kommt mir vor, als kämen wir gar nicht von der Stelle und als wären wir langsamer als ein Spaziergänger. Aber nach einigen Minuten überholen wir sogar einen Spaziergänger und schaffen es bis zum Wald. Ich denke darüber nach, wie viele mehr wir noch überholen könnten, wenn wir nur ein bisschen schneller wären und versuche, das Tempo unmerklich etwas anzuziehen.

»Hey«, sagt Linda und zupft mahnend am Ärmel meines Jogginganzuges, »denk nicht mal dran!«

Nachdem ich mich im Stillen eine angemessene Zeit über Lindas Diktatur der Langsamkeit geärgert habe, bemerke ich die angenehme Ruhe, die uns umgibt. Nur Vogelzwitschern und eine aus der Ferne beruhigende Kulisse aus Straßenlärm sind zu vernehmen. Ich fange an, mich umzuschauen. Wir laufen auf einem schmalen Pfad, der von Fahrradfahrern und vielen Spaziergängern festgetrampelt ist. Er führt nicht geradlinig und zielgerichtet durch den Wald, sondern schlängelt sich an vielen sehr alten und robusten Bäumen entlang. Auf der rechten Seite sehe ich einen dichten Teppich aus Brennnesseln. Sie sehen gesund und hübsch aus, hellgrün und leuchtend. Linda, die langsam vor mir herjoggt, dreht sich plötzlich um.

»Achtung, überall Bucheckern, pass auf, sonst knickst du um«, sagt sie und joggt weiter.

Tatsächlich ist der ganze Pfad mit diesen nussähnlichen Früchten der Rotbuche übersät, von denen ich gar nicht wusste, dass sie Bucheckern heißen. Viele davon liegen auch am Wegrand oder zwischen den Bäumen. Sie erinnern mich an meine Kindheit, wahrscheinlich, weil ich damals öfter mit meinen Großeltern zum Kastaniensammeln im Wald war.

»Schau mal, da vorne hört der Wald schon wieder auf«, sagt Linda.

»Sollen wir umdrehen?«, frage ich.

»Unsinn, umkehren und den gleichen Weg zurücklaufen ist immer blöd«, antwortet Linda. »Da vorne kommt ein Wohngebiet, da müssen wir nur die Straße runter, dann sind wir wieder an der Klinik.«

Außerhalb des Waldes geht der kleine Pfad über in einen zweispurigen Feldweg mit einem Grünstreifen in der Mitte. Jetzt laufen Linda und ich nebeneinander her. Rechts von uns ist ein umgepflügter Acker, links immer noch Wald. Von Weitem sind schon ein paar Bungalows des Wohngebietes zu erkennen. Hübsch sehen sie aus. Und ruhig gelegen. Bestimmt wohnen da ganz normale kleine Familien, die sonntags Ausflüge machen oder im Garten liegen. Männer, die abends von der Arbeit kommen und Bundesliga sehen wollen und Frauen, die damit vielleicht ein kleines, aber kein ernst zu nehmendes Problem haben. Ansonsten arbeiten sie halbtags als Sekretärin oder sind glücklich damit, ihren Kindern Schulbrote zu schmieren, den Haushalt zu erledigen und am Wochenende auf eine Grillparty eingeladen zu sein. Die haben es schön. Sie werden nicht innerlich angetrieben und können einfach leben. Ich weiß, wie die Gemeinschaft der glücklichen Menschen funktioniert, aber ich gehöre nicht dazu. Ich bin nur ein Zaungast, der sie von außen beneidet. Der Feldweg geht nun in einen asphaltierten Weg und schließlich in eine Straße über, wir sind im Wohngebiet angekommen. Birkenallee heißt die Straße, auf der wir nun laufen. Hier reihen sich hübsche, individuelle Häuser mit gepflegten Einfahrten und Vorgärten voller Blumen aneinander. Rechts und links stehen, ganz wie es der Straßenname verspricht, Birken.

»Schön hier, oder?«, fragt Linda.

Ich nicke. Wir laufen weiter. Und ganz plötzlich sind wir in der Tulpengasse. Ich habe keinen Schimmer, wie wir dort hingekommen sind, wie viele Straßen wir dabei durchlaufen oder überquert haben. Ich bin einfach Linda gefolgt und habe an rein gar nichts gedacht. Linda dreht sich zu mir um.

»Da vorne fängt schon das Klinikgelände an«, sagt sie, zeigt auf zwei große, graue Gebäude und geht vom Joggen ins Gehen über. »Wir sollten jetzt auslaufen, damit wir nicht völlig außer Atem ankommen. Wie geht's dir?«

»Gut«, sage ich und gehe ebenfalls zum Spazieren über. Ich kann frei und tief einatmen und mein Kopf fühlt sich angenehm kühl an. »Irgendwie gut.«

»Siehst du«, sagt Linda. »Man muss nur seine Kraft einteilen. Das ist der Trick.«

→

Nach dem Mittagessen gehe ich durch den Klinikgarten zum Nebengebäude, diesmal allein. Es ist meine erste Einzeltherapiestunde. Immer noch verwirren mich die vielen Flure, Treppen und Verzweigungen des Nebengebäudes. Professor Baumanns Büro befindet sich im Parallelflur zu den anderen Therapieräumen. Überpünktlich stehe ich vor der Tür mit dem Schild *Prof. Dr. med. Baumann, Chefarzt, Psychosomatische Station*. Ich erschrecke, als die Tür auffliegt, bevor ich angeklopft habe.

»Hallo Frau Bentz«, begrüßt mich Professor Baumann gut gelaunt und deutet mit dem Kopf auf ein Tablett mit Frühstücksgeschirr, das er etwas ungeschickt auf beiden Händen balanciert. »Ich kann Ihnen gerade nicht die Hand schütteln, aber ich bin in einer Minute zurück. Sie können gern schon mal Platz nehmen.«

»Danke«, sage ich und trete ein.

An der rechten Wand steht ein großer Schreibtisch mit einem Computer und einigen Unterlagen. Dahinter befindet sich ein Regal mit Ordnern und Fachbüchern. Auf der linken Seite unter den bodentiefen Fenstern stehen zwei kleine Sessel und ein kleiner Glastisch. Langsam glaube ich, die Psychologencouch ist ein Filmklischee. Ich gebe Woody Allen die Schuld. Außerdem frage ich mich, wie Professor Baumann das wohl macht, so viel zu arbeiten, so viel Verantwortung zu tragen, so viel Kram auf dem Schreibtisch zu haben und dabei so ruhig und gelassen zu sein. Ich bin schon nervös, obwohl ich zurzeit rein gar nichts tue. Ich nehme auf einem der beiden Sessel Platz und blicke durch die großen Fenster in den Klinikgarten. Unter der Trauerweide stehen Max und Jessica bei einer Zigarette zusammen und ein junger Mann fährt im Rollstuhl am Springbrunnen vorbei. Die Hitze steigt mir in den Kopf. Wieder erschrecke ich, als Professor Baumann schwungvoll die Tür öffnet.

»So, jetzt können wir anfangen«, sagt er, setzt sich mir gegenüber auf den anderen kleinen Sessel und faltet die Hände vor der Brust. Weiter sagt er nichts. Er schaut mich kurz an, dann lässt er seinen Blick durch den Raum schweifen. Schließlich macht er die Augen zu und legt seinen Kopf in den Nacken, sodass ich einen tiefen Einblick in seine ungleich großen Nasenlöcher habe. Er atmet tief ein und aus, dabei wehen seine Nasenhaare etwas im Wind. Ich bin wohl nicht sonderlich unterhaltsam. Gerade als ich etwas sagen möchte, nimmt Professor Baumann den Kopf wieder nach vorne und blickt auf die Uhr.

»Wie fühlen Sie sich denn mittlerweile hier?«, fragt er beiläufig.

»Ganz gut«, sage ich.

»Hatten Sie denn schon Besuch?«, fragt er. Scheinbar möchte er die Therapie mit lockerem Small Talk eröffnen.

»Nein«, sage ich. »Mein Freund wohnt etwas weiter weg.«

»Und Ihre Eltern?«

»Kommen morgen«, sage ich.

Herr Professor Baumann nickt und blickt mich erwartungsvoll an. Als könnte ich diesen Satz nicht ohne Weiteres allein stehen lassen.

»Wahrscheinlich geht es jetzt um meine Eltern und darum, dass mein aktueller Zustand irgendwie mit meiner Kindheit zusammenhängt, oder?«, sage ich in provokantem Ton. »Darauf werden dann alle Probleme heruntergebrochen. So ist es doch immer bei diesem Psychokram.«

»Hatten Sie denn eine problematische Kindheit?«, fragt Professor Baumann seelenruhig.

»Nein.«

»Glauben Sie denn, dass Ihre aktuellen Probleme mit Ihrer Kindheit zusammenhängen?«

»Nein.«

»Dann sollten wir woanders suchen«, sagt Professor Baumann. »Es ist zwar richtig, dass verborgene, unbewusste Konflikte oft in der Kindheit liegen, aber ebenso häufig kommt es vor, dass Menschen erst viel später in Situationen geraten, in denen sich Probleme entwickeln. Vielleicht liegt ja die Ursache bei Ihnen noch gar nicht so weit zurück.«

Ich nicke.

»Wie finde ich denn die Ursache heraus?«, frage ich.

»Immer mit der Ruhe«, sagt Professor Baumann. »Erst einmal müssen Sie Ihr Problem genau kennen. Dann erst sollten Sie nach der Ursache suchen.«

»Was ist denn mein Problem?«

»Es ist interessant, dass Sie *mich* das fragen«, sagt Professor Baumann und schmunzelt.

»Okay«, sage ich und nicke einsichtig. »Was ich bisher herausgefunden habe, ist, dass ich mich schwer damit tue, *Ich* zu sagen, und möglicherweise ein Problem mit meinem eigenen Erwartungsdruck habe.«

»Das ist schon einiges«, sagt Professor Baumann. »Gehen wir mal zum ersten Punkt. Können Sie mir das genauer erläutern?«

»Ja«, sage ich, hole Luft und schildere den kompletten Vorgang in der BT. »... und im Gegensatz zu Susan dürfte ich diese Probleme nicht haben, da ich nur für mich selbst verantwortlich bin. Und außerdem halten mich die meisten Leute sogar für egoistisch.«

»Wer hält sie für egoistisch?«, fragt Professor Baumann.

»Mein Freund, weil ich kaum Zeit habe für Freizeit oder Partys«, sage ich, »oder meine Freundin Melissa, weil ich nicht mehr dazu komme, sie bei ihrem Waldreinigungsprojekt zu unterstützen, für das sie Feuer und Flamme ist. Das klingt zwar alles banal, aber es zerrt zusätzlich an mir.«

»Verstehe«, sagt Professor Baumann. »Und halten Sie sich selbst für egoistisch?«

»Ja«, sage ich, »die anderen haben ja Recht damit, dass ich im Augenblick keine Zeit für sie habe.«

»Hm«, sagt Professor Baumann, »man könnte ja auch sagen, die anderen sind egoistisch, weil sie so viel von Ihnen verlangen, während Sie ohnehin eine harte Zeit haben?«

»Nicht ganz«, antworte ich, »ich würde das alles ja gerne machen, auch von mir selbst aus. Und ich habe ein furchtbar schlechtes Gewissen, weil ich andere ständig enttäusche. Aber im Moment fehlt einfach die Zeit, alles unter einen Hut zu bringen. Ich stehe unter einem enormen Druck.«

»Inwiefern?«

»Na, die Zeit läuft mir langsam davon«, sage ich ungeduldig und frage mich, wieso ich hier ständig Gedanken und Gefühle beschreiben muss, die rein logisch und selbsterklärend sind.

»Warum läuft Ihnen denn die Zeit davon?«, fragt Professor Baumann belustigt. »Haben Sie nur noch wenige Monate zu leben?«

»Nicht, dass ich wüsste«, antworte ich, gar nicht belustigt.

»Warum dann dieser furchtbare Zeitdruck?«, fragt Professor Baumann. »So weit ich mich erinnere, scheint sich das bei Ihnen wie ein roter Faden durchzuziehen«, spricht er weiter, steht langsam auf und geht zu seinem Schreibtisch, »lassen Sie mich mal sehen.« Er nimmt einen beigefarbenen Papphefter, in dem lose Blätter versammelt sind, und durchwühlt ihn in aller Seelenruhe. Bei einem bestimmten Blatt hält er inne. »Aha, da haben wir's doch«, sagt er, rückt seine Brille zurecht und räuspert sich. »Hier steht es: Es sind genau drei Wochen vergangen zwischen Ihrem Uniabschluss und dem Beginn Ihres Praktikums.«

»Ja«, antworte ich. »Und? Dazwischen hatte ich Vorstellungsgespräche und habe Bewerbungen geschrieben.«

»Wollten Sie nicht erst einmal zur Ruhe kommen, sich erholen?«, fragt Professor Baumann. »Es kann ja auch mal ein paar Wochen oder Monate dauern, bis man wieder einen klaren Kopf hat, um dann den richtigen Job zu finden, oder nicht?«

»Sollte es aber nicht«, sage ich, »wie sieht das denn im Lebenslauf aus!«

»Aha«, sagt Professor Baumann, »da kommen wir dem Zeitdruck doch auf die Spur.«

»Ja, es ist eben nun mal so, dass Firmen ihre Absolventen möglichst jung und erfahren haben wollen, vor allem in meiner Branche«, erkläre ich, »da muss man teilweise schon für ein Praktikum sehr hohe Voraussetzungen erfüllen. Nichts ist mehr gut genug. Und da ist herumsitzen und sich erholen eben kontraproduktiv. Außerdem habe ich vor meinem Studium eine Berufsausbildung abgeschlossen. Gegenüber anderen Absolventen habe ich also schon drei Jahre verloren. Die muss ich irgendwie aufholen.»Ich verstehe«, sagt Professor Baumann und nickt. »Glauben Sie also, dass der Druck von außen kommt? Oder auch von Ihnen selbst?«

»Das hängt miteinander zusammen«, sage ich, »wenn man von außen unter Erwartungsdruck steht, möchte man dem auch gerecht werden und macht sich wiederum selbst Druck.«

»Richtig. Aber ist das denn die einzige Möglichkeit, mit Druck von außen umzugehen?«, fragt Professor Baumann. »Also ihn in sich aufzunehmen und die Erwartungen unbedingt erfüllen zu wollen?«

»Ich weiß nicht«, sage ich, »sollte es mir denn einfach egal sein?«

Herr Professor Baumann runzelt nachdenklich die Stirn. Dann setzt er seine Brille ab, faltet sie zusammen und legt sie ordentlich auf den kleinen Tisch.

»Das kommt darauf an«, sagt er, »zum einen ist es verständlich, dass Sie niemanden enttäuschen wollen. Wir Menschen sind soziale Wesen, jeder hat das Bedürfnis, von anderen anerkannt und gemocht zu werden. Von der Gesellschaft an sich, von Vorgesetzten und vor allem natürlich von Familie und Partner.«

Professor Baumann versteht mich.

»Zum anderen bereitet es aber Probleme, wenn Sie das Bedürfnis nach Anerkennung über Ihre eigene Freiheit stellen«, fährt Professor Baumann fort. »Ich weiß nun, was Ihre Freundin Melissa von Ihnen erwartet. Und Ihr Freund. Ich weiß sogar, was *die Branche* von Ihnen erwartet. Aber was wollen *Sie?«*

Meine Kehle zieht sich zusammen. Ich zähle Kratzer in der Tischplatte, um durch Ablenkung die aufsteigenden Tränen zu bekämpfen.

»Bereitet Ihnen Ihr Job denn Freude?«, fragt Professor Baumann in die Stille.

Nach 37 Kratzern habe ich mich etwas gefasst.

»Ich wollte immer in diesem Bereich arbeiten«, sage ich nach längerer Pause mit nahezu fester Stimme, »irgendetwas mit Filmen zu tun haben. Dafür habe ich mir wirklich den Weg freigekämpft. Und anfangs war ich motiviert und ganz bei der Sache. Aber die Freude bleibt irgendwann auf der Strecke, wenn man ständig trotz Vollgas gegen die Wand läuft. Und langsam sehne ich mich einfach nach Ruhe.«

»Wagen Sie einmal ein Gedankenexperiment«, fährt Professor Baumann fort, »stellen Sie sich vor, es gäbe keine Erwartungen. Nicht vonseiten Ihres Jobs, nicht von Ihrem Freund, nicht von Ihnen selbst, von niemandem. Wie würden Sie, jetzt in diesem Augenblick, Ihr Leben gestalten?«

»Ich war heute im Wald«, sage ich.

»Aha«, sagt Professor Baumann neugierig.

»… und habe kleine, ganz normale Häuser gesehen. Die Leute leben da so in Ruhe, sie haben bestimmt ganz normale Jobs, nichts Aufregendes. Und sonst machen sie einfach das, was alle Leute machen.«

»Was denn zum Beispiel?«

»Kuchen backen, um die Fernbedienung streiten, Zeit haben für einen Plausch mit Kollegen im Büro. So was halt«, sage ich. »Sie sind einfach ganz normal. Ohne übersteigerte Ambitionen. Und deswegen entspannt.«

»Der Gedanke gefällt Ihnen?«

»Ja.«

»Warum machen Sie's nicht?«, fragt Professor Baumann.

»Dann wäre alles umsonst gewesen«, sage ich. »Was ist das denn für eine Frage?«

»Eine berechtigte, wie ich finde«, sagt Professor Baumann in beständig ruhigem Tonfall. »Vielleicht freunden Sie sich mit der Tatsache an, dass Sie ohnehin nicht alle Erwartungen erfüllen können. Außer Sie räumen für Ihre Freundin Melissa den Wald auf, springen gleichzeitig mit Ihrem Freund auf jeder Party herum und werden nebenbei, damit die letzten Jahre nicht umsonst waren, zu einer berühmten Filmproduzentin. Aber selbst dann ist noch jemand nicht zufrieden, und zwar Sie selbst. Außer Sie können sich erfolgreich einreden, dass das jetzt ein ruhiges Leben sein soll.«

→

Als ich kurz vor drei Professor Baumanns Büro verlasse, warten bereits Max und Linda vor der Tür.

»Eskortservice zur Kunsttherapie«, sagt Max und grinst.

»Na toll, es geht direkt weiter«, sage ich gereizt und gehe einfach an den beiden vorbei. Aus dem Augenwinkel sehe ich, wie sich Max und Linda einen irritierten Blick zuwerfen.

»Wer hat dir denn heute Morgen in die Cornflakes gepisst?«, fragt Max. Ich drehe mich zu ihm um.

»Die Kurzform ist: Ein Therapeut muss mich daran erinnern, dass die einzige Meinung über mich, die wichtig ist, meine eigene ist. Wie abgehalftert. Ich bin die totale Klischee-Irre«, sage ich gereizt.

»Einzeltherapie ist immer aufwühlend«, antwortet Max, geht einen Schritt auf mich zu und fasst mir verständnisvoll an die Schulter. »Lass einfach mal sacken.«

»Das kommt ja auch noch dazu«, sage ich, immer noch ärgerlich, »ich kann gar nichts sacken lassen, weil ich einen Termin nach dem anderen habe. Wenn man jemanden heilen will, der gestresst ist, macht man ihm am besten noch mehr Stress, oder wie? Ist das hier 'ne Scheißkonfrontationstherapie oder was?«

»Pscht«, flüstert Max, »da kommt schon die Ökotante angeklappert. Unsere Kunstlehrerin.«

Ich blicke mich um. Am Ende des Flures kommt eine sehr schlanke Frau Mitte dreißig auf uns zu, die eine merkwürdige Mischung aus Birkenstock und Clogs an den Füßen trägt und damit tatsächlich klappert. Ihr kinnlanges, aschblondes Haar ist liebevoll mittelgescheitelt und den übergroßen schlammfarbenen Sackpulli kombiniert sie lässig mit einer grauen Jeans ohne erkennbaren Schnitt. Max geht ihr entgegen, Linda und ich folgen ihm. In der Mitte des Flures, direkt vor dem Kunsttherapieraum, bleiben wir alle stehen.

»Guten Tag, ich bin Frau Wang«, sagt die Frau zu mir. Ich schätze, sie hat auf einem Kongress für Nachhaltigkeit im Alltag einen Chinesen kennengelernt und sich verheiratet. Sie reicht mir die Hand.

»Bentz, hallo«, sage ich und schüttle ihre Hand. Dann deute ich auf Linda. »Und das ist Frau Fried.«

»Na, sie wird sich schon selbst vorstellen können, nicht wahr, Frau Fried?«, sagt Frau Wang und schüttelt Linda die Hand. Einmal mehr bereue ich meine Voreile. Nachdem Frau Wang auch Jessica und Susan, die mittlerweile eingetroffen sind, persönlich begrüßt hat, folgen wir ihr in den Kunsttherapieraum. Er erinnert mich an ein Klassenzimmer, in dem ich früher Unterricht in *Werken* hatte. In der Mitte stehen Tische mit Drehstühlen und die Wände sind voller Schränke mit Mal- und Bastelutensilien. Es gibt Wasserfarbmalkästen, Wachsmalstifte, Buntstifte, verschiedene Gefäße mit Ton und Gips und zahllose Papierstapel mit leeren Blättern in verschiedenen Größen. Wenige Minuten später sitze ich auf einem der Drehstühle am Tisch vor einem großen Bogen Papier.

Ich habe die aberwitzige Anweisung erhalten, meine Gedanken und Gefühle in einer Zeichnung auszudrücken. Mich plagt ein schlechtes Gewissen, dass Krankenkassen für so etwas Unmengen an Geld bezahlen, nur weil ich es nicht schaffe, nachts zu schlafen und meinen Arbeitsalltag ohne Nervenzusammenbrüche hinter mich zu bringen. Zwei Dinge, die die größten Vollpfosten der Nation hinkriegen, ohne sonderlich viel darüber nachzudenken. Dazu fällt mir mein Nachbar Sebastian ein, der mit 17 noch der Überzeugung war, dass man ihn nicht sehen kann, wenn er die Augen schließt, und der mittlerweile Konditormeister ist. Linda setzt mich flüsternd darüber in Kenntnis, dass sie die Kunsttherapie ab heute und für alle Zeit boykottieren würde, weil sie ohne Anhaltspunkt nicht wissen könne, was sie zeichnen solle. Ich selbst finde es generell angenehm, ohne Vorgaben zu arbeiten, Ideen hatte ich immer schon genug – ob sinnvoll oder nicht, sei mal dahingestellt. Frau Wang sitzt am Kopfende des Tisches und blättert in einem Buch über Vermeer. Max, Jessica und Susan sind mit der Kunsttherapie schon bestens vertraut und fangen konzentriert an zu zeichnen. Susan ein kleines Bleistiftgemälde, Max und Jessica arbeiten vergnügt zusammen an einem großem Bild mit Wachsmalfarben.

Vor mir steht ein Wasserfarbkasten und zwingt mich, darüber nachzudenken, wie ich mich gerade fühle. Gehetzt, nervös und ängstlich – und das alles grundlos, da ich im Augenblick gar nichts tun muss. Das Gefühl hat sich bereits verselbstständigt, ist außer Kontrolle und tritt nun auch in ruhigen Phasen auf, in denen ich eigentlich entspannen sollte. Ich bin vom bloßen Dasein überfordert. Ich wünsche mir Ruhe und Ereignislosigkeit. Dass einfach mal auf angenehme Weise gar nichts passiert. Eine Welt ohne Stress, Lärm, Menschen und Erwartungen. Eine ereignislose Welt. Eine Welt ohne Motiv. Ich fange an und male Erde und Himmel. Da wir uns Zeit lassen sollen, tauche ich meinen Pinsel oft in das Wasserglas und rühre die Farben, bis sie schäumen, damit sie auf dem Papier schön kräftig werden. Im Farbkasten mische ich für die Erdfarbe verschiedene Rot- und Brauntöne miteinander und lasse sie auf dem Bild ineinander überlaufen. Schon nach wenigen Minuten spüre ich tatsächlich eine beruhigende Wirkung. Gleichzeitig mit der Erkenntnis über diese einsetzende Ruhe wird mir allerdings auch ihre Ablaufdauer bewusst: Ich kann nicht ewig hier sitzen und malen. Das Leben wird mit all seinen Unberechenbarkeiten weitergehen und ich muss mich dem ausliefern. Ich blicke zu Linda neben mir, sie sitzt trotzig mit verschränkten Armen vor ihrem leeren Papier. Dann fällt mein Blick auf Susans Bild, eine Bleistiftzeichnung, die einen Wald mit unterschiedlichen Bäumen zeigt. Sie kann sehr gut zeichnen, sogar einzelne Blätter und Licht, das durch die Baumkronen fällt, sind erkennbar. In der Mitte ist ein Baum abgehauen, es steht nur noch ein Stumpf. Daneben liegt eine Axt. Susan zeichnet gerade an einem Nadelbaum in der linken Bildhälfte. Sie ist schon viel weiter als ich. Ich beende schnell meinen Teil mit der Erde und male darüber ein kleines Stückchen hellblauen Himmel. In den meisten klassischen Landschaftsbildern mit Bergen, Wald oder Meer nimmt die Erde das untere Drittel oder höchstens die Hälfte des Bildes ein, darüber ein großes Stück Himmel. Bei mir ist es umgekehrt, die Erde nimmt mehr als zwei Drittel des Bildes ein, der Himmel nur ein kleines, verbleibendes Reststückchen auf dem großen Papierbogen. Als ich fertig bin, wasche ich meinen Pinsel im Wasserglas aus. Susan ist noch mit dem Waldboden beschäftigt und Max und Jessica arbeiten an einem bunten, expressionistischen Chaos. Ich blicke auf mein Bild, dem jegliches Motiv fehlt. Es ist nur braun und blau. Ich greife wieder zu meinem Pinsel, nehme Farbe und male auf der rechten Seite einen schrägen roten Balken in meine Erde. Immer wieder tunke ich den Pinsel in das dunkelste Rot, das mir zur Verfügung steht, und lasse die Farbe des Balkens damit kräftiger werden. Diesmal bin ich so vertieft, dass ich erschrecke, als Max und Jessica plötzlich aufstehen. Sie gehen mit ihrem Gemälde zur einzigen Wand, die nicht mit Schränken verstellt ist, und pinnen es an eine eigens dafür vorgesehene Schiene. Frau Wang schlägt ihr Buch zu und blickt auf.

»Sind die anderen auch fertig?«, fragt sie in die Runde. »Oder zumindest in einem so fortgeschrittenen Stadium, dass wir die Bilder besprechen können?«

Kurze Zeit später sitzt unsere Gruppe zusammen mit Frau Wang direkt vor der Schiene, an der nun drei Bilder hängen.

Stille.

»Frau Fried, warum wollten Sie nicht mitmachen?«, fragt Frau Wang und wendet sich an Linda.

»Ich sehe keinen Sinn darin«, sagt Linda mit einem trotzigen Unterton.

»Glauben Sie nicht, dass wir Ihnen hier helfen können?«, fragt Frau Wang.

»Doch schon, aber eher mit Gesprächen und nicht mit so was«, antwortet Linda und macht eine abwertende Handbewegung, die dem ganzen Raum gilt. »Außerdem sollten wir zeichnen, was gerade in uns vorgeht. In mir geht aber nichts vor.«

»Das ist auch ein Statement«, sagt Frau Wang. »Vielleicht ändert sich das im Laufe der Therapie noch.«

Linda antwortet darauf nicht und es kehrt die gewohnte Stille ein.

»Ich finde den Wald toll«, sagt Max und zeigt auf Susans Bild.

»Danke«, sagt Susan.

»Wald ist doch tiefenpsychologisch gesehen immer ein Bild für das Unterbewusstsein«, sagt Max. »Also wie beim Märchen, wenn Hänsel und Gretel in den Wald gehen oder so.«

»Ja, es ist ein Symbol«, sagt Frau Wang. »Aber man sieht nicht nur Wald auf Frau Bauers Bild. Da gibt es noch was.«

»Ein abgehauener Baum und eine Axt«, sagt Jessica.

»Ein abgehauener Baum, exakt«, wiederholt Frau Wang. »Also ein Baum, der vorher noch gelebt hat und sozusagen *ermordet* wurde.«

»Nein!«, sagt Susan erschrocken und schüttelt vehement den Kopf. »So kann man das nicht sehen. Das hat mit meiner letzten Einzeltherapie zu tun. Frau Bendt hat gesagt, ich sehe manchmal *den Wald vor lauter Bäumen nicht.* Und ich habe das Gefühl, dass ich in BT gestern einen Baum erkannt habe, der mir den Blick verstellt hat. Deshalb habe ich ihn jetzt sozusagen symbolisch eliminiert. Also was Positives.«

»Und doch bleibt es die Darstellung von Gewalt«, sagt Frau Wang und blickt Susan eindringlich an. »Die sich gegen etwas oder jemand anderen richtet.«

Frau Wang erinnert mich an Professor Trelawney, die Wahrsagelehrerin bei Harry Potter, die aus jedem dahergelaufenen Kaffeesatz Tod und Untergang liest.

»Aber lassen wir das mal so stehen«, sagt Frau Wang. »Wir haben ja noch zwei andere Werke.«

»Ja, Jennys Bild finde ich spannend«, sagt Jessica.

»Wieso spannend?«, frage ich und muss lachen.

»Weil ich keine Ahnung habe, was es bedeuten soll«, gibt Jessica zur Antwort.

»Ich auch nicht«, sagt Susan. »Aber ich finde es schön, wie die verschiedenen Brauntöne ineinander laufen, es sieht harmonisch aus.«

»Was bedeutet Harmonie?«, fragt Frau Wang.

»Einklang, Ruhe«, sagt Susan.

»Und was haben vielleicht die Farben damit zu tun?«

»Braun ist ein Erdton«, sagt Max. »Ich denke, dass das Braune die Erde und das Blaue darüber der Himmel sein könnte.«

»Ja, genau«, sage ich.

»Aber da ist noch was«, sagt Frau Wang.

»Hm«, sagt Max. »Sieht aus, als wäre etwas in der Erde vergraben. Was stellt das dar?«

»Ich glaube mich«, sage ich.

»Sie selbst?« Frau Wang dreht sich erschrocken zu mir.

»Ja, wieso?«, frage ich verdutzt.

Frau Wang sieht geschockt aus, schüttelt langsam den Kopf und blickt von mir wieder zu meinem Gemälde. Und wieder zurück.

»Ich glaube, es hat mit der Erde als Ruhesymbol zu tun«, versuche ich zu erklären. »Es heißt ja auch, man solle sich erden, wenn man entspannter werden will. Und das habe ich symbolisch umgesetzt.«

»Was bedeutet es denn, wenn man in der Erde beziehungsweise unter der Erde ist?«, fragt Frau Wang in die Runde.

»Tot«, sagt Jessica. »Begraben.«

»Ganz genau«, sagt Frau Wang und blinzelt mich nervös an. »Tot und begraben. Und dann haben Sie noch die Farbe rot gewählt!«

»Nein«, sage ich schnell und schüttle vehement den Kopf. »So meine ich das nicht, ich will nicht tot und begraben sein, ich will doch nur endlich mal *absolute Ruhe!*«

Niemand sagt etwas.

→

Während der Abendrunde hänge ich in Gedanken der Kunsttherapie nach und frage mich, ob ich tatsächlich suizidales Gedankengut in mir trage oder ob Frau Wang als Therapeutin einfach eine erstklassige Fehlbesetzung ist. Ich sitze zwischen Max und Linda und höre meinen Mitpatienten bei den Beschreibungen ihrer Gefühlsregungen nur mit halbem Ohr zu. Selbst hatte ich heute eine sehr variationsreiche Emotionspalette zu bieten: Nervosität heute Morgen, eine Hochphase nach dem Joggen, Ärger nach der Einzeltherapie und resignierte Lethargie angesichts meiner vermeintlichen Todessehnsucht nach der Kunsttherapie. Im Moment fühle ich mich erleichtert darüber, dass ich heute, an einem Freitagabend, nicht übermüdet auf irgendeiner Party stehen und Spaß heucheln muss, sondern einfach auf meiner Station bleiben und mit meiner Vertrauensschwester sprechen kann. In meiner Abwesenheit hatte nämlich jemand ein kleines Post-it über mein Bett geklebt: »Vertrauensschwesterngespräch, Frau Bentz – Schwester Margit, Freitag, 19 Uhr«. Während des Organisationsteiles der Abendrunde fragt mich Schwester Sybille, ob ich bereit wäre, die Aufgabe mit den Essenskarten für alle Patienten zu übernehmen. Es geht darum, sie auszuteilen, später nachzusehen, ob alles korrekt ist, und sie im Anschluss gesammelt in die Krankenhausküche zu bringen. Ich freue mich über ihr Vertrauen und nehme die Aufgabe gern an. Ein Abendessen und ein Telefonat mit meiner Mutter später sitze ich endlich im Schwesternzimmer. Schwester Margit sortiert in aller Ruhe Unterlagen, die sie offensichtlich über mich gesammelt und in einem Ordner zusammengeheftet hat. Durch die Scheibe kann ich im schwach beleuchteten Flur sehen, wie sich Jessica und Lotte ins Ausgehbuch eintragen, auf dem Weg zur Gute-Nacht-Zigarette. Lotte geht es wieder besser, aber ich hatte heute noch keine Gelegenheit, mit ihr zu sprechen. Gern würde ich zum Raucherbalkon mitkommen. Das Gleiche denkt Max, der etwas verschlafen aus seinem Zimmer tritt und gerade noch mitbekommt, wie die Glastür hinter Jessica und Lotte ins Schloss fällt. Als würde man eine Comicfigur schockgefrieren, kehrt schlagartig seine komplette Körperspannung zurück. Er wirft seine Zimmertür hinter sich ins Schloss und folgt den beiden eilig. Vor dem Ausgehbuch bleibt er abrupt stehen, blickt sich kurz verstohlen um und verschwindet so schnell wie möglich, ohne sich auszutragen, durch die Glastür.

»Wie geht es Ihnen?«, fragt Schwester Margit, nachdem sie sich gesetzt und ein Klemmbrett auf ihren Knien zurechtgerückt hat. »Haben Sie das Gefühl, dass Sie hier etwas für sich erreichen können?«

»Ja, mittlerweile schon«, sage ich, »nur ist es mir manchmal etwas zu viel mit diesen Überinterpretationen. Zum Beispiel vorhin in Kunst oder die Sache mit der Visite heute Morgen. Das war wirklich nur ein Witz.«

»Meinen Sie?«, fragt Schwester Margit.

Ich blicke sie an.

»Es hat eine Bedeutung, wenn Ihre erste Assoziation ein Tribunal ist, vor dem Sie sich rechtfertigen müssen. Sie hätten auch denken können: ›Toll, so viele Personen, die mir alle helfen wollen!‹. Verstehen Sie, was ich meine?«

Ich spüre beinahe körperlich, wie mir der Geduldsfaden reißt. So viel zur Beweisführung der Psychosomatik an sich. Nach einem Tag mit diesem Analysewahnsinn einschließlich mehrerer qualifizierter Fehlinterpretationen habe ich nun endgültig das Gefühl, etwas klarstellen zu müssen.

»Das ist genau das, was mir hier auf die Nerven geht«, sage ich laut und gereizt. »Manchmal ist ein Vergleich eben nur ein Vergleich und die Farbe Rot ist *einfach nur rot!*«

Schwester Margit blickt von ihrem Block auf und sagt nichts. Natürlich nicht, Schweigen ist hier schließlich die institutionalisierte Erziehungsmethode.

»Fliege ich aus dem Paradies, wenn ich mir morgen früh einen Apfel nehme? Dieser Symbolhype ist doch nicht auszuhalten!«

Schwester Margit blickt mich immer noch geduldig an, ohne etwas zu erwidern. Hier sitze ich vor der nettesten Krankenschwester, die ich je getroffen habe, und schreie sie an. Sie hat es gar nicht verdient, sich so spät am Freitagabend mit einer Halbirren ohne Selbstbeherrschung zu unterhalten. Langsam schlägt meine Wut in die Angst um, dass Schwester Margit mich als Bezugspatientin abgeben könnte. Vielleicht an Schwester

Sybille oder Tatjana, die beide kaum älter sind als ich und deren Meinung ich lange nicht so schätze wie die von Schwester Margit.

»Entschuldigung«, sage ich leise, »ich weiß überhaupt nicht, was heute mit mir los ist. Wirklich, ich flippe normalerweise nie aus.«

»Das habe ich mir gedacht«, sagt Schwester Margit in sachlichem Tonfall, fast so, als hätte sie es schon Tausenden von Patienten gesagt und ziehe nicht Erwägung, jemals damit aufzuhören. Ich spüre eine gewisse Erleichterung, weil Schwester Margits stabile Ruhe es viel wahrscheinlicher macht, dass sie mir helfen kann, als dass ich sie mit irgendeiner trotzigen Äußerung aus der Bahn werfen könnte. »Was denken Sie denn, woher Ihre Wut im Augenblick kommt?«

Ich räuspere mich. »Ich habe einfach Angst«, sage ich nach einer kurzen Pause. »Je länger ich hier brauche, desto eher verliere ich die Chance auf mein Ausbildungsprogramm.«

»Kennen Sie das Sprichwort *Wenn du es eilig hast, mache einen Umweg*?«, fragt Schwester Margit.

Ich schüttle den Kopf.

»Ich stelle Ihnen für das Wochenende eine Aufgabe«, sagt Schwester Margit.

Eine Aufgabe klingt gut. Dann kann ich aktiv etwas verbessern.

»Was soll ich tun?«, frage ich.

»Gar nichts.«

Kapitel 6

Nichtstun – eine harte Prüfung

Als ich am Samstagmorgen auf meinen Digitalwecker blicke, kann ich mein Glück kaum fassen: Eine rot blinkende 7.45 sagt mir, ich habe mehr als acht Stunden geschlafen – und das in einem Rutsch. Als ich noch vor dem Zähneputzen euphorisch auf den Flur trete, um meinen grandiosen Erfolg mit dem nächstbesten Patienten zu teilen, finde ich mich inmitten eines hektischen Gewusels wieder. Vor beinahe allen Zimmertüren stehen Koffer oder Reisetaschen, es sieht aus, als fände ein Wandertag statt, von dem ich nichts mitbekommen habe. Einige Leute, die mir bisher fremd sind, stehen im Flur verteilt oder warten vor dem Schwesternzimmer. »Moment, mir fehlt nur noch der Duschkram, dann komme ich«, schreit Susan halb in der Zimmertür stehend einem Mann zu, der vorne an der Glastür zum Aufzug wartet.

»Guten Morgen, Jenny, das hier ist meine Frau Thea«, sagt Michael freundlich und ich schüttle die Hand einer eleganten Mittvierzigerin, noch bevor ich mich gekämmt oder mir die Zähne geputzt habe. »Ich fahre jetzt übers Wochenende nach Hause«, fügt Michael hinzu. »Lass es dir gut gehen!«

Ich erfahre, dass die Patienten samstags und sonntags nach Hause dürfen; nur Linda und ich müssen bleiben, weil es unsere erste Woche ist. Auch Traudel bleibt die ganze Zeit bei uns, erzählt sie mir, als wir mit Nadja und Isabelle vor dem Frühstück eine Runde durch den Klinikgarten spazieren. Es ist kalt geworden und nun, Ende Oktober, färben sich die Blätter an der Trauerweide neben dem Springbrunnen bunt.

»Ich werde auch die meiste Zeit des Wochenendes hier sein«, sagt Isabelle. Sie möchte nur stundenweise nach Hause, um zu sehen, ob sie mit den Angstattacken in ihrer großen, einsamen Wohnung klarkommt.

»Dort hat nämlich alles angefangen«, fährt sie fort, als wir uns auf den Rückweg zur Station machen. »Und ich will überhaupt nicht nach Hause. Aber ich muss mich der Sache langsam stellen.«

»Klingt vernünftig«, sage ich, als wir zusammen mit Traudel und Nadja die Treppe hochgehen. »Und mutig.«

»Hm«, antwortet sie nachdenklich. »Wie geht's dir denn jetzt, wo du so gut schlafen hast?«

»Irgendwie nicht so, wie es müsste«, sage ich nachdenklich, »erst mal war ich froh, dass ich so gut geschlafen habe, aber jetzt fühle ich mich immer noch müde und vor allem unruhig.«

»Hast du eine Ahnung, woher die Unruhe jetzt gerade kommt?«, fragt Nadja.

»Ja«, sage ich, als wir auf der Treppe ungefähr im zweiten Stock sind. »Ich habe die Aufgabe bekommen, heute gar nichts zu tun. Jetzt habe ich endlich mal gut geschlafen und kann die Zeit gar nicht nutzen, sie ist einfach vergeudet. Normalerweise muss ich immer das Maximum aus meiner Zeit rausholen.«

»Warum?«, fragt Nadja.

»Ich verstehe die Frage nicht«, antworte ich.

»Was gibt es daran nicht zu verstehen?«, fragt Nadja zurück.

Jeder Mensch, der auch nur einen Funken Temperament und Ehrgeiz in sich trägt, würde verstehen, was ich an dieser Frage nicht verstehe. Während ich noch überlege, wie ich es für Nadja so formuliere, dass sie sich nicht auf den Schlips getreten fühlt, biegt sie, als wir im fünften Stock angekommen sind, direkt nach links ab und verschwindet im noch geöffneten Aufzug, statt rechts durch die Milchglastür zu unserer Station zu gehen.

»Halt – was ...?« Verwirrt blicke ich um die Ecke, aber die Tür des Aufzuges schließt sich bereits und ich sehe, dass Nadja zurück ins Erdgeschoss fährt. »Hat sie unten was vergessen?«, frage ich Traudel und Isabelle.

»Ich glaube nicht«, sagt Traudel.

»Was war das dann?«, frage ich verdutzt. »Wir waren mitten im Gespräch!«

»Das fragst du sie am besten selbst, sie kommt gleich wieder die Treppe hoch«, antwortet Traudel und verschwindet mit Isabelle durch die Milchglastür auf unsere Station. Hier oben riecht es nach Kaffee und Frühstück. Samstags und sonntags darf man ausschlafen und es gibt keine festen Essenszeiten. Es macht mich nervös, dass ich noch nicht weiß, was ich nach dem Frühstück tun soll. Schwester Margit hat mir geraten, mir

Beschäftigungen zu suchen, die mich entspannen. Was soll das denn nun heißen? Vielleicht muss ich mich einfach zu diesem berühmten *Nichtstun* zwingen. Vielleicht kann ich damit dieser verselbstständigten Unruhe tatsächlich entgegenwirken. Vielleicht. Kurz vor einem eventuellen gedanklichen Durchbruch kommt Nadja um die Ecke. Noch während sie die letzten Stufen in den fünften Stock hochsteigt, spreche ich sie an.

»Sag mal, was war das denn eben? Hab ich was Falsches gesagt oder so?«

»Nein«, sagt Nadja und schüttelt den Kopf. »Bezieh das bitte nicht auf dich.«

»Ja, aber auf wen denn sonst, wir waren mitten im Gespräch«, sage ich.

Nadja ist still. Vor der Milchglastür bleibt sie stehen und blickt mich an.

»Jetzt sag schon«, fordere ich sie auf und sehe sie eindringlich an.

»Ich darf die Treppe nur auf eine bestimmte Art hochgehen«, sagt sie.

»Hä?«

»Also jede zweite Stufe und bei jedem Absatz immer mit dem rechten Fuß anfangen. Und wenn ich oben ankomme und dabei erzählt habe, bin ich manchmal nicht mehr sicher, ob ich die Treppe richtig hochgegangen bin. Dann muss ich es halt noch mal machen.«

Ich blicke sie fragend an.

»Hört sich komisch an, ich weiß«, sagt sie. »Aber ich denke, wenn ich es richtig mache, kommt mein Freund zu mir zurück. Pardon – Ex-Freund.«

»Also du denkst, wenn du auf unserer Treppe …«

»Nicht nur unsere Treppe, jede Treppe.«

»Also du denkst, wenn du beim Treppenlaufen immer nur jede zweite Stufe benutzt, kriegst du deinen Ex zurück?«

»Ich weiß nicht«, sagt sie. »Vielleicht nicht unbedingt. Aber auf jeden Fall kriege ich ihn nicht zurück, wenn ich es falsch mache.«

»Bist du deswegen hier?«, frage ich.

»Nicht nur, aber auch, ja«, sagt sie, »man nennt das magisches Denken. Eigentlich weiß ich, dass es kompletter Bullshit ist, was ich da tue. Und trotzdem kann ich nicht anders.«

Ich verstehe absolut, was sie meint. Ich müsste mein Leben komplett ändern, um innerlich ruhiger zu werden. Und stehe mir dabei professionell selbst im Weg. Man sagt zwar: »Selbsterkenntnis ist der erste Weg zur Besserung«, aber in dieser Hinsicht ist sie das schlimmere Übel. Es ist ein großes Elend, das eigene absurde Handeln von einem objektiven Blickwinkel aus zu sehen, zu durchschauen und dennoch nicht das Geringste daran ändern zu können.

»Zum Kotzen, so was«, fügt Nadja noch an.

»Da hast du recht.«

→

Nachdem ich mich nach dem Frühstück während des Besuchs meiner Mutter über alle Maßen angestrengt habe, positiv und unbesorgt zu klingen, und mich anschließend während eines Telefonats mit meinem Freund über alle Maßen angestrengt habe, positiv und unbesorgt zu klingen, bin ich froh, dass ich auf unserer Station, umgeben von anderen Irren, psychisch voll durchhängen darf. Ziellos schlendere ich über den Stationsflur. Die meisten Patienten sind bereits zu Hause. Max packt noch seine Sachen, Linda telefoniert in ihrem Zimmer, Isabelle hält ihren Mittagsschlaf und Traudel strickt im Wohnzimmer. Ruhe ist eingekehrt. Nachdem ich den Flur mehrmals ziellos auf- und abgewandert bin, lasse ich mich im Aufenthaltsraum auf einen Stuhl neben der Küche fallen. Ich blicke auf den Einbauschrank an der gegenüberliegenden Wand, der mit *Malutensilien* beschriftet ist.

»He, Traudel, darf man sich die Malsachen einfach so nehmen?«, rufe ich ins Wohnzimmer hinüber.

»Nimm dir ein Mandala, die sind gut zum Entspannen«, ruft Traudel zurück.

»Manda-*was*?«

Ich höre, wie Traudel auffallend vorwurfsvoll seufzt und ihre Stricksachen beiseitelegt. Gemächlich kommt sie in den Aufenthaltsraum gewatschelt und erklärt mir den Malschrank. Fünf Minuten später sitze ich mit einem Malblock und Buntstiften an meinem Tisch im

Aufenthaltsraum und frage mich, ob ich nun tatsächlich ein Sternchen bunt ausmalen soll. Rein theoretisch ist es egal – hier kann mich niemand sehen, der nicht selbst nachweislich einen an der Schüssel hat. Die Fantasiemenschen am Waldrand tun heute auch nichts Sinnvolles, sie genießen einfach ihre Freizeit am Wochenende. Sie liegen auf der Couch und sehen sich unnütze TV-Magazine an oder lesen Zeitschriften. Sie finden es schade, dass der Sommer vorbei ist und sie nicht mehr im Garten liegen können, andererseits freuen sie sich auf die Vorweihnachtszeit und den Glühwein auf dem Christkindlmarkt. Ich blicke auf, als Schwester Sybille mit zwei großen silbernen Kannen den Aufenthaltsraum betritt. Sie grüßt mich freundlich, ich grüße zurück. Dann male ich weiter. Schwester Sybille tauscht die beiden alten Kaffeekannen gegen die neuen aus und verschwindet wieder auf dem Flur. Es ist nun so ruhig auf unserer Station, dass ich jeden ihrer Schritte bis zum Schwesternzimmer hören kann. Ich bin etwas entrüstet über die Unbeweglichkeit meiner linken Hand, denn würde sie besser funktionieren, könnte ich zweihändig arbeiten und wäre schneller fertig. Als das Mandala, nach endlosen zwanzig Minuten, vollständig bunt ausgemalt ist, sitze ich mit Traudel und Linda im Wohnzimmer und habe erneut ein Problem mit dem Nichtstun. Eine unerfreulichere Aufgabe hätte mir Schwester Margit gar nicht stellen können.

»Mach ein Puzzle oder strick was«, rät mir Linda.

»Das wäre schon wieder verschleuderte Zeit«, sage ich resigniert. »So wie ich schon den ganzen Tag Zeit verschleudere.«

»Was?«, ruft Traudel laut und blickt vorwurfsvoll von ihrem Strickzeug auf. »Was ist denn am Stricken verschleuderte Zeit? Hinterher hast du einen Schal oder einen Pullover genau in dem Muster oder in der Farbe, die du wolltest. Das ist sehr gut investierte Zeit.«

»Aber nicht, wenn ein Schal zehn Euro kostet und man beim Arbeiten einen Stundenlohn von dreißig Euro hätte. So gesehen ist es einfach unwirtschaftlich.«

»So darf man das nicht sehen«, sagt Traudel und schüttelt den Kopf. »Es geht doch darum, etwas selbst gemacht zu haben, das rechnet man nicht finanziell auf.«

»Ich weiß schon, was sie meint«, sagt Linda an Traudel gewandt. Dann blickt sie wieder mich an. »Jenny, andererseits hast du einen Doppelnutzen: Es ist entspannend *und* du hast hinterher etwas Selbstgemachtes.«

Ein paar Minuten später sitze ich mit geliehener, naturweißer Schafswolle und Isabelles Rundnadeln im Wohnzimmer und stricke. Doppelnutzen klingt effektiv, damit kriegt man mich immer. Traudel hat mir eine geduldige Einweisung zum Halbpatent-Stricken gegeben. Es wird ein Schal. Nach ein paar Reihen finde ich es wirklich entspannend. Wenn das heute noch so wäre, dass Frauen zu Hause nur kochen und stricken, gäbe es nicht so viele Burn-outs, weil sie versuchen, Job, Kinder und Haushalt unter einen Hut zu bringen. Aber so darf man als moderne Frau nicht denken. Und stricken darf man erst recht nicht. An Traudel kann man auch gut sehen, warum: Ihr Mann hat sie offensichtlich nie ernst genommen. Dass ich stricke, muss ja draußen keiner wissen. Beim gedankenverlorenen Arbeiten erwische ich mich immer öfter dabei, dass ich nicht mehr weiß, ob ich gerade eine linke oder eine rechte Masche gestrickt habe. Mein Muster sieht nach einigen Reihen zumindest lange nicht so ordentlich aus wie Traudels Schal. Aber ich stricke unbeirrt weiter, auch als Traudel und Linda sich für die Nacht verabschieden. Der Fernseher läuft. Dieter Bohlen castet wieder Sänger und Sängerinnen.

»Samstagabend, Jenny!«, sagt Isabelle, die zu fortgeschrittener Stunde das Wohnzimmer betritt. Wahrscheinlich hat sie es in ihrer Wohnung nicht mehr ausgehalten. »Und du guckst DSDS und strickst?«

»Ich kann nichts dafür«, antworte ich. »Ich habe schließlich offiziell den Verstand verloren.«

→

Das Sonntagsfrühstück ist auf der psychosomatischen Station etwas ganz Besonderes. Es gibt frische Muffins, Brezeln und man kann sich aus der Cafeteria Cappuccino bestellen. Außerdem gibt es keine vorgegebenen Frühstückszeiten; die wenigen verbliebenen Patienten dürfen frühstücken, wann und wie lange sie wollen. Ich habe in dieser Nacht neuneinhalb Stunden geschlafen. Und obwohl ich mich seltsam schlapp fühle, macht mich das so stolz, dass ich noch vor dem Frühstück einen Abstecher in den Waschraum mache, um es Schwester Margit zu erzählen. Auf die Tatsache, dass ich am Abend zuvor aus Versehen beim Stricken eingenickt bin, lege ich besonderen Wert.

»Das ist ja wunderbar«, sagt Schwester Margit und man sieht ihr an, dass sie sich tatsächlich und aufrichtig mit mir freut. »Schauen Sie, wenn Sie das Einschlafen vermeiden wollen, passiert es wie von selbst. Versuchen Sie es aber zu erzwingen, wird es schier unmöglich. Es ist wie umgekehrte Psychologie.«

»Nur umgekehrt«, sage ich und lache. Dann helfe ich Schwester Margit dabei, frische Bettlaken zu bügeln. Als ich später in den Aufenthaltsraum komme, treffe ich auf Isabelle. Sie ist bereits beim Frühstücken und hat mehrere Teile der *Süddeutschen Zeitung* vor sich ausgebreitet.

»Na, wie geht's dir?«, fragt sie.

»Ich habe ewig geschlafen«, sage ich, »bin trotzdem kaputt. Macht das Sinn?«

Ich bin etwas verwundert über meine Antwort. Normalerweise antworte ich mit einem standardisierten »Gut. Und selbst?«, ganz unabhängig davon, wie es mir wirklich geht.

»Das ist normal, wenn du dich ausruhst, verschwindet das Adrenalin aus deinem Körper und du spürst, wie es dir wirklich geht. Jetzt kommt die ganze Erschöpfung erst richtig raus und du kannst mit der Erholung anfangen«, sagt sie.

»Was habt ihr denn alle mit diesem Adrenalin?«, frage ich und setze mich mit meinem Tablett an meinen Platz, gegenüber von Isabelle.

Isabelle faltet ihre Zeitung zusammen und legt sie beiseite.

»Was hast du denn heute vor? Besuch von deinem Freund?«, fragt sie.

»Nein, das ist zu weit. Er hat kein Auto und Zug wäre zu teuer«, sage ich. Das ist natürlich eine böswillige Lüge, er hat sogar mein Auto. Mein Blick fällt auf Isabelles rechte Hand, die die Milch im Kaffee schon viel länger rührt, als es meiner Meinung nach nötig wäre.

»Und du? Hast du einen Freund?«, frage ich.

»Nein«, antwortet Isabelle und schüttelt entschieden den Kopf. »Meine achtjährige Beziehung ging letztes Jahr in die Brüche und danach hatte ich kurzfristig nur so eine Art Übergangsmann. Schrecklich.«

»Das kenn ich«, sage ich.

»Ja, man sucht sich das genaue Gegenteil vom Ex, aber noch weniger passend«, sagt Isabelle, »mein spezielles Exemplar hatte ständig Langeweile und wusste nichts mit sich anzufangen.«

»Oh je«, sage ich. »Und dann wollte er von dir unterhalten werden?«

»So ungefähr. Er hat so Sachen gesagt wie: ›Ach, irgendwie ist alles so doof. Draußen ist scheiß Wetter und ich weiß nicht, was ich tun soll. Du hast doch immer so gute Ideen, mach doch mal ein paar Vorschläge, vielleicht hab ich ja Bock auf irgendwas.‹ Aber er meinte damit: ›Ich seh grad keine Perspektive, ich werd jetzt mal depressiv. Ob ich es bleibe oder nicht, liegt allein an dir. Außerdem bin ich zu faul zum Nachdenken und vermutlich kann ich es auch gar nicht. Erst bedaure mich bitte und dann sei mein Animateur.‹«

Ich muss laut lachen, vor allem über die dümmlich klingende Piepsstimme, mit der Isabelle ihren Übergangsmann imitiert.

»Sexy«, sage ich.

»Exakt«, sagt Isabelle, »solche Worte aus dem Mund eines Mannes und meine Libido wandert schlagartig aus. Ich meine, wenn er mit Anfang dreißig schon solche Sätze zustande bringt, möchte ich mir keine Rentenzeit mit ihm vorstellen müssen.«

Ganz kurz fühlt sich alles normal an. Junge Frauen beim Sonntagsbrunch. Als Isabelle die Station verlässt, um ein paar Stunden in ihrer eigenen Wohnung zu überleben, beschmiere ich meine dritte Minibrezel mit Erdbeermarmelade und kehre gedanklich noch mal zurück zum Thema Langeweile. Ich habe nie welche und darauf war ich bisher immer stolz. Es heißt ja, intelligenten Menschen ist es nie langweilig. Es heißt aber auch, Langeweile fördert die Kreativität. Das kann ich bestätigen: Als Kind habe ich einmal in den Weihnachtsferien mit meinem Bruder jeden Tag ein und denselben Film gesehen, einfach nur, weil wir ihn beide gut fanden. Irgendwann haben wir Szenen nachgespielt, teilweise mit veränderten Texten und Improvisation. Pädagogisch gesehen fördert das bestimmt irgendwas in der Entwicklung. Später hat das mit der Kreativität nicht mehr funktioniert. Im ersten Semester an der Uni habe ich mir in einem nicht unbedenklichen Anflug von Übermotivation ein Buch aus der Fachbereichsbibliothek ausgeliehen, das uns ein Professor empfohlen hatte. Es sei zwar nicht sehr wichtig, aber es könne nicht schaden, wenn man sich mal langweile. Es war ein Buch über Wissenschaftstheorie, Systemtheorien, Handlungstheorien, noch irgendwas und verschiedene Meinungen dazu. An einem verregneten Donnerstagnachmittag habe ich mich tatsächlich damit an den Schreibtisch gesetzt. Trotz eines dreifachen Espressos bin ich in kürzester Zeit mit dem Kopf auf dem Buch eingeschlafen und habe auf die Einleitung gesabbert. Von dem Standpunkt aus gesehen, dass es sich bei dem Buch um Eigentum der Universität handelte, war mir das peinlich. Ich erreichte eine dieser seltenen, extrem tiefen Schlafphasen, bei denen man nach dem Aufwachen für einige Zeit nicht mehr weiß, wer und wo man ist. Oder warum. Um den anschließenden Zeitraum der Selbsterkenntnis abzukürzen, würde ich bei jedem nächsten Versuch mit diesem Buch Personalausweis und Lebenslauf in greifbarer Nähe deponieren. Nach solch einem Erlebnis kann man schon mal eine Abneigung gegen Langeweile entwickeln. Aber generell ist es in den letzten Jahren eher so, dass ich gar nicht genug Zeit habe, alles zu erledigen, was erledigt sein müsste, bevor ich den Luxus der Langeweile verdient hätte. Obwohl ich es mir insgeheim wünsche, denn das hieße, dass ich absolut alles geschafft hätte, was gerade anstünde, und ich würde in einem Zustand glückseliger Faulheit dahinschweben, ohne dass mich jemand dafür zur Rechenschaft ziehen könnte. Obwohl ich auch zugeben muss, dass die Sache mit der Zeit etwas Mystisches an sich hat. Ich hatte früher zehn Mal am Tag Zeit, meine beste Freundin anzurufen, um ihr die letzte SMS von meinem spanischen Urlaubsflirt auf La Gomera vorzulesen. In den letzten Monaten hatte ich auch ständig Zeit, mich einzuschließen und, verfolgt von schlechten Gedanken, zu viele Zigaretten zu rauchen. Aber seit Jahren komme ich nicht dazu, unter den Fußmatten in meinem Auto zu saugen. Und selbst wenn der utopische Fall eintreten würde, dass alles erledigt ist, was mich von der wohlverdienten Langeweile abhält, hätte ich noch ein paar Zusatzaufgaben parat. Meine alte Radiergummisammlung sortieren, endlich die Türen in meiner Wohnung anmalen, all meine Freunde und Feinde googlen. Wahrscheinlich würde ich versuchen, alles gleichzeitig zu erledigen, damit ich nicht so viel Zeit verlöre. Dann wäre ich wieder gestresst und unter Zeitdruck, würde meine Radiergummis anmalen und die Türen im Internet suchen. Daher könnte man zu dem Schluss kommen, dass Langeweile keine Zeitsache, sondern Typsache ist. Das heißt, bevor ich mich *wirklich* langweilen könnte, würde ich eben doch dieses blöde Auto sauber machen. Und danach wäre sicherlich die Besteckschublade in der Küche wieder fällig. Folglich hilft es gar nicht, auf Langeweile zu warten, die aus dem Zustand resultiert, dass alles erledigt ist. Dieser Zustand ist eine Illusion. Vielleicht ist es deshalb weniger Langeweile, die mir fehlt, als vielmehr das Gefühl, Zeit zu haben. Auch für so etwas Unsinniges, wie jeden Tag den gleichen Film zu sehen, nur weil er lustig ist. Das würde schließlich jeder halbwegs psychisch gesunde Mensch aus Gründen der Uneffektivität von der Agenda streichen.

Aus dem Flur höre ich langsam näher kommendes Gemurmel und blicke auf. Linda steht mit einem schlaksigen, dunkelhaarigen Mann vor ihrer Zimmertür und kichert leise, als er ihr einen Wollschal mit Überlänge so oft um den Hals wickelt, dass sie sich kaum noch bewegen kann. Dann dreht sie sich zu mir um, winkt und kommt auf mich zu.

»Guten Morgen Jenny«, sagt sie mit gut gelaunter Stimme und bleibt im Türrahmen stehen, »darf ich dir meinen Freund Philipp vorstellen?« Sie zeigt auf den jungen Mann, der nun, von mir aus gesehen, schrägt hinter ihr steht und grinst.

»Klar«, ich stehe auf und gehe auf die beiden zu, »ich bin Jenny, hallo Philipp«, sage ich und schüttle ihm die Hand. »Was habt ihr denn heute vor?«

»Wir gehen erst mal zum Brunch ins Parkcafé«, sagt Linda und blickt zu Philipp.

»Und dann in die Stadt oder ins Kino, was immer du willst«, sagt Philipp und streichelt Linda liebevoll über den Rücken. Dann wendet er sich mir zu: »Gestern wollte Linda hier lieber für sich sein und über

Nacht darf sie ja noch nicht weg. Aber dafür habe ich heute den ganzen Tag mit ihr.«

Dann sind die beiden verschwunden. Angesichts dieser aufrichtigen, nur marginal kitschigen Liebesszene denke ich mit Bedauern an meine eigene Beziehung, in der man höchstens wahlweise resignieren oder zum Realzyniker werden kann.

→

»Jetzt erzähl mal«, fragt Sam grinsend, als wir am Nachmittag in der Cafeteria des Krankenhauses sitzen. »Wie ist es im Irrenhaus?«

»Nicht so schlimm wie gedacht«, sage ich und ignoriere Sams unwesentliche Verbalentgleisung gekonnt. »Man bekommt von einem etwas abenteuerlichen Konglomerat aus Teilzeitkrankenschwestern, Therapeuten und wild gewordenen Kunstpädagogen den Lebensrhythmus vorgeschrieben und wird mit so vielen neuen Einsichten konfrontiert, dass man es manchmal kaum verarbeiten kann. Die anderen Patienten sind nett und genauso wenig verrückt wie ich. Oder genauso viel, weiß nicht genau. Alle suchen ständig nach Zusammenhängen und Ursprüngen und man wird gefeiert wie ein Star, wenn man etwas gefunden hat. Ach so, und mindestens einer heult hier immer.« »Cool«, sagt Sam. »Darf man da auch rein, wenn man kein Problem hat?«

Sam wäre tatsächlich der einzige mir bekannte Mensch, dem es zuzutrauen wäre, aus reiner Neugier und Abenteuerlust ein paar Wochen auf der Psycho-Station zu verbringen.

»Der Hauptgrund hier hinzukommen ist es ja, Probleme zu lösen«, sage ich, »also denke ich schon, dass du eins brauchst, um aufgenommen zu werden.«

»Ich würde gern ein guter Mensch werden.«

So ist Sam. Sie glaubt aufrichtig an Hexerei, hat es tatsächlich einmal geschafft, aus Schlamperei mehrere Wochen nicht krankenversichert zu sein, und im Moment ist es ihre einzige Mission, die indische Goa-Szene in ihrem Heimatdorf zu etablieren. Und in regelmäßigen Abständen, immer kurz bevor man die letzte verzweifelte Hoffnung aufgibt, dass doch ein Quäntchen Vernunft in ihr stecken könnte, sagt sie so etwas.

»Äh …«, stammle ich irritiert. »Das ist nicht unbedingt ein Problem.«

»Nein, mal ehrlich jetzt«, sagt Sam nachdrücklich, »darüber denke ich in letzter Zeit häufig nach. Was ist für dich ein guter Mensch?«

»Schwierig«, sage ich. »Zumindest nicht die, die jeden Sonntag in die Kirche gehen, aber einem Obdachlosen kein Geld geben, weil er sich angeblich nur Alkohol kauft.«

»Stimmt«, sagt Sam, »die wollen einen unbekannten, erwachsenen Menschen erziehen, indem sie ihm *nicht* helfen. Und sich billig aus der Verantwortung ziehen.«

»Genauso wie die Sache mit den Spenden«, sage ich, »also dass Leute deswegen nicht spenden, weil ein Teil davon in den Verwaltungsaufwand fließt. Da frage ich mich immer, ob die Angestellten bei UNICEF oder der Kinderkrebshilfe acht Stunden am Tag ehrenamtlich arbeiten sollen. Würden sie vielleicht sogar, wenn sie nicht auch eine Familie zu ernähren hätten.«

»Wegen einer Spende bin ich gerade bei meinen Eltern auf Ignoranz gestoßen«, erzählt Sam, »sie haben angedeutet, dass ich dieses Weihnachten einen Laptop bekomme. Ich wollte lieber, dass sie das Geld spenden. Fanden sie nicht gut. Mein Vater hat mir sogar wütend unterstellt, dass ich das nur tue, um mich selbst gut zu fühlen. Nicht um zu helfen.«

»Das würde bedeuten, dass man nur dann wirklich etwas Gutes tun oder helfen kann, wenn man selbst dabei ein schlechtes Gefühl hat?«

»Keine Ahnung, ehrlich gesagt«, sagt Sam und nimmt einen großen Schluck von ihrem Latte macchiato. »Apropos schlechtes Gefühl: Wie geht's dir jetzt grade?«

»Nicht so besonders«, sage ich, »ich soll *nichts* tun, aber es fühlt sich falsch an. Ich könnte arbeiten oder mich auf meine Therapiewoche vorbereiten. Es wäre nämlich unverzeihlich, wenn ich länger hier bliebe als nötig.«

»Warum?«, fragt Sam.

»Weil ich Angst habe, bei meinem Chef in Vergessenheit zu geraten«, sage ich, »dann werden die anderen bevorzugt, wenn es um das Ausbildungsprogramm geht.«

»Du stellst diese dämliche Arbeitsstelle über dein eigenes Wohlergeben?«, sagt Sam, plötzlich sehr aufgebracht.

»Nein, so –«

»Ich hätte es ja nicht gedacht, aber du bist wirklich ein Psycho«, unterbricht sie mich. »Was ist denn wichtiger, das Ausbildungsprogramm oder deine Gesundheit? Du bist schon mal kein guter Mensch, Jenny! Zumindest nicht zu dir selbst.«

→

Nach dem Kaffeetrinken mit Sam schaffe ich es gerade noch rechtzeitig zur Abendrunde. Alle Patienten sind aus dem Wochenende zurück und sitzen bereits im Aufenthaltsraum. Das Wochenende, für das man ab der zweiten Aufenthaltswoche die Station komplett verlassen darf, wird als Teil der Therapie, als sogenannte *Belastungserprobung* angesehen. Es geht darum, die auf der Station erlernten Fähigkeiten in der Realität umzusetzen. Max zum Beispiel ist nur zwei Mal ausgerastet und fand sein Wochenende daher relativ erfolgreich. Nadja hat auf einem Fest ihren Ex-Freund mit seiner neuen Flamme getroffen und daher einen sehr großen Rückschlag erlitten und Lotte war bei der Familie ihres Freundes, wo sie sich sehr wohl gefühlt hat. Als wir zum Organisationsteil kommen, spricht mich Schwester Sybille direkt an.

»Frau Bentz, da das mit den Karten so gut funktioniert bei Ihnen, würde ich Sie bitten, auch den Küchendienst zu übernehmen.«

Einerseits freue ich mich über das Lob und das weitere Vertrauen, andererseits wird es mir zu viel. Die Sache mit den Essenskarten ist bereits ziemlich zeitaufwendig. Außerdem gibt es hier zwölf Patienten und nur sechs zu verteilende Aufgaben, warum sollte ich also gleich zwei übernehmen?

»Gern«, sage ich.

»Wunderbar«, sagt Schwester Sybille. »Dann möchte ich Ihnen zum Abschluss noch einen Absatz aus einem Buch vorlesen. Es heißt: *Zur Harmonie in dir.*

Du greifst ein Ei und hältst es fest.
Die Schale ist dünn und das Ei zerbricht.
Du greifst den Hahn und hältst ihn fest.
Der Hahn befreit sich und fliegt davon.
Du siehst einen Adler am Himmel und öffnest deine Hand.
Und schau, der Adler landet auf deinem Arm.«

→

Nach dem Essen sitze ich zwischen Michael und Max im Wohnzimmer und stricke. Beinahe alle Patienten haben sich versammelt, um gemeinsam den *Tatort* zu sehen. Auf dem kleinen Glastisch stehen Schüsselchen und Tüten voller Chips, Popcorn und Gummibärchen, die die Patienten besorgt haben. Michael schält Äpfel für uns und Vanessa hat einen selbst gebackenen Limetten-Zimt-Kuchen mitgebracht. Das hat beinahe Eventcharakter. In meiner Abteilung der Firma werden auch Tatort-Folgen produziert und ich erinnere mich daran, wie Herr Speeks mir und den anderen Praktikanten in der ersten Woche erklärt hat, dass »ein Tatort-Drehbuch ohne gesellschaftspolitischen Bezug *immer* für die Tonne ist!« Noch läuft zwar die *Tagesschau*, aber wir sind startbereit, als meine rechte Rundstricknadel in meinem Schal, der mittlerweile eher wie ein Wollknoten aussieht, etwa in der Mitte der Reihe so fest stecken bleibt, dass ich nicht mehr weitermachen kann. Offensichtlich habe ich beim gedankenverlorenen Stricken einen kleinen Fehler gemacht, der nun zu diesem Chaos geführt hat. Als ich mein Strickzeug über Michael hinweg mit der Bitte um Aufklärung an Traudel reiche, seufzt sie zunächst schwer und hält sich kurze Zeit später theatralisch die Hand vor die Brust.

»Ein *kleiner* Fehler? Du kannst doch nicht einfach über so ein Chaos hier wegstricken und so tun, als wäre nichts gewesen! Das verheddert sich dann immer mehr! Da muss man zurückstricken und die Fehler beseitigen, meine Liebe! Entschuldigung, wenn ich jetzt gerade mal laut lachen muss«, sagt Traudel und lacht laut. Sie klingt ernsthaft amüsiert. Dann reicht sie mein zugegeben etwas hotzelig aussehendes Wollknäuel mit zwei Rundnadeln darin weiter, damit die anderen auch mal lachen können.

»Schaut euch das mal an, das passiert, wenn man wahllos rechte und linke Maschen durcheinander strickt und zwischendurch auch noch die Hälfte fallen lässt, hahaha!«

Isabelle und Lotte müssen hauptsächlich darüber lachen, dass Traudel so ausgelassen über mich lacht. Aber Traudel ist der Überzeugung, sie lachen ebenfalls über mich und muss noch mehr lachen. Ich muss auch lachen. Über mich und über Traudel. Dann muss ich versprechen, vorerst beim Stricken nicht fernzusehen oder an etwas anderes zu denken. Das darf ich erst wieder, wenn ich genug Routine habe. Traudel zieht mir alles wieder auf. Ich fange von vorne an.

Kapitel 7

Wo ist der *innere Faulenzer?*

Am Montagmorgen wache ich ausgeschlafen und tatenkräftig auf. Das sich Zwingen zum Nichtstun hat seine ersten Früchte getragen und ich bin beinahe stolz auf mich. Beim Frühstück habe ich nun endgültig den Dreh raus: Zwar verstehe ich nicht, wieso das Brot jeden Tag so schmeckt, als wäre es mindestens drei Tage alt, aber ich weiß, wie man das beste Müsli aus dem spärlichen Krankenhausangebot rausholt, indem man nämlich Obst, Joghurt und Weizenflocken einzeln bestellt und selber mischt. Das ist die Profi-Alternative zum direkt fertig bestellten Pampmüsli, das zu Dreiviertel aus gezuckertem Dosenobst besteht. Max und Isabelle haben meine Strategie schon kopiert. Übermütig beschließe ich, mir heute zum ersten Mal wieder einen echten Kaffee mit Koffein zuzutrauen. Obwohl es dünner Krankenhausfilterkaffee ist, über den sich alle anderen Patienten täglich beschweren, finde ich ihn wunderbar. Als ich nach der Morgenrunde und meinem Küchendienst mit dem zweiten Kaffee in der Hand schwungvoll meine Zimmertür öffne, stoße ich beinahe mit Schwester Margit zusammen, die, knapp hinter der Tür, mitten in meinem Zimmer steht.

»Guten Morgen«, sage ich überrascht, »was ...? Oh ...«

Auf dem zweiten Bett, das bis vor einer halben Stunde noch mit einer Plastikfolie überzogen war, sitzt ein bitter weinendes Mädchen mit halblangen, dunklen Locken.

»Frau Bentz, das ist Frau Schlink«, sagt Schwester Margit, »ab heute Ihre Zimmergenossin.«

»Hi«, sagt das Mädchen, reicht mir die Hand und lächelt gezwungen, »ich bin Maria.«

»Hi«, sage ich mit leicht verzögerter Reaktion und lächle ebenfalls gezwungen.

Dann beginnt Schwester Margit, Maria den Stundenplan zu erklären, und ich verabschiede mich aus dem Zimmer, ohne dass eine von beiden Notiz nehmen würde. Sekunden später stehe ich wieder auf dem Flur. Irritiert und immer noch mit der Kaffeetasse in der Hand. Warum hat man mir nichts von Marias Einzug gesagt? Dann hätte ich zumindest das

Zimmer etwas in Ordnung gebracht. Ich fühle mich übergangen. Im Aufenthaltsraum sitzt Michael an einem Bild für die Kunsttherapie.

»Wusstest du, dass heute eine neue Patientin angekommen ist?«, frage ich gereizt.

»Ja, warum?«, fragt Michael verwundert zurück und blickt auf. Die Haare seines braunen Vollbartes um den Mund herum bewegen sich, wenn er spricht. »Heute kommen drei neue Patienten. Zwei Frauen und ein Mann. Haben wir doch am Freitag in der Abendrunde gehört.«

»Hm«, sage ich. Es rächt sich, wenn man gedanklich ständig woanders ist.

»Dafür gehen ja diese Woche auch drei«, sagt Michael.

»Was?«, frage ich erstaunt. Mir war nicht klar, dass hier eine so hohe Fluktuation herrscht. »Wer denn?«

»Na, ich«, sagt Michael und grinst, »und Nadja und Jessica. Wir waren alle vier bis sechs Wochen hier.«

»Seid ihr denn schon geheilt?«

»Man kommt ja hier nicht raus und ist ein neuer Mensch«, sagt Michael, »die ganzen Erkenntnisse auf die Realität draußen zu übertragen, ist ja erst die große Kunst. Aber ich persönlich sehe das jetzt als Herausforderung und gehe mit einem guten Gefühl. Ich bin mir sicher, dass ich die Dinge, die auf mich zukommen, schaffen kann.«

Das klingt vernünftig.

»... das brauchen Sie mir nicht zu zeigen, ich finde schon selbst heraus, wo drei Mal am Tag um jeweils exakt dieselbe Uhrzeit gegessen wird«, höre ich eine klangvolle Frauenstimme in extrem überhöhtem Sprechtempo sagen. »Ich würde lieber in die Stadt fahren, damit ich irgendwo meinen beschissenen Computer benutzen kann, was mir hier in meinem eigenen Zimmer untersagt wird. Das ist ja wohl ein Witz!«

Ich blicke mich um und sehe Schwester Tatjana mit einem verzweifelten Gesichtsausdruck neben einer schlanken, sehr großen Frau mit kinnlangen, rabenschwarzen Haaren, dunkel geschminkten Augen und violettem, mit glitzernden Strass-Steinchen besetztem Strickkleid stehen, die sich nun auf ihren hohen Pumps affektiert umdreht und wieder verschwindet. Schwester Tatjana dreht sich ebenfalls um und trottet unmotiviert in Richtung Flur. Dabei weicht sie Schwester Sybille aus, die mit einem glatzköpfigen Mann eintritt, den ich ebenfalls noch nicht gesehen habe. Er hat etwas Hochwasser in seiner blauen Jogginghose, dafür sind aber die Ärmel der Weste zu lang. Er ist ungesund blass, hat eine flache Nase und sehr, sehr kleine Augen, fast nur Schlitze. Sein Mund ist auffallend schmal und zusammengekniffen. Er sieht aus wie ein handzahmer Voldemort im Jogginganzug.

»Hier sehen Sie den Aufenthaltsraum«, erklärt Schwester Sybille im gewohnten Drill-Sergeant-Tonfall, die blonden Haare hat sie heute zu einer seltsamen Mischung aus Vogelnest und Pferdeschwanz auftoupiert und zusammengeklammert, »hier wird gegessen und die Patienten können sich hier tagsüber aufhalten.«

Voldemort nickt stumm und schüchtern.

»Guten Morgen, Frau Bentz, Herr Lang«, sagt Schwester Sybille an Michael und mich gerichtet, »das ist Herr Calmieri, ab heute Patient auf unserer Station.«

Wir nicken ihm freundlich zu.

»Hallo«, sagt Herr Calmieri und geht auf uns zu, »ich bin Marcello.«

»Hi«, sage ich und schüttle ihm die Hand. Er wirkt etwas verunsichert, aber sympathisch. Nun habe ich alle drei Neuzugänge kennengelernt.

→

Maria hat aufgeräumt, stelle ich fest, als ich in mein Zimmer zurückkomme. Und zwar alles. Innerhalb der letzten zwanzig Minuten. All meine getragenen Kleidungsstücke der vergangen Tage, die ich wahllos über den Klappstuhl geworfen hatte, liegen nun ordentlich gefaltet im Regal. Meine mitgebrachten Bücher und Zeitschriften sind nach Größe sortiert im Nachttischfach angeordnet und meine beiden Koffer, die leer und ausgebreitet seit letzter Woche auf unpraktische, aber ansprechend expressionistische Weise das hintere Drittel meines Zimmers verstellt hatten, sind komplett verschwunden. Angesichts der Tatsache, dass der Klappstuhl schon zweimal unter der Last zusammengebrochen war und ich mir gestern mehrmals die ernsthafte Frage stellen musste, ob ein weiteres Söckchen auf dem Turm erneut zum endgültigen Kollaps führen würde, finde ich Marias Ordnungsliebe auf den ersten Blick ansprechend. Andererseits schäme ich mich für mein vorheriges Chaos. Sonst bin ich immer die Ordentliche, diejenige, die mehr macht als alle anderen. Ein Mal Nachlässigkeit wird sofort bestraft und ein erster Eindruck lässt sich schlecht revidieren.

»Ich hoffe, es ist okay für dich, dass ich ein bisschen aufgeräumt habe«, sagt Maria, die in der Badezimmertür steht und sich die Zähne putzt.

»Oh ja, klar«, antworte ich und stelle meine Tasse auf den Tisch, »ich hätte auch für Ordnung gesorgt, wenn ich gewusst hätte, dass du kommst.«

»Ich habe einen leichten Putz- und Aufräumtick«, sagt Maria, geht zielstrebig auf meine Tasse zu und dreht sie so, dass der Henkel im rechten Winkel zur Tischkante angeordnet ist.

»Das ist nicht zu übersehen. In welcher Gruppe bist du?«, frage ich.

»C«, sagt sie.

»Oh, dann haben wir viele Therapien zusammen, ich bin D«, sage ich.

»Ja?«, fragt Maria. »Heute haben ich und die anderen neuen Patienten noch keine Therapien. Wir sollen uns erst einmal eingewöhnen.«

Ich erinnere mich daran, dass ich direkt nach meiner Ankunft bei der Gruppentherapie dabei sein musste, noch bevor ich richtig ausgepackt hatte. Während Maria, die Glitzerzicke und Voldemort offenbar im Schongang starten dürfen. Ich fühle mich ungerecht behandelt. Nach einer Pause auf dem Raucherbalkon gehe ich mit Linda und Max durch den Klinikgarten zum Therapiegebäude, um kurze Zeit später wieder ohne Schuhe, aber dafür mit desaströs schlechter Laune auf einer roten Decke in der Fensterecke des BT-Raumes zu sitzen.

»Frau Bentz, wie geht es Ihnen denn heute? Sie wirken etwas in sich gekehrt und versteinert«, sagt Frau Lehre, als sie in unserem Kreis auf ihrem Würfel Platz genommen hat.

»Hm«, sage ich. »Ehrlich gesagt fühle ich mich etwas überrumpelt, weil mir eine Mitbewohnerin zugeteilt wurde, ohne dass ich davon etwas erfahren habe.«

»Das war bei mir auch so, mit ihr hier«, sagt Susan und umarmt Nadja, die neben ihr sitzt. »Nach anfänglicher Aufregung habe ich gemerkt, dass sie doch ganz nett ist.«

»Es geht ja nicht darum, dass Maria nicht nett ist«, sage ich gereizt, »sondern darum, dass ich einfach vor vollendete Tatsachen gestellt wurde.«

»Ich verstehe«, sagt Frau Lehre und wendet sich an die anderen Patienten. Nachdem auch Nadja, Vanessa, Susan, Jessica, Linda und Max kurz über ihr Befinden gesprochen haben, steht Frau Lehre auf und fängt an, alle möglichen Utensilien aus dem Schrank im Raum zu verteilen. Bälle, Decken, Stofftiere, Tücher und jede Menge andere Gegenstände, die es ansonsten in solchem Ausmaß und dieser Zusammensetzung nur in Kindergärten gibt. Nachdem der ganze Parkettboden mit bunten Spielsachen übersät ist, läuft sie, die Hände hinter dem Rücken verschränkt, weiter durch den Raum.

»Sie dürfen nun alle einmal aufstehen und einfach durch den Raum gehen«, sagt sie, »ganz in Ruhe, wohin Sie wollen, in dem Tempo, das Ihnen gefällt.«

Lustlos stehe ich auf und laufe an der Fensterreihe entlang.

»Wenn Sie wollen, können Sie nun einen Gegenstand Ihrer Wahl aufheben und ihn mitnehmen, während sie weiter ganz beliebig durch den Raum gehen«, sagt Frau Lehre.

Die Patienten bücken sich und heben jeweils ein Seil, einen Ball oder andere Utensilien auf. Ich entscheide mich für ein kleines, rosa Stoffbärchen und laufe weiter. Vanessa kommt mir mit einem Seil entgegen und sogar Linda macht dieses Mal mit und hat sich einen Ball ausgesucht. Im Gegensatz zum düster-grauen Klinikgarten, den ich durch die bodentiefen Scheiben sehen kann, ist es hier drinnen im BT-Raum hell erleuchtet, warm und bunt.

»Wenn Sie wollen, können Sie jetzt noch etwas aufheben«, sagt Frau Lehre und bückt sich selbst nach einer bunten Stoffpuppe. Nach einigen Schritten liegt ein kleiner, glitzernder Plastikwürfel vor mir, der mir schon ins Auge gefallen war, als Frau Lehre die Utensilien auf dem Boden verteilt hat. Ich hebe ihn auf.

»Sie können nun selbst entscheiden, wann Sie etwas aufheben, wie viel und wie oft«, sagt Frau Lehre. Als ich zu meinem Bärchen und meinem Glitzerwürfel noch eine kleine blaue Flickenwolldecke aufhebe, kommt mir Max entgegen, der noch gar nichts aufgehoben hat. Im Gegensatz dazu habe ich schon drei Sachen. Ich hebe noch einen riesigen karierten Schirm auf, weil er gerade im Weg liegt. Jetzt habe ich beide Arme voll mit Gegenständen und als ich nach einigen Schritten noch einen Ball aufheben will, fällt das Bärchen zu Boden. Als ich mich wiederum nach dem Bärchen bücke, gleitet das blaue Flickendeckchen an meinem linken Arm hinab und ich versuche, es reflexartig mit dem rechten zu halten. Dabei fällt mir der Ball herunter und rollt an der Schrankwand entlang direkt in Max' Arme. Er kann ihn ungehindert auffangen, da er ja sonst nichts trägt. Max lächelt mich an und nickt mir fragend zu – er möchte scheinbar wissen, ob er mir den Ball wieder zuwerfen soll. Aber ich habe viel zu viel anderen Krempel auf dem Arm und bin vollständig blockiert, das müsste er doch sehen. Ich spüre Hitze im Kopf und Wut, die ich kaum kontrollieren kann. Dann werfe ich mit einem lauten Krach alles vor mich hin. Das Bärchen fällt ein paar Meter weiter, die Decke gleitet direkt vor meine Füße, Regenschirm und Glitzerwürfel knattern hörbar auf das Parkett. Frau Lehre und die anderen Patienten drehen sich um und blicken mich an.

»Gut, Sie können langsam zurückgehen, um Ihre Plätze wieder einzunehmen. Ihre Gegenstände dürfen Sie wieder ablegen oder mitnehmen, wie Sie möchten«, sagt Frau Lehre.

Kurze Zeit später sitze ich wieder auf meiner roten Decke zwischen Max und Linda. Frau Lehre blickt mich von ihrem Plüschwürfel aus an. Ich habe ein schlechtes Gewissen.

»Was war los, Frau Bentz? Wollen Sie es uns erklären?«, fragt sie mich.

»Es tut mir leid«, sag ich zu ihr. »Normalerweise bin ich nicht so.«
»Was tut Ihnen denn leid?«, fragt Frau Lehre.

»Dass ich die Sachen hingeworfen habe«, antworte ich. »Aber es war plötzlich so viel, dass ich es gar nicht mehr tragen konnte, und Max wollte mir noch den Ball zuwerfen.«

»Was hätten Sie denn Ihrer Meinung nach stattdessen tun sollen?«, fragt Frau Lehre.

»Na ja, weiß nicht«, sage ich. »Irgendwie probieren, es hinzukriegen.«

»Ich verstehe«, sagt Frau Lehre und nickt. »Sie haben gesagt, es war plötzlich so viel, dass Sie es nicht mehr tragen konnten. Wieso haben Sie denn überhaupt so viel aufgehoben?«

»Keine Ahnung«, sage ich, »aber es hat mich geärgert, dass Max gar nichts aufgehoben hat.«

Ich blicke Max an. Er lächelt amüsiert zurück.

»Ich wollte eben nicht«, sagt er, »es war ja freiwillig, wenn ich es richtig verstanden habe.«

»Das haben Sie richtig verstanden«, sagt Frau Lehre zu Max, dann wendet sie sich wieder an mich.

»Wie war denn Ihr Gefühl, nachdem Sie die Gegenstände hingeworfen hatten?«, fragt sie.

»Äh ... ich ...«

»Lassen Sie sich Zeit, Frau Bentz«, sagt Frau Lehre freundlich.

Ich lasse mir Zeit und denke nach.

»Erst habe ich mich über mich selbst gewundert«, sage ich. »Aber dann war das Gefühl gut. Irgendwie befreiend.«

»Dann war es wohl das Richtige«, sagt Frau Lehre.

→

Als ich zum Mittagessen etwas spät den Aufenthaltsraum betrete, sitzt meine Essgruppe bereits vollständig am Tisch zusammen und hat Voldemort sowie der Glitzerzicke Asyl gewährt. Sie sitzt am Kopfende zwischen mir und Isabelle, Marcello sitzt ihr gegenüber. Als ich mich auf meinen Platz fallen lasse, strahlt mich die neue Patientin offenherzig an und reicht mir die Hand.

»Hallo«, sagt sie und schüttelt meine Hand fest und ausgiebig, »ich bin Andi. Ich hätte mich vorhin schon vorstellen sollen, aber ich konnte einfach nicht fassen, wie unkomfortabel hier alles ist. Noch nicht mal ein eigener Fernseher.«

»Ging mir am Anfang genauso«, sage ich, »ich bin Jenny.«

Wir finden heraus, dass wir am gleichen Tag im August geboren sind und ich erfahre, dass Andi wegen Arzneimittelmissbrauchs von ihrer Firma in die Klinik geschickt worden ist. Es handelt sich im Wesentlichen um verschreibungspflichtige Schlaf- und Aufputschmittel, mit denen sie im Laufe ihres Arbeitslebens einen etwas losen Umgang entwickelt hat.

Da dies nicht als ordentliche Drogensucht deklariert werden kann, muss sie nicht in eine Entzugsklinik und ihr Aufenthalt hier ist, wie bei allen anderen Patienten, rein freiwillig. Offensichtlich hatte sie sich das Ganze aber wie einen Fünf-Sterne-Wellnessurlaub vorgestellt und ist nun dementsprechend desillusioniert. Max und Lotte sind im regen Gespräch mit Marcello, der ein großes Interesse an Max' Totalausfällen hat. Wie ich aus Erzählungen dienstälterer Mitpatienten gehört habe, hatte Max zu Beginn seiner Therapie bei zu viel Ärger mehrmals so stark seinen Tinnitus bekommen, dass er beinahe das Gleichgewicht verloren hätte und vom Stuhl gekippt wäre.

»Ja, da wird faktisch dein W-W-Vestibularorgan außer Gefecht gesetzt, dann verlierst du das G-Gl-Gleichgewicht«, erklärt Marcello, »ich kann mir auch gut vorstellen, dass das mit einer z-z-zeitweisen Amnesie in Verbindung steht. Ich gehe aber davon aus, dass ein T-T-Tumor bereits ausgeschlossen wurde?«

»Bist du Arzt?«, fragt Lotte.

»Nein«, antwortet Marcello, »H-H-Hypochonder.«

»Bist du deswegen hier?«, fragt Andi.

»Nein«, antwortet Marcello und seufzt gequält, »wenn's nur d-d-das wäre.«

Vom Tisch schräg gegenüber, ebenfalls vom Kopfende aus, nickt mir meine neue Mitbewohnerin Maria zu und ich frage mich, ob ihr gequältes Lächeln ihrer Psyche im Allgemeinen zuzuordnen ist oder der Tatsache, dass sie neben Traudel gelandet ist und sich nun Babygeschichten von Basti/Benni anhören muss. Es könnte auch das Tagesessen sein, das man beim ersten Mal bekommt und das, wie ich bei Andi und Marcello sehen kann, heute aus schlecht paniertem Schweineschnitzel und wässrigem Kartoffelbrei besteht. Ich habe mir, mittlerweile zum dritten Mal, gefüllte Zucchini bestellt.

»... wenn ich das Wort schon höre, *entschleunigen«,* sagt Andi in ihrer sehr lauten und sehr schnellen Sprechweise zu Isabelle, »das kann doch rein logisch gar nicht funktionieren, wenn ich so viel zu tun habe, dass die Zeit, die ich habe, schon nicht ausreicht. Wie soll es dann helfen, wenn ich erst mal ein paar Wochen gar nichts und dann alles langsamer tue?«

Ich kann Andis Gedankengänge absolut nachvollziehen. Sie erzählt uns von ihrer aufreibenden Arbeit für ein großes Software-Unternehmen und von ihrer senilen Katze, mit der sie zusammenlebt, die sie aber kaum sieht, weil sie ständig in Paris, New York oder Tokio unterwegs ist. Nach dem Essen erzählen wir weiter und ich begleite Andi in ihr Zimmer, wo sie mir einen ganzen Koffer voller DVDs zeigt, die sie nun nicht sehen kann, weil man auf der Station kein Notebook anstöpseln darf. Sie hat, wie Isabelle, ein Einzelzimmer, weil sie privat versichert ist. Die Einzelzimmer liegen auf der anderen Flurseite und besitzen keinen Balkon, sind aber genauso groß wie die Doppelzimmer – allerdings mit nur einem Bett. Den zusätzlichen Platz braucht sie auch dringend; zum einen ist Andi mit drei großen Koffern und mehreren kleinen Taschen von Louis Vuitton angereist, zum anderen steht ihr komplettes Zimmer voller Blumen. Mindestens vier verschiedene Sträuße sind in Vasen auf dem kleinen Tisch, der Fensterbank, dem Nachttisch und dem Boden vor dem Bett verteilt.

»Die sind von meiner Firma«, sagt sie, als sie bemerkt, wie ich irritiert von einem Strauß zum anderen blicke.

»Du scheinst denen ja sehr wichtig zu sein«, sage ich anerkennend.

»Keine Ahnung«, sagt sie, »vielleicht ist es auch das schlechte Gewissen. Meine Firmenleitung drängt mich seit einem halben Jahr, hierhin zu kommen. Hier, nimm dir einen mit, ich kann die Dinger nicht mehr sehen.«

Andi greift zur Vase auf ihrem kleinen Tischlein, in der ein Strauß mit violetten Glockenblumen und langstieligen weißen Rosen steht, drückt sie mir in die Hand und schiebt mich damit auf den Flur, weil sie ihren Mittagsschlaf braucht.

→

Nach kurzen Telefonaten mit meiner Mutter und meinem Freund habe ich immer noch etwas Zeit bis zur Gruppentherapie. Ich werfe mich auf mein Bett und gehe gedanklich zurück zu den Geschehnissen der BT. Ich selbst halse mir alles auf, was ich finden kann, fühle mich dann überfordert und bin sauer auf jemanden, der sich nicht genauso bescheuert verhält. Eigentlich absurd. Die auffliegende Badezimmertür reißt mich aus meinen Gedanken. Maria kommt mit einem blütenweißen Handtuch bekleidet aus dem Bad und lässt sich auf ihr Bett fallen.

»Ich dachte, nach einer heißen Dusche wäre alles besser, aber ich will einfach nur nach Hause«, sagt sie.

»Das geht jedem so am Anfang«, sage ich, »es wird besser, ganz bestimmt.«

Maria lächelt wieder gequält.

»Tu das weg«, sagt sie plötzlich mit hysterischer Stimme, drückt sich ängstlich mit dem ganzen Körper in die Wandecke ihres Bettes und deutet mit dem Zeigefinger auf unseren Tisch, auf den ich Andis Blumenstrauß gestellt habe. Offensichtlich hat sie ihn gerade erst entdeckt.

»Was, wieso?«, frage ich verdutzt. »Bist du allergisch?«

»Nein«, sagt sie und schüttelt heftig den Kopf, »aber die kann ich nicht kontrollieren.«

»Kontro-*was?* Das sind Blumen, die bewegen sich nicht mal!«, sage ich.

»Aber ihre Blätter wachsen komplett durcheinander, einfach so, wie sie wollen«, sagt Maria. »Bitte tu sie weg!«

Etwas verunsichert stehe ich auf, nehme die Vase mit den Blumen und trage sie auf den Balkon. Dort stelle ich sie rechts neben der Glastür auf den Boden, sodass Maria sie auch durch die Scheibe nicht sehen kann.

»Tut mir so leid«, sagt Maria mit tränenerstickter Stimme, als ich unser Zimmer wieder betrete. Sie hat die Hände vors Gesicht geschlagen. »Tut mir wirklich leid, aber ich habe ein Problem mit Unordnung und Asymmetrie.«

»Ja, das glaub ich auch«, sage ich. Maria schluchzt, noch immer hat sie die Hände vor dem Gesicht. »Es ist kein Problem, Maria.«

»Doch, weil ich damit anderen auf die Nerven falle«, sagt sie, »dir zum Beispiel. Und du kannst gar nichts dafür. Aber du musst deine Blume wegstellen.«

»Es ist okay, Maria«, sage ich, »wenn das dein Problem ist, dann kann ich schon damit umgehen. So wichtig ist mir der Strauß nicht.«

Nachdem ich ihr mehrmals versichern musste, dass ich ihr in keiner Weise böse bin, stehe ich auf und stelle mich vor ihr Bett.

»Hast du vielleicht Lust, mit mir ins Wohnzimmer zu kommen?«, frage ich. »Dann lernst du die anderen kennen, das bringt dich vielleicht auf andere Gedanken.«

»Ich weiß nicht«, sagt Maria, »sind die nicht alle irgendwie verrückt, ich meine, die sind ja nicht umsonst hier?«

»Das dachte ich auch, aber es ist nicht so«, antworte ich und schüttle entschieden den Kopf, »das sind alles völlig normale, intelligente Menschen, niemand verhält sich hier wie ein richtiger Irrer, glaub mir. Ich doch auch nicht, oder?«

Das überzeugt Maria und sie willigt ein, sich anzuziehen und nachzukommen. Ein paar Minuten später sitze ich mit meinem Strickzeug im Wohnzimmer. Auch Isabelle strickt, ihr grau-violett gestreifter Schal hat mittlerweile beinahe zehn Streifen. Lotte arbeitet an ihrem motivlosen Puzzle und Michael liest in einem Buch namens *Verhaltenstherapie für DUMMIES*. Max und Traudel spielen *Mensch ärgere dich nicht*. Bis auf ihr Würfeln, das Klackern der Spielfiguren, wenn sie vorrücken, und das Klappern unserer Stricknadeln ist es still.

»Jetzt hast du aber fünf gerückt und nur drei gewürfelt«, höre ich plötzlich Max' aufgebrachte Stimme.

»Stimmt doch gar nicht, ich hab fünf gewürfelt!«, verteidigt sich Traudel.

»Gib es doch wenigstens zu«, schreit Max, nun noch lauter als vorher, »ich *hasse* es, wenn Leute bescheißen!«

Sofort springen Isabelle und Lotte auf und versuchen, Max zu beruhigen. Seit bekannt ist, dass er durch seine Wutanfälle das Gleichgewicht verlieren und stürzen könnte, passen alle auf, dass Max sich nicht zu sehr aufregt. Im Augenblick ohne Erfolg.

»Das ist mir schön öfters aufgefallen, aber diesmal bin ich mir sicher!«, schreit er, hebt das Spielbrett vom Tisch, geht wutentbrannt an Isabelle und Lotte vorbei zum Fenster und wirft es mitsamt aller Figuren fünf

Stockwerke tief in den Klinikgarten. »Ich würde lieber weniger rücken als jemanden zu bescheißen, aber du siehst das ja scheinbar anders!«

»Ich habe überhaupt nichts falsch gemacht«, meckert Traudel und steht vom Tisch auf, »das brauche ich mir nicht anzuhören.«

Sie watschelt aus dem Wohnzimmer, so schnell man als Mensch mit dramatischem Übergewicht eben theatralisch watscheln kann. Kurze Zeit später hören wir vom Flur den lauten Knall ihrer Zimmertür, die sie hinter sich ins Schloss wirft.

»Ihr braucht mich gar nicht so blöd anzuglotzen!«, schreit Max uns an, die wir mit fassungslosen Gesichtern verteilt im ganzen Wohnzimmer stehen. Er stürmt ebenfalls aus dem Raum. Sekunden später hören wir, wie auch er seine Zimmertür mit einem lauten Knall ins Schloss wirft. Dann sehe ich Maria, die schräg hinter der Tür zum Wohnzimmer im Aufenthaltsraum steht und mich geschockt anblickt. Mit der Geschichte, dass hier alle normal sind, brauche ich ihr wohl nicht mehr zu kommen

»Was war denn hier los?«, höre ich Schwester Sybilles Stimme vom Flur aus fragen. Dann biegt sie um die Ecke und blickt uns, die wir immer noch etwas unsortiert im Wohnzimmer stehen, fragend an. Niemand sagt etwas.

»Scheinbar hat sich ja alles wieder eingerenkt«, sagt sie nach einer kleinen Pause. »Frau Bentz, Frau Fried, vergessen Sie nicht die Gruppentherapie. Sie können gleich mit mir nach vorne kommen.«

Wenige Minuten später sitze ich mit Linda im Gruppentherapieraum. Kurz darauf tritt Max ein, blickt sich kurz um und kommt quer durch den Raum, um sich direkt neben uns zu setzen.

»Das war vorhin nicht gegen euch gerichtet«, sagt er. »Es war nicht mal gegen Traudel gerichtet, ich bin einfach wieder ausgeflippt, tut mir total leid.«

»Ich weiß, ist schon okay«, sage ich und nicke ihm zu. Im gleichen Moment öffnet sich die Tür aufs Neue. Nadja, Jessica, Vanessa und Susan treten ein und verteilen sich auf die noch freien Plätze. Auch Frau Dr. Wills und Herr Dr. Schmidt sind bereits anwesend. Nach der üblichen Begrüßung herrscht wieder eine längere Sprechpause.

»Ich habe einen Fortschritt gemacht«, sagt Vanessa plötzlich, »ich weiß, woher meine ständigen Schuldgefühle kommen.«

»Aha«, sagt Frau Dr. Wills interessiert. Sie zieht die Augenbrauen nach oben und lächelt amüsiert. »Erzählen Sie uns mehr.«

»Meine Mutter hat mir als Kind immer das Gefühl gegeben, ich stehe ihr im Weg«, sagt Vanessa. »Das klingt jetzt bestimmt total abgedroschen, aber sie hat mich dafür verantwortlich gemacht, dass sie nicht wie geplant Karriere machen konnte und –«

»Was heißt denn hier, das klingt abgedroschen?«, unterbricht Susan.

»Na ja«, sagt Vanessa, »so klischeehaft eben. Die Mutter würde lieber etwas Bedeutungsvolleres tun als täglich auf ein Kind aufpassen und lässt ihren Ärger am Kind aus, das sich dann ungeliebt fühlt und so weiter und so weiter. Hat man ja schon tausend Mal gehört.«

»Vielleicht hört man es deshalb so oft, weil es oft vorkommt, aber das macht es deswegen im Einzelfall nicht leichter für den Betroffenen«, sagt Prof. Wills. »Oder hilft Ihnen diese Erkenntnis?«

»Nein«, sagt Vanessa.

»Ich glaube, dieses Gefühl, dass ich Schuld daran bin, dass jemand nicht glücklich ist, hat sich dann irgendwann verselbstständigt«, fährt Vanessa fort, »das Schuldgefühl gegenüber meiner Mutter habe ich immer noch, das ging nie weg. Aber ich habe es mittlerweile auch jedem anderen gegenüber. Ich denke immer, ich bin schuld daran, wenn es jemandem nicht gut geht. Auch wenn ich gar nichts dafürkann.«

»*Schuld* ist ein sehr starkes Wort«, sagt Professor Wills, »es wäre zu klären, was man im Allgemeinen darunter versteht. Aber lassen Sie uns erst einmal Informationen einholen, wie sieht es mit den anderen aus? Hat noch jemand von Ihnen Erfahrung mit Schuldgefühlen?«

»Also bei mir haben Schuldgefühle auch immer mit Gewissensbissen zu tun«, sagt Susan. »Mir selbst gegenüber. Das muss sich gar nicht auf andere beziehen.«

»Das kenn ich«, sage ich.

»Wann haben Sie denn Gewissensbisse?«, fragt Herr Dr. Schmidt.

»Wenn ich nicht alles schaffe, was ich mir vorgenommen habe«, sage ich.

»Und wie ist es, wenn Sie alles schaffen, was Sie sich vorgenommen haben?«, fragt Professor Wills.

»Hm«, sage ich nachdenklich, »dann denke ich, dass ich die Messlatte zu niedrig angesetzt habe, und versuche, noch etwas zusätzlich zu tun.«

»Wir haben exakt das gleiche Problem«, sagt Susan zu mir, »und ich fasse dir mal meine Erkenntnisse dazu zusammen: Du hast von einer Messlatte gesprochen. Also ein Ziel, dass man sich steckt. Wenn man es erreicht, könnte man zufrieden sein. Aber weißt du, was wir stattdessen tun?«

»Was denn?«

»Immer kurz bevor wir das Ziel erreichen, stecken wir die Messlatte höher«, fährt Susan fort und benutzt ihre beiden flachen Hände, um übereinanderliegende Messlatten zu visualisieren. »Sodass sie immer in Sichtweite, aber doch ein Stück entfernt ist und man das Ziel quasi gar nicht erreichen *kann*. Gleichzeitig sagt man sich, dass das Gewissen erst dann beruhigt ist, wenn man das Ziel erreicht hat. Damit trickst man sich selbst aus.«

»Das mit dem beruhigten Gewissen stimmt«, sage ich, »ich habe immer ein schlechtes Gewissen, wenn ich nichts tue. Und das hasse ich. Dann arbeite ich lieber weiter, um dem schlechten Gewissen aus dem Weg zu gehen.«

»Glauben Sie, dass das der richtige Weg ist?«, fragt Herr Dr. Schmidt.

»Nein«, sage ich, »mittlerweile nicht mehr. Aber was soll ich denn tun?«

»Sie müssen lernen, Gefühle auszuhalten«, sagt Professor Wills. »Sie arbeiten lieber weiter, anstatt ein schlechtes Gewissen zu haben. Drehen Sie den Spieß um: Lassen Sie das schlechte Gewissen zu, aber lassen Sie es nicht über sich bestimmen.«

»Ich glaube, das ist eines der schwierigsten Dinge überhaupt«, sagt Vanessa. »Ich lasse mein schlechtes Gewissen auch über mich bestimmen. Ich gehe keine Beziehungen ein, weil ich Angst habe, schuld daran zu sein, wenn es jemandem nicht gut geht. Ich habe mich damit abgefunden. Aber glücklich bin ich nicht.«

Ich merke, wie Linda neben mir sichtlich unruhig wird. Sie schüttelt den Kopf. Dann schlägt sie wieder die Hände vor ihr Gesicht und ich höre sie leise schluchzen.

»Frau Fried, ist alles okay mit Ihnen?«, fragt Dr. Schmidt.

»Ja«, sagt sie leise, »geht schon.«

Langsam nimmt Linda ein Taschentuch aus ihrer Hosentasche und wischt sich Tränen aus den Augen.

»Es ist nur ...«, sagt sie, »was Vanessa da erzählt, kann ich so gut verstehen. Ich will auch kaum Menschen um mich haben, weil ich es nicht verkrafte, wenn ich sie enttäusche.«

Dann rollen ihr wieder zwei Tränen über die Wange, die sie direkt mit dem Taschentuch auffängt.

»Ist ja super«, sagt Vanessa und hebt, halb wütend, halb resigniert, die Hände in die Luft, »Linda muss weinen und ich bin schuld!«

»*Hallo*«, hören wir es laut vom Gang schreien. Danach klopft jemand unüberhörbar laut an die Tür des Therapieraumes. Das Gespräch verstummt, alle Blicke richten sich auf die Tür. »Kann Jenny bitte mal rauskommen? Es ist ein Notfall!«

Frau Professor Wills und Herr Dr. Schmidt tauschen einen etwas irritierten Blick aus, dann nickt mir Frau Wills kurz zu. Etwas verdutzt stehe ich auf, verlasse den Raum und schließe die Tür hinter mir. Auf dem Flur steht Maria. Sie hat Tränen in den Augen und mein Schlafshirt in der Hand.

»Ich habe es gewaschen, aber der eine Fleck oben am Kragen ging nicht raus«, sagt sie mit tränenerstickter Stimme, »dann habe ich Fleckentferner draufgemacht und jetzt ist es kaputt.«

Sie zeigt mir eine Stelle am Kragen meines dunkelblauen Shirts, die, im Vergleich zum Rest, etwas heller ist. Dann fängt sie hemmungslos an zu weinen. Ich brauche gut fünfzehn Minuten Zeit und mehrere gemeinsame Zigaretten auf dem Raucherbalkon, bis ich Maria davon überzeugen kann, dass die hellere Stelle kaum sichtbar ist und ich ihre große Mühe sogar sehr zu schätzen weiß. Dann geht sie beruhigt in unser Zimmer und ich betrete erneut den Gruppentherapieraum.

»Dann sind wir für heute durch«, sagt Frau Professor Wills, als ich mich auf meinen Platz neben Max gesetzt habe. »Machen Sie's gut, ich wünsche Ihnen allen einen guten Start in die Woche!«

→

Nach dem Abendessen schließe ich mich Traudel, Nadja und Michael an, die mehr oder weniger aufmerksam vor dem Fernseher im Wohnzimmer sitzen. Es läuft eines der typischen Vorabendmagazine in der Prime Time für nervenstarke Rentner. Mit entsetzter, aber gefasster Stimme erzählt die Moderatorin von einem zweijährigen Kind, das aus dem Fenster eines dritten Stockes in Halle mitten in einen Blumenkübel gefallen ist und sich dabei kaum verletzt hat. Wir sehen Exklusivbilder der rettenden Muttererde. Im Anschluss erzählt uns eine junge Frau mit amputierten Beinen vom größten Fehler ihres Lebens: Sie ist mit ihrer Kawasaki betrunken vom Feuerwehrfest im Nachbardorf nach Hause gefahren und hat einen Baum gerammt. In einer als »nachgestellte Szene« markierten Einstellung sehen wir ein zertrümmertes Motorrad im Feld. Zum Abschluss berichtet eine schluchzende Witwe vom tragischen Tod ihres Mannes. Bei einer Herzoperation ist er den Ärzten vom Tisch gefallen und an den Folgen des Sturzes gestorben. »Nicht an seinem schwachen Herzen, wie man vielleicht annehmen würde«, erklärt uns die alte Dame tränenreich. Sie hat nun auch noch Ärger, weil die Versicherung nicht zahlen will, wenn einer vom Tisch fällt. Eine Zehntelsekunde später strahlt die Moderatorin in die Kamera und wünscht uns einen schönen und geruhsamen Abend. Dann werden wir mit dem ganzen Wahnsinn und Weltschmerz alleingelassen. Es wundert mich nicht mehr, dass sich Omis immer Sorgen machen. Diese Vorabendmagazine stehen für die Implementierung eines verzerrten Weltbildes bei deutschen Rentnern; einen Tag unbeschadet zu überleben, ist in dieser Welt lediglich ein glücklicher Zufall. Mein Mitleid gilt aber auch den Magazin-Journalisten. Jeden Tag müssen sie möglichst frische Katastrophenfälle auffinden und abfilmen. Als Zeuge eines Autounfalls oder einer anderen Katastrophe müsste man darüber nachdenken, direkt nach dem

Rettungsdienst den TV-Redakteur zu informieren, damit der das noch vor 17 Uhr im Kasten hat. Ich blicke in die Runde und stelle fest, dass wohl außer mir sowieso niemand das Programm verfolgt hat. Nadja arbeitet an Lottes motivlosem Puzzle, Isabelle strickt an ihrem grau-violett gestreiften Schal und Michael liest. Traudel und Max haben sich versöhnt und spielen *Mensch ärgere dich nicht*. Das Brett und die meisten Figuren haben Vanessa, Nadja und ich heute Nachmittag in der Hecke direkt unterhalb unserer Stationsfenster gefunden. Zwei Figuren fehlen allerdings noch. Eine grüne, die Traudel und Max nun durch ein Gummibärchen ersetzt haben, und eine gelbe, an deren Stelle tapfer ein kleiner Überraschungsei-Mexikaner mit Schnurrbart und Strohhut getreten ist.

→

Marias Wecker klingelt, ich schrecke hoch und sitze mit tellergroßen Augen aufrecht im Bett. Zum sechsten Mal in dieser Nacht. Es ist das scheußlichste und dramatischste Weckergeräusch, das ich je gehört habe: Ein viel zu lauter und in unerfreulicher Tonlage auf- und abschwellender Heulton, wie die Sirene eines Katastrophenwarnsystems, das, von Marias Bett aus zentral gesteuert, möglichst flächendeckend die gesamte Bundesrepublik erreichen soll. Während ich noch versuche, mich aus der Schockstarre zu lösen und es mühsam schaffe, den Kopf zumindest so weit nach links zu drehen, dass ich die rot blinkende 5.00 auf meinem eigenen Wecker erkennen kann, ist Maria bereits aufgesprungen und schaltet die Deckenlampe ein. Das plötzliche grelle Licht verursacht schmerzende, weiße Blitze in meinen Augen und ich schlage reflexartig die Hände vors Gesicht. Maria beginnt mit ihrer Mission. Zu jeder vollen Stunde muss sie in unserem Zimmer nachsehen, ob alles noch ordentlich ist. Dabei kontrolliert sie die Inhalte unserer Regale, Schubladen und Nachttische auf Vollständigkeit und Sauberkeit. Im Anschluss öffnet sie jede Tür unseres Wandschrankes, um sicherzugehen, dass die Kleiderstapel darin nicht umgekippt sind. Dann kommt das Bad an die Reihe. Nach den ersten beiden Kontrollgängen dieser Arte hatte sie vorsichtig gefragt, ob ihr Wecker mich versehentlich geweckt habe. Trotz lähmender

Verspannungsschmerzen im Rücken vom plötzlichen Hochschrecken und seltsamer Augenzacken, die vom grellen Licht nun durchgehend vor meiner Nase herumtanzten, versicherte ich ihr beständig, dass alles in bester Ordnung war – das verlangte einfach die Höflichkeit. Dennoch entschuldigte sie sich unter Tränen mehrfach so verzweifelt und anrührend für die Störung, dass ich mir nicht anders zu helfen wusste, als ihr Pflichtbewusstsein zu loben und sie davon zu überzeugen, dass mir ebenfalls etwas an der nächtlichen Ordnung unserer Kleiderstapel und Badregale liege. Die Konsequenz ist, dass ich Maria nun seit dem vorletzten Weckerklingeln um drei Uhr morgens bei ihren Kontrollgängen helfen muss. Immerhin sind wir zu zweit schneller und ich kann früher wieder schlafen.

»Ich übernehm das Bad«, sage ich auch diesmal und rapple mich schicksalsergeben auf.

»Super«, antwortet Maria, die schon fleißig dabei ist, zum wiederholten Male unseren kleinen Tisch abzuwischen. Ich schleppe mich mühselig ins Badezimmer, schalte das Licht ein und sehe mich um. Es gilt in erster Linie zu checken, ob die Zahnbürsten noch im rechten Winkel zum Spiegel liegen, so wie Maria sie abends zuvor angeordnet hat. Außerdem muss die Ordnung im Spiegelschrank sichergestellt sein. Auf den drei kleinen Regalen rechts stehen Marias Shampoo, Spülung, Duschgel und Cremetiegelchen. Links daneben sind meine Sachen, mittlerweile von Maria ordentlich sortiert: Auf der oberen Ablage die Schminksachen, in der Mitte meine Duschutensilien, unten Lotion und Waschlappen. Meine Wattepads wurden allerdings zum Blumenstrauß auf den Balkon verbannt, da sie hinter der durchsichtigen Folie zu chaotisch gewirkt haben. Auf den ersten Blick ist alles in bester Ordnung. Nach längerem Hinsehen könnte ich allerdings schwören, dass mein Handtuch noch vor einer Stunde an einem anderen Haken hing. Das sollte ich Maria auf keinen Fall erzählen.

→

»Du siehst so aus, wie ich mich fühle«, sagt Andi zwei Stunden später am Frühstückstisch zu mir.

»Wie fühlst du dich denn?«

»Übelst scheiße.«

»Danke.«

»Hast wieder von falsch kastrierten Kühen geträumt?«, fragt Max und grinst. Mir ist gar nicht nach Lachen.

»Kühe kann man gar nicht kastrieren, das sind Bullen, du Hasenhirn«, sagt Andi, wirft Max eine Nuss aus ihrem Müsli an den Kopf und kichert.

»Ich glaube, die Happy-Pillen, die sie dir hier geben, wirken schon«, sagt Max und wirft eine Nuss zurück.

»Hört mal alle her«, schallt plötzlich Jessicas Stimme martialisch durch den Raum. Sie steht an ihrem Tisch, rechts hinten am Wandschrank inmitten ihrer noch sitzenden Tischnachbarn, Michael, Nadja und Vanessa.

»Leute, wir haben keine Küchenmesser mehr! Ihr müsst unbedingt besser aufpassen!«, schreit sie mit aggressiv-diktatorischer Stimme. Dann erklärt sie, dass die kleinen, scharfen Messer, die in unsere Stationsküche gehören, nach und nach versehentlich auf den Tabletts mit in die Klinikküche gegeben wurden und nun nur noch wenige übrig sind.

»Vanessa und Michael haben sich bereit erklärt, heute Mittag runterzugehen und sie zurückzuholen«, fährt sie fort, »aber nehmt in Zukunft bitte die Küchenmesser von den Tabletts, bevor der Wagen abgeholt wird. Das kann doch nicht so schwer sein!«

Dann schüttelt Jessica, offensichtlich von unserer aller Dummheit angewidert, den Kopf und setzt sich wieder hin. Ich fühle mich nicht direkt angesprochen, da ich mir sicher bin, für keines der vermissten Messer verantwortlich zu sein. Alle Gespräche sind verstummt und es herrscht eine seltsame Stille im Raum.

»Ist das hier die Chefin?«, flüstert Andi hinter vorgehaltener Hand.

»Nein«, sagt Isabelle, »aber hört sich wirklich so an. Keine Ahnung, was mit der im Augenblick los ist. Sie ist total aggressiv. Hat vorhin sogar Lotte angegriffen und die Arme hat schon genug Stress.«

Erst jetzt fällt mir auf, dass Lottes Platz leer und ihr Tablett noch unangetastet und mit Deckeln versehen auf ihrem Platz steht. Max erzählt uns, dass sie wieder einen Brief bekommen hat, in dem sich ihre Eltern ausdrücklich von Lotte als Tochter distanzieren und sie nun auch nicht mehr in ihrem Kreis zurückhaben wollen. Lotte wollte daraufhin zu ihrem Heimatort fahren und mit ihren Eltern sprechen, wurde aber von der Klinikleitung nicht freigestellt. Nun hat sie Angst, von der Station zu fliegen, falls sie sich widersetzt und zu ihren Eltern fährt.

»Mann, ist das scheiße«, sagt Andi betroffen.

»Achtung!«, sagt Marcello und hebt ermahnend den Zeigefinger, »F-F-Fäkalsprache!«

»Und was soll ich deiner Meinung nach sagen außer *Scheiße,* wenn etwas *Scheiße* ist?«, fragt Andi. »Das ist sogar so *Scheiße,* dass wir ein neues Wort für *Scheiße* brauchen! Die können ihr doch nicht verbieten, ihre Familienangelegenheiten zu regeln. Man ist hier doch nicht entmündigt.«

Unser gesamter Tisch verstummt, als wir sehen, dass Lotte neben der Glastür steht und unsere Unterhaltung mitbekommen hat. Langsam kommt sie auf uns zu und setzt sich auf ihren Platz. Ihre Haare sind strähnig, die Augen gerötet und die Lippen an mehreren Stellen aufgeplatzt.

»Sei mir nicht böse, wenn ich mich einmische«, sagt Andi zu Lotte, »aber du solltest dir so was auf keinen Fall verbieten lassen.«

»Aber wenn ich hier rausfliege, kann ich überhaupt nirgends mehr hin«, sagt Lotte und hebt lustlos die Deckel von ihren Frühstücksschälchen.

»Blödsinn«, sagt Max, »du kommst zu mir. Ich habe eine riesige Wohnung und du müsstest nichts tun, als aufpassen, dass ich nicht das Gleichgewicht verliere.«

»Nein, nein, nein«, sagt Andi und blickt zu Lotte, »ich habe sogar ein ganzes Haus und bin sowieso nie da, du müsstest nur die Katze füttern und die Blumen gießen.«

Lotte lächelt.

»Ich könnte auch bei meinem Freund wohnen«, sagt sie, »seine Eltern haben es mir schon angeboten.«

»Siehst du«, sagt Max. »Es gibt immer eine Lösung.«

Wir kommen auf Lottes Eltern und das Thema fundamentalistisch-religiöse Ansichten zu sprechen. Und darauf, dass Atheismus früher gesellschaftlich verpönt war, denn es hieß, Leute, die an nichts glauben, könnten auch keine Moral haben. Heute gelten Atheisten und Agnostiker, die Kirche und Religion an sich infrage stellen und mit Kants Moralphilosophie argumentieren, als besonders pfiffige Freigeister. Lotte erzählt uns, dass sie von allen anderen Religionen oder Alternativansichten nie etwas gehört hat und vermutet, dass sie absichtlich dumm gehalten wurde. Andi erzählt genau das Gegenteil: Sie wurde seit jeher gezwungen, sich politisch, religiös und kulturell zu bilden und jede Meinung, auch ihre eigene, grundsätzlich infrage zu stellen. Bei mir zu Hause war es wiederum anders. Meine Eltern wollten mich weder dumm halten noch bilden. Es gab einfach keine Zeit, sich großartig über Politik und die Welt an sich zu unterhalten. Das habe ich mir konsequent abgeschaut. Bei uns drehten sich Unterhaltungen ausschließlich um praktische Dinge. Der Apotheker ging fremd, die Katze musste geimpft werden und der Rasenmäher ratterte komisch. Wenn überhaupt einmal Inhalte aus der Zeitung diskutiert wurden, dann Todesanzeigen oder Katastrophenmeldungen. Die Kombination aus völliger Politikabwesenheit in den Gesprächen zu Hause mit einer ungeschickten Einschulung in ein bilinguales Gymnasium, in dem ich als Einzige in der Klasse nicht mehrsprachig aufgewachsen war und dem rein auf Französisch gehaltenen Unterricht in Sozialkunde, Geografie und Geschichte nicht folgen konnte, hatte dazu geführt, dass ich nun frei jedweder Allgemeinbildung, philosophischen Erleuchtung oder politischen Meinung war. Das blieb auch meinen Lehrern nicht verborgen. Mein Sozialkundelehrer, Herr Michels, hatte mir immer versichert, mit meinem geringen Wissensstand über Geschichte und Zeitgeschehen könne man später höchstens bei Aldi Bananen abstauben. Mittlerweile weiß ich, dass das nicht stimmt. Melissas Jürgen weiß noch nicht einmal, wer oder was die RAF ist, und schon gar nicht warum, hat aber gerade seine erste Eigentumswohnung abbezahlt. Ungebildet sein heißt nämlich nicht, dass man doof ist. Bei meinem Zweitstudium Medienwissenschaft hatte meine Unbildung sogar Vorteile, denn die Historienfilme waren für mich genauso spannend wie Fantasy, ich hatte schließlich keinen Schimmer, wie es ausging. Und obwohl ich nicht das Geringste an meiner Herkunft und Kindheit ändern wollen würde, habe ich mich immer nach einem vergeistigt-intellektuellen Umfeld gesehnt, in dem man beim Sonntagsbrunch mit Fairtrade-Kaffee Migrantenpolitik oder die städtische Kulturszene diskutiert. Mir ist aber der schmale Grat, auf dem ich wandere, bewusst. Wenn ich nämlich auf Menschen treffe, die *zu* alternativ, *zu* antiautoritär unterwegs sind, bei denen man pinke Leggins zu bunten Karohemden und die ersten grauen Strähnen am Vorderkopf stolz durch Bioläden und postmoderne Kulturveranstaltungen trägt, bei denen eine Wärmedämmung der zugigen Altbauwohnung als unverzeihlicher Eingriff in die Privatsphäre des Gemäuers verabscheut wird oder bei denen man sich demütig von einem Eisbären auffressen lassen würde, um den Artenschutz nicht zu gefährden, selbst wenn man aus unerfindlichen Gründen eine M16 in der Hand hält – nein, wahrscheinlich würde man das Gewehr noch schnell auf eine benachbarte, langsam wegschmelzende Eisscholle werfen, damit der Eisbär es nicht versehentlich mitfrisst und damit seine auf Naturnahrung spezialisierten Darmzotten schädigt – ja, wenn ich zu lange mit ebensolchen Leuten zu tun habe, bin ich immer wieder froh über meine praktisch veranlagte Familie, die weiß, wo oben und unten ist, wie man DVD-Player flickt und schäbige Studentenwohnungen in ein rosa Glitzerparadies verwandeln kann.

»Jenny, geht's noch?« Ich zucke zusammen. Jessica steht vor mir und funkelt mich aus zusammengekniffenen Augen vorwurfsvoll an.

»Hä?«, frage ich gedankenverloren. »Was ist denn los?«

»Du wolltest gerade dein Tablett in den Wagen stellen, oder?«

Tatsächlich befinde ich mich mit meinem leeren Frühstückstablett bereits kurz vor dem großen Eisenwagen. Der Aufräumprozess ist mittlerweile so alltäglich für mich, dass ich ihn automatisiert und völlig geistesabwesend durchführen kann. Ich nicke.

»Und was liegt noch drauf?«

Ein Küchenmesser.

→

Eine Stunde später sitze ich Professor Baumann in meiner zweiten Einzeltherapie gegenüber.

»Wie geht es Ihnen denn nun nach fast einer Woche hier?«, fragt er mich und rückt seine Brille auf der Nase und seinen Block auf dem Schoß zurecht.

»Ich bin etwas ernüchtert, um ehrlich zu sein«, sage ich. »Gestern ging es mir zum ersten Mal richtig gut, ich hatte angefangen, mich wirklich zu erholen. Dann bekam ich aber eine neue Mitbewohnerin, ohne dass mir vorher jemand etwas gesagt hat. Das hat mich vollkommen aus der Bahn geworfen.«

Professor Baumann blickt mich stumm an.

»Und ich verstehe auch nicht, warum die neuen Patienten sich erst mal zwei Tage lang ausruhen dürfen«, fahre ich fort, »ich musste direkt am ersten Tag in die Therapien.«

»Sie sind ja ganz schön wütend«, sagt Professor Baumann.

»Nein«, sage ich schnell, »ich verstehe es nur nicht.«

»Das liegt am Ankunftstag«, sagt Professor Baumann nach einem kurzen Räuspern. »Mittwochs werden Patienten entlassen, dann ist Platz in den Therapien. Deshalb müssen die Ankömmlinge am Montag zwei Tage warten und die am Mittwoch können direkt anfangen, das ist alles.«

»Ach so.« Ich komme mir etwas blöd vor.

»Aber möchten Sie in unserer knappen Zeit wirklich über Organisatorisches sprechen?«, fragt Professor Baumann.

»Nein«, sage ich. »Natürlich nicht.«

»Dann erzählen Sie mir doch mal von der BT«, fährt Professor Baumann fort. »Frau Lehre hat mir berichtet, dass es für Sie gestern, hm, sagen wir mal, *ereignisreich* war.«

»Sie unterhalten sich untereinander über die Patienten?«, frage ich, schon wieder in gereiztem Ton.

»Natürlich«, sagt Professor Baumann, offensichtlich belustigt, »wir wollen Ihnen ja mit vereinten Kräften weiterhelfen.«

Wir schweigen beide.

»Also zur BT«, sage ich nach einer längeren Pause. »Es hat mich geärgert, dass Max mir den Ball zuspielen wollte, obwohl ich schon alle

Hände voll zu tragen hatte. Er hätte sich doch denken können, dass ich mit so viel Kram am Hals gar keine Kapazitäten frei habe.«

»Mhm«, sagt Professor Baumann nachdenklich. »Schauen Sie, unsere Station hier ist ein verkleinertes Abbild der Realität. Passiert es Ihnen denn in Ihrem Alltag auch, dass Sie sich selbst zu viel Arbeit zumuten und andere Ihnen dann zusätzlich noch etwas aufhalsen?«

»Ja«, sage ich, »absolut. Mein Chef merkt auch nicht, wenn es mir zu viel wird.«

»Haben Sie es ihm denn schon einmal gesagt?«

»Nein«, sage ich. »Natürlich nicht.«

»Wie soll er es dann merken?«, fragt Professor Baumann. »Sie müssen schon für sich selbst sprechen. Ihr Chef kann nicht wissen, wann Sie eine Pause brauchen oder wann Sie überfordert sind. Er sieht nur, dass Sie immer alles hinbekommen und sich nie beklagen. Also geht er davon aus, dass es für Sie okay ist. Könnte das sein?«

»Hm«, sage ich nachdenklich.

»Somit überschreitet er Ihre Grenzen, ohne dass er etwas dafür kann, einfach weil Sie ihn lassen.«

»Aber was soll ich daran ändern«, sage ich, »es kommt nicht gut an, wenn man Aufgaben tatsächlich ablehnt.«

»Also lassen Sie sich lieber konstant überfordern und landen schlussendlich in der Klinik, weil das besser ankommt?«, fragt Professor Baumann provokativ. Ich hole tief Luft und setze zur Verteidigung an, aber bevor ich etwas sagen kann, hebt Professor Baumann abwehrend die Hand.

»Lassen wir das mal so stehen«, sagt er. »Es gibt noch etwas anderes, das mich interessiert. Sie haben sich in der BT noch aus einem anderen Grund über Herrn Mann geärgert, nämlich weil er nichts aufgehoben hat. Richtig?«

»Ja.«

»Warum?«

»Ich weiß es nicht genau«, sage ich, »jeder hat irgendwas aufgehoben. Ich sogar ganz viel, er aber gar nichts. Das hat mich genervt.«

»Wie wirkt jemand auf Sie, der wenig oder gar nichts tut?«

»Träge«, sage ich, »desinteressiert, arbeitsfaul.«

»Und Sie sind nie faul?«, fragt Professor Baumann.

»Nein«, sage ich, »ich tue immer irgendwas.«

»Und das tut Ihnen gut?«, fragt er.

Ein deutliches *Ja* liegt mir auf der Zunge, aber ich bin nicht sicher, ob es die Wahrheit ist. Oder nur die gewohnheitsmäßige Reaktion auf eine solche Frage.

»Schauen Sie mal«, fährt Professor Baumann fort, »es gibt in der Psychologie ein Modell. Vereinfacht besagt es, dass wir an anderen Menschen genau das ablehnen, was wir bei uns selbst nicht zulassen. Verstehen Sie, was ich meine?«

»Nicht ganz.«

»Stellen Sie sich einen spießigen Nachbarn vor, der griesgrämig ist und keinen Spaß im Leben hat«, sagt Professor Baumann. »Haben Sie ein Bild im Kopf?«

»Ja«, sage ich und nicke.

»Gut«, sagt Professor Baumann, »dieser Spießbürger hasst es, wenn Sie am Samstagabend eine Party feiern, und ruft sofort die Polizei. Warum?«

»Weil er selbst keine Partys feiert und deshalb auch nicht erlaubt, dass andere Spaß haben?«

»So ungefähr«, sagt Professor Baumann, »er lehnt sein eigenes Bedürfnis nach Spaß ab. Vielleicht wurde er streng erzogen und hat gelernt, dass es etwas Schlechtes ist, das er nicht zulassen darf. Also verdrängt er das Bedürfnis ins Unbewusste, in den Schatten.«

»So wie bei Freud das *Es?*«, frage ich.

»Ähnlich, ja, aber das hier ist eine andere Theorie«, fährt Professor Baumann fort, »das Bedürfnis nach Spaß ist nun bei ihm also nicht weg, sondern nur verdrängt. Er möchte aber nichts damit zu tun haben und wird sauer, wenn es ihm trotzdem begegnet. Also wenn andere Menschen Spaß haben. Er wird quasi *von seinem eigenen Schatten verfolgt* oder *von seinem eigenen Schatten eingeholt*, kennen Sie die Redewendung?«

Ich nicke.

»Heißt das, immer wenn ich mich über andere ärgere, geht es um Eigenschaften, die ich auch habe, aber verdränge?«

»Nicht immer«, sagt Professor Baumann, »aber bei Themen, die immer wiederkehren, ist es gut möglich. Damit wären wir wieder beim Anfang unseres Gespräches. Sie haben gesagt, Sie ärgern sich oft über Menschen, die Ihrer Meinung nach faul sind oder einfach nichts tun.«

»Soll das jetzt heißen, ich wäre in Wirklichkeit gern faul und passiv? Und verdränge es nur?«

»Nein«, sagt Dr. Baumann, »das heißt, Sie wären gern *auch* faul und passiv. Zusätzlich dazu, dass Sie fleißig und aktiv sind. Auch wenn Sie eigene Bedürfnisse ins Unbewusste verdrängen, bleiben Sie trotzdem ein *Teil* von Ihnen. Aber ein Teil, den Sie nicht ausleben und der Ihnen deswegen Probleme macht.«

»Damit mein fauler Teil keine Probleme macht, muss ich ihn also ausleben?«

»Ganz richtig«, sagt Professor Baumann, »machen Sie sich bewusst, dass Sie einen fleißigen *und* einen faulen Teil in sich haben. Beide müssen miteinander kooperieren. Dann sind Sie innerlich nicht mehr gespalten, Sie haben quasi Ihre beiden Teile vereint.«

»Hm«, sage ich nachdenklich.

»Carl Gustav Jung hat gesagt: ›Ich möchte lieber ganz sein als gut.‹ Das heißt, sich selbst mit allen Teilen anzunehmen, nicht perfekt sein zu müssen.«

»Wie soll ich vorgehen?«, frage ich.

»Zuerst mal müssen Sie Ihren inneren Faulenzer finden«, sagt Professor Baumann und zwinkert mir zu.

»Das ist schwer für mich.«

»Davon bin ich überzeugt.«

→

Als ich in mein Zimmer zurückkomme liegt Maria auf ihrem Bett und hört Musik über ihren MP3-Player. Sie schenkt mir ihr typisches gequältes Lächeln, rollt sich vom Rücken auf die Seite und zieht die Stöpsel aus den Ohren.

»Hey, wie war's?«, fragt sie.

Ich erzähle ihr von meinen unvereinten Persönlichkeitsanteilen. Dann reden wir über unsere Probleme im Allgemeinen und ich erfahre Marias Geschichte. Seit sie vor vier Jahren im sechsten Schwangerschaftsmonat eine Fehlgeburt erlitten hat, ist sie depressiv und zwangsneurotisch. Aber vor allem hat sie ihren Körper durch eine Kombination von zu wenig Essen mit zu viel Sport in eine verfrühte Menopause geschickt. Ein ambulanter Psychologe hatte dieses Verhalten als »an ihren Körper gerichtete Selbstbestrafung« für die Fehlgeburt attestiert. Und obwohl ihr beherrschender Gedanke weiterhin der Kinderwunsch ist, kann sie nun nicht mehr schwanger werden.

»Aber selbst wenn ich jetzt schwanger wäre, hätte ich so viel Angst, dass wieder irgendetwas schiefgeht, dass ich durchdrehen würde«, sagt sie, »und dann wäre die Wahrscheinlichkeit sehr hoch, dass wirklich etwas schiefgeht. Aber ich drehe auch durch, wenn ich kein Baby kriege, verstehst du? Das ist eindeutig eine beschissene Situation.«

Das ist es ohne Frage. Egal wie es kommt, sie wäre nicht glücklich. Zudem hat sie noch stärkere Schlafprobleme als ich.

»Ich bin jetzt über dreißig«, sagt Maria, »da wird man langsam verzweifelt. Meine Ehe funktioniert überhaupt nicht, aber ich kann mich nicht trennen. Wenn ich erst noch einen anderen Mann finden muss, wird es womöglich viel zu spät zum Kinderkriegen.«

»Also, meine Beziehung taugt auch nichts«, sage ich und wundere mich selbst über meine klare Aussage, »und ich leide auch darunter. Aber ich würde lieber auf Kinder verzichten, als sie mit dem falschen Partner zu bekommen.«

»Bei mir ist es eben anders«, sagt Maria. »Willst du denn keine Kinder?«

»Mir waren bisher immer andere Dinge wichtiger. Also kann es gut sein, dass das so bleibt. Ich weiß es nicht.«

»So locker würde ich das auch gern sehen«, sagt Maria.

»Cool«, sage ich belustigt.

»Was?«

»Dass mich jemand als *locker* bezeichnet.«

→

»Oh Mann«, sagt Andi zu mir, als wir später in Richtung Wald spazieren und ich ihr von Maria erzähle. »Reproduktions-Torschlusspanik-Probleme würden mir jetzt grade noch fehlen. Die Arme.«

Ja. Dieser Druck als Zusatzkomponente würde meinem ohnehin schon viel zu vollgestopften Leben auch endgültig den Deckel aufsetzen. Wir spazieren den asphaltierten Weg in Richtung Wald entlang, auf dem ich mittlerweile beinahe jeden Tag jogge. Manchmal mit Linda, manchmal allein. Ich habe beobachtet, wie sich die Blätter immer mehr von Grün in Gelb und Rot gefärbt haben und der Boden immer mehr von ihnen bedeckt wurde.

»Meine beste Freundin hat gerade mit 43 ihr erstes Kind bekommen und ich bin 38 und kriege auch noch meine Kinder, darauf kannst du wetten«, sagt Andi. »Die Leute sagen immer, wenn man zu spät Kinder kriegt, wird man am Ende noch für die Omi gehalten. Von mir aus können die meinen, ich wäre sein Bewährungshelfer. So lange ich cool genug bin, das Kind zu verstehen.«

Ich muss schmunzeln. Wir kommen an einer kleinen Lichtung an, die ich bei meinem letzten Waldlauf entdeckt habe. Neben einer kleinen Waldhütte befindet sich ein betoniertes Rechteck mit zwei Bänken und einem Tisch.

»Außerdem ist dreißig das neue zwanzig und vierzig das neue dreißig«, fährt Andi fort.

»Also dann wäre ich ja grade mal zwanzig und könnte noch alles ausprobieren«, sage ich, während wir uns auf den beiden Bänken einander gegenübersetzen, »da wäre noch gar nichts ernst.«

»Wie kommst du denn nur darauf, dass überhaupt etwas ernst ist?«, fragt Andi.

»Das Leben ist nun mal ernst«, sage ich. »Das ist Fakt.«

»Ja«, sagt Andi, »es ist sogar zu ernst, um es tatsächlich ernst zu nehmen.«

»Hä?«

»Du kommst sowieso nicht lebendig raus«, antwortet Andi. »Das muss man sich immer mal wieder klarmachen.«

»Hm«, sage ich, »ich meinte jetzt weniger philosophisch als vielmehr praktisch. Der Ernst des Lebens eben: einen festen Job finden, eine funktionierende Beziehung führen und so weiter. All das ist nicht so einfach.«

»Aber es wird nicht einfacher, wenn man die Dinge erzwingen will«, sagt Andi, »dann hat man nämlich zusätzlich zu allen Problemen auch noch schlechte Laune. Ungünstig.«

»Das stimmt wohl«, sage ich, »und das treibt einen am Ende in den Burn-out, schau dir mich an.«

»Oder in Medikamenten- und Genussmittelabhängigkeit, schau dir mich an.«

»Zumindest ins Irrenhaus, schau dir uns an«, sage ich.

»Na ja, für dich haben wir ja nun die perfekte Lösung«, sagt Andi, als wir uns nach zwei gerauchten Zigaretten wieder auf den Rückweg zur Klinik machen.

»Und die wäre?«

»Da du ja nun erst zwanzig bist, hast du noch mindestens zehn Jahre Zeit, um alle möglichen Jobs und Kerle auszuprobieren und dabei ein bisschen das Leben zu genießen«, sagt Andi, »und wenn das nicht reicht, kannst du meinetwegen wieder hierher kommen. Aber im Moment ist die Lösung deines Problems, dass du keins hast.«

»Klingt gar nicht so übel«, sage ich nachdenklich.

»Hallo ihr zwei«, hören wir eine bekannte, gut gelaunte Stimme aus dem Gebüsch rufen. Nadja taucht in einer roten Daunenjacke und mit einer gestreiften Wollmütze mitten aus dem Wald auf. »Seid ihr auch spazieren? Ich wollte mal den Kopf freikriegen.«

»Wir wollten ihn uns eher vernebeln«, antwortet Andi und zündet sich die nächste Zigarette an. »Du reist doch morgen schon wieder ab, stimmt's?«

»Ja«, sagt Nadja und begleitet uns auf dem Rückweg, »ich muss auch gleich packen. Schade irgendwie.«

»Was hattest du überhaupt?«, fragt Andi, als wir bereits über den Parkplatz der Klinik laufen. »Und bist du geheilt?«

»Es ist nicht weg, aber es geht mir viel besser«, sagt Nadja, als wir bereits die Treppe zur Station hinaufsteigen. »Ich hatte so starken Liebeskummer, dass ich monatelang noch nicht einmal arbeiten gehen konnte.«

»Oh Mann«, sagt Andi, »die Jungs. Man verliert entweder sein Herz oder seinen Verstand. Oder beides.«

»Da hast du recht.«

Als wir im fünften Stock ankommen, drücke ich gewohnheitsmäßig schon den Aufzug-Rufknopf, damit Nadja, die ein paar Stufen hinter mir ist, nicht so lange warten muss. Sie war im regen Gespräch mit uns und will daher sicherlich die Treppe noch mal hochgehen.

»Nein«, sagt Nadja als sie vor dem geöffneten Aufzug steht, »es wird alles gut. Egal ob er zurückkommt oder nicht.«

»Wer?«, fragt Andi irritiert. »Der Aufzug oder was?«

»Mein Gott, Jenny!«, schreit mir Jessicas Stimme vom Flur aus entgegen. »Da bist du! Du bist heute echt mein Sorgenkind!«

Ich habe die Musiktherapie vergessen, und während Andi und Nadja auf den Raucherbalkon gehen, um ihr Gespräch zu vertiefen, setzt mich Jessica im Meckerton darüber in Kenntnis, dass ich völlig aufgeschmissen sein werde, wenn sie nun abreist und nicht mehr für mich mitdenkt. Keine fünf Minuten später sitze ich, umgeben von meiner Gruppe und Frau Blank, im Stuhlkreis des Musiktherapieraumes. Es herrscht anfangs wieder Stille, niemand spricht. Ich werde augenblicklich ruhiger. Mein Blick schweift durch die bodentiefen Fenster nach draußen. Es ist sehr kalt geworden, der Tau sitzt noch auf den Gräsern und der Springbrunnen ist seit einigen Tagen ausgeschaltet. Als wir mit der Improvisation anfangen, nehme ich mir eine kleine Rassel und versuche, den Rhythmus der anderen aufzugreifen. Linda sitzt diesmal zusammen mit Max am Klavier, Susan trommelt und Jessica spielt Gitarre. Irgendwie finde ich nicht den richtigen Rhythmus, bin aber auch unmotiviert, mich auf Biegen und Brechen einzufügen. Frau Blank geht durch den Raum, holt sich aus einem der Regale eine Querflöte und beginnt, Max' und Lindas kleine Melodie mitzuspielen. Kurz entschlossen lege ich die Rassel weg, schließe die Augen und höre einfach zu. Am dominantesten sind Klavier und Querflöte. Ich lausche dem anfangs relativ lauten Klangteppich, der beinahe unmerklich leiser und etwas langsamer wird. Als die Improvisation ausläuft und sich alle wieder im Stuhlkreis einfinden, muss ich mehrmals hintereinander gähnen.

»Haben wir Sie eingeschläfert, Frau Bentz?«, fragt Frau Blank, während sie das Mundteil der Querflöte nun mit einem quietschgelben Fleecetuch putzt.

»Nein, nein, tut mir leid«, sage ich schnell, »ich fand es richtig gelungen. Die Instrumente haben zusammengepasst, die Melodie war angenehm und insgesamt war alles sehr harmonisch.«

»Warum wollten Sie nicht mitmachen?«

»Ich fand es schön, einfach mal Teil von etwas zu sein, ohne etwas dazu tun zu müssen«, sage ich, »einfach mal die anderen machen lassen. Das war sehr beruhigend.«

Aber natürlich weiß ich, dass es so nicht geht. Dass es unfair ist, sich auszuruhen, wenn andere etwas tun. Und dass im Team jeder seinen Beitrag leisten muss. Ich blicke Frau Blank an.

»Gut gemacht«, sagt sie.

→

»Das ist überaus dramatisch«, sagt Frau Wang, als wir uns in meiner zweiten Kunsttherapiestunde vor die Schiene mit den fünf angefertigten Bildern setzen. Sie schüttelt affektiert langsam und resigniert den Kopf. »Oder was sehen Sie auf dem Bild ganz rechts?«

»Einen Menschen in einem Feuerball?«, sagt Max.

»Ja, das sehe ich auch. Wie wirkt das auf Sie?«, fragt Frau Wang in die Runde.

»Ziemlich krass«, sagt Susan.

»Bedrohlich«, sagt Linda.

Sie sprechen über mein Bild. Es zeigt eine Person – da sie lange rote Haare hat, bin höchstwahrscheinlich ich selbst gemeint – in einer Kugel, die mit gelber und roter Farbe gefüllt ist. Dass Frau Wang ohne Umschweife zur entschlossenen Fehlinterpretation meines Bildes voranschreitet, ist nun nichts Neues. Aber ich muss zugeben, jetzt, wo ich die Meinung der anderen gehört habe, sieht es tatsächlich so aus, als wäre ich in einer Kugel aus Feuer eingesperrt und müsste, wie meine rothaarigen Vorfahrinnen, bei lebendigem Leib verbrennen. Vielleicht liegt es auch daran, dass viele rote Spitzen von der Grenzlinie des Kreises aus nach innen auf die Figur zeigen. Ich schiebe das Missverstehen auf meine unterentwickelten künstlerischen Fähigkeiten, der Gedanke hinter dem Motiv war nämlich ein ganz anderer.

»Es soll eigentlich so etwas wie eine *Ruhekugel* darstellen«, erkläre ich. »Vor ein paar Jahren hatte ich in einem Kurs an der Uni mal Meditationstraining. Einmal sollten wir uns vorstellen, wir schwebten in einer Ruhekugel, die mit Wärme und Licht gefüllt ist und die uns gegen die Hektik und Einflüsse aus der äußeren Welt schützt. Leider habe ich nie geschafft, das richtig zu visualisieren, aber den Gedanken finde ich gut.«

»Das ist ja schrecklich!«, sagt Jessica aggressiv und anklagend.

Ich bin etwas überrascht, schließlich habe ich das Missverständnis aufgeklärt.

»Was meinen Sie, Frau Krieger?«, fragt Frau Wang.

»Na, der Gedanke, sich nach außen komplett abzuschotten«, sagt Jessica und blickt mich verständnislos an, »eine feste Grenze zu ziehen, durch die von vornherein nichts und niemand durch kann. Das ist doch *komplett falsch!* Man muss von innen heraus stark genug sein, ungewünschte Einflüsse von außen abprallen zu lassen.«

»So, jetzt reicht's aber mal, Jess!«, sage ich laut und entschieden, »möglicherweise ist dein Gedanke gar nicht falsch, aber ich verstehe nicht, warum du mich deswegen persönlich angreifst. Du bist ständig grundlos aggressiv und ab sofort werde ich das nicht mehr akzeptieren.«

Jessica blickt mich feindselig an.

»Wie du willst«, sagt sie nur und weicht meinem Blick aus. Da hätte ich ehrlich gesagt mehr Widerstand erwartet. Frau Wang übernimmt wieder das Wort.

»Ich finde es auffällig, dass Sie im *Innen,* also in Ihrem sogenannten abgeriegelten Schutzraum, etwas geschaffen haben, das bedrohlich und unruhig wirkt und wie Feuer aussieht, während Sie für das *Außen* mit dunklem Blau und Schwarz eher beruhigende Farben gewählt haben«, sagt sie und blickt mich an.

»Rot und Gelb sind nun mal die Farben, die Wärme und Licht darstellen«, sage ich und bin kurz davor, fortzufahren mit der Behauptung, dass es ohnehin nicht von Bedeutung ist, denn hätte ich die Kugel blau ausgemalt, würde sie mir unterstellen, dass ich mich ertränken will. Aber ich halte mich zurück.

»Also, ich würde das jetzt alles nicht so fatalisieren«, sagt Max und wendet sich an mich, »aber vielleicht könnte man ja über die Darstellungsweise nachdenken. Dass die, ich nenne es jetzt mal Flammen, nicht vom Rand der Kugel auf dich zeigen, sondern von dir aus nach außen. Dann wäre es sozusagen deine Wärme und dein Licht, die von deinem Inneren nach außen strahlen und die alles, was du von dir fernhalten willst, auch abwehren können. Dann brauchst du auch keine scharfe Trennlinie, weil du die Sicherheit hast, im Einzelfall selbst regulieren zu können, was du zu dir vordringen lässt und was nicht.«

Das ist ein guter Gedanke. »Stimme ich voll und ganz zu«, sage ich zu Max. »Vielleicht probiere ich einfach in der nächsten Stunde, es noch mal anders zu malen.«

»Wo wir gerade von einer Neuauflage sprechen«, sagt Frau Wang, »fällt Ihnen an Ihrer Figur etwas auf?«

Ich blicke die Person in der Mitte der Kugel an. Die roten langen Haare bilden einen Kontrast zu einem schwarzen Kleid und schwarzen Stiefeln. Außer, dass mir mein Selbstporträt nicht besonders gut gelungen ist, fällt mir nichts auf.

»Sie hat keine Arme«, sagt Linda.

Stimmt.

»Ganz genau«, sagt Frau Wang, »das passiert oft, dass Patienten sich selbst versehentlich ohne Arme darstellen. Haben Sie eine Idee, was das bedeuten könnte?«

»Arme und Hände sind ein Symbol für Handlungsfähigkeit«, sagt Max. »Ohne ist man theoretisch unselbstständig und abhängig.«

»Das ist richtig«, sagt Frau Wang und blickt mich an, »überlegen Sie, Frau Bentz, ob Sie sich nicht noch Arme malen wollen, damit Sie auch eingreifen können.«

Ich nicke stumm. Das war die erste konstruktive Kritik, die ich bisher von Frau Wang gehört habe.

→

Die Abendrunde verläuft diesmal, da am nächsten Tag drei Patienten entlassen werden, sehr emotional. Ständig gibt es flammende Abschiedsreden und es wird mehrstimmig geweint. Bei mir hält sich die Trauer in Grenzen – Michael kenne ich nicht so gut, Nadja werde ich bestimmt wiedersehen und wie ich mittlerweile zu Jessica stehen soll, weiß ich nicht genau. Draußen wird es langsam düster, die Sonne geht unter. Jetzt beginnt schon bald die Zeit, in der es bereits dunkel ist, wenn man von der Arbeit nach Hause kommt.

»Hört mal alle her!«, ruft Michael, als wir mit der Abendrunde fertig sind. Er steht neben Nadja im Türrahmen und blickt uns belustigt an. »Nur zur Information, Nadja und ich waren vorhin unten in der Klinikküche und haben versucht, unsere kleinen Schneidemesser zurückzuholen, die versehentlich abgewandert sind.«

»Jap«, sagt Nadja und nickt bestätigend. Man sieht ihr an, dass sie das Lachen kaum zurückhalten kann. »Aber der Küchenchef hat gesagt, wenn *ausgerechnet* jemand von der G3 kommt und 'nen Haufen Messer will, geht das nicht klar.« Dann prustet sie los.

Kichern und Lachen ist aus dem ganzen Raum zu vernehmen. Auch Andi und ich fangen gleichzeitig an zu lachen. Vanessa blickt als Einzige etwas verständnislos drein.

»Ist doch logisch«, sagt sie laut, »der will nicht *schuld* sein, wenn sich hier jemand umbringt.«

»Lassen wir das mal«, sagt Michael. »Konzentrieren wir uns auf die Zukunft. Vielleicht wäre es gut, wenn immer einer noch mal alle Tabletts kontrolliert, bevor sie runtergehen. Jenny, wie wär's mit dir? Du hast ja sowieso Küchendienst.«

»Klar, mach ich gern«, sage ich und ärgere mich schon einen kurzen Augenblick später über Michaels Argumentation, denn gerade *weil* ich Küchendienst habe, könnte jemand anders die Tabletts übernehmen.

Dann fällt mir Professor Baumanns berechtigter Einwand ein, dass es nicht Aufgabe anderer Menschen ist, für mich mitzudenken. Sinnvoll wäre es also gewesen, Michael meinen Standpunkt zu erklären. Als ich nach dem Abendessen im Wohnzimmer noch einige Reihen an meinem Schal stricke, beschließe ich, bei der nächsten vergleichbaren Situation besser zu reagieren. Danach berichte ich Traudel von der Musiktherapie und meinem ersten richtigen Durchbruch im Nichtstun. Um halb zehn falle ich müde ins Bett und schlafe sofort ein. Bis die Sirene losgeht. 23 Uhr, sagt meine rote Digitalanzeige.

»Übernimmst du wieder das Bad?«

→

»Wie soll ich meinen inneren Faulenzer finden, wenn ich noch nicht einmal nachts in Ruhe schlafen darf?«, frage ich aufgebracht und trinke den Melissentee, den mir Schwester Margit vor ein paar Minuten wortlos in die Hand gedrückt hatte. Es ist Mittwochmorgen, halb fünf, und sie fängt in ihrem Nachtdienst gerade damit an, Kaffee für das Patientenfrühstück aufzusetzen. Seit 23 Uhr habe ich durch Marias Aktivitäten keine Minute schlafen können. Zusätzlich zu den ständigen Kontrollgängen hatte sie nun herausgefunden, dass Musik sie beruhigte, und so drang aus den Lautsprechern neben ihrem Bett die ganze Nacht über schlechte Popmusik des Kliniksenders, die jede halbe Stunde von einer aufgezeichneten Ansprache des evangelischen Stadtpfarrers unterbrochen wurde.

»Sie waren auch vorher schon ein schlechter Schläfer«, sagt Schwester Margit.

»Was soll denn ein *schlechter Schläfer* sein?«, frage ich gereizt. »Ein islamistischer Untergrundterrorist, der ständig seine Einsätze verpasst?«

Schwester Margit blickt mich geduldig an.

»Ja, es stimmt, ich konnte auch vorher nicht gut schlafen«, sage ich. »Aber gerade, als es sich gebessert hat, kam Maria, das ist immer so bei mir, dauernd passiert irgendwas anderes.«

»Sie können die Welt nicht anhalten, Frau Bentz«, sagt Schwester Margit und füllt Kaffee in die großen Pumpkannen um. »Sie können nicht überall in Ihrem Umfeld für Ruhe sorgen, damit auch Sie ruhig werden. Das ist der falsche Weg. Sie müssen die Ruhe in sich selbst finden.«

»Und wenn es diese vielgepriesene Ruhe in mir selbst einfach nicht gibt?«, frage ich resigniert.

»Stellen Sie sich einen Baum vor, der allein auf einem weitläufigen Berg steht«, sagt Schwester Margit. »Er wird aus allen Richtungen von Wind und Sturm gepeitscht. Die Äste und Zweige bewegen sich. Aber der Kern des Baumes, der kraftvolle Stamm, steht ruhig und sicher, bis das Unwetter vorbei ist.«

»Und es reicht, sich das vorzustellen, um innere Ruhe zu finden?«, frage ich.

»Werden Sie wie dieser Baum.«

Ich nicke. Die Metapher gefällt mir. Das Nachdenken darüber wird im Augenblick aber von meinem gedanklichen Chaos aufgefressen und ich verschiebe es auf einen späteren Zeitpunkt. Dann bedanke ich mich bei Schwester Margit, verabschiede mich und geselle mich zu den ewig Wachen, Max und Traudel, in den Aufenthaltsraum. Andi, die ihre kompletten Medikamente abgeben musste und nun nach eigenen Aussagen weder schlafen noch wach sein kann, sitzt bei Max und Traudel und sieht ihnen lethargisch bei ihrer dritten Runde *Mensch ärgere dich nicht* zu. Nach dem Frühstück gehen wir mit Schwester Sybille durch den Klinikgarten zum Hubschrauberlandeplatz, dort gibt es mittwochmorgens Gruppengymnastik. Das blieb mir vor einer Woche, als ich hier neu ankam, noch erspart. Aber genau wie letzte Woche an meinem Ankunftstag fühle ich mich unendlich müde und zugleich nervös. Wir sollen uns in einem großen Kreis aufstellen. Rechts von mir steht Max, links Linda, der ich ein schlecht gelauntes »Was soll das?« zuflüstere, als Schwester Sybille uns ein lustiges Gruppenballspiel erklärt, das mich an meine Vorschulzeit erinnert.

»Keine Ahnung«, antwortet Linda, fängt den Ball und wirft ihn weiter zu Marcello. »Mir ist alles scheißegal, seit ich diese Pillen kriege.«

Zum ersten Mal frage ich mich, warum *ich* keine Medikamente bekomme. Ich weiß, dass Max, Traudel, Andi und Linda welche bekommen. Maria mittlerweile auch. Anderen wird also aktiv geholfen, nur bei mir soll sich, ohne Schlaf und ohne Hilfe, alles von allein wieder einrenken. Ich fühle mich zum Psycho zweiter Klasse degradiert. Plötzlich spüre ich einen dumpfen Schlag an meinem Vorderkopf und verliere das Gleichgewicht. Ich torkele ein paar Schritte nach hinten, kann mich aber nicht auf meinen Füßen halten und schlage mit meinem Hinterteil auf dem harten Gummiboden auf.

»Aua«, rufe ich, »verdammt, was soll das?«

»Oh, Frau Bentz«, Schwester Sybille steht plötzlich vor mir und hilft mir auf, »entschuldigen Sie bitte, das war ich. Aber eigentlich hätten Sie den Ball fangen sollen.«

→

»Das Schlimmste ist mein Putzfimmel. Jeden Tag finde ich irgendetwas, das schmutzig ist, jeden Tag habe ich Staubsauger und Lappen in der Hand, wasche Schränke aus und poliere Geschirr, das eigentlich sauber ist. Ich habe kaum noch Zeit für andere Dinge«, sagt Maria. Es ist die erste Gruppentherapie in der neuen Formation. Jessica und Nadja sind abgereist, dafür sind Andi, Marcello und Maria zu uns gekommen.

»Hast du schon mal versucht, es einfach sein zu lassen?«, fragt Vanessa.

»Ja, ich habe es mir verboten, jeden Tag zu putzen«, sagt Maria. »Damit ging es mir noch schlechter, weil ich mich unwohl gefühlt habe in dem ganzen Chaos und Dreck.«

»Lassen Sie uns das mal anders angehen«, sagt Frau Dr. Wills. Sie steht auf und schlägt das obere Blatt des Flipcharts um, sodass nun ein neuer Bogen zum Vorschein kommt.

»Was sind für Sie die wichtigsten Dinge im Leben, Frau Schling?«, fragt sie und schreibt mit einem dicken roten Stift groß das Wort *Prioritäten* auf den leeren Bogen. »Beruflicher Erfolg? Freizeit? Oder vielleicht ein Hobby?«

»Mein Mann? Und meine Eltern?«, sagt Maria unsicher.

»Gut«, sagt Frau Wills und schreibt *Familie* unter die Überschrift. »Was noch?«

»Gesund sein, Zeit für meine Freunde«, sagt Maria und Frau Dr. Wills schreibt mit.

»Gut, das reicht schon«, sagt Frau Dr. Wills, steckt die Kapsel wieder auf den dicken Rotstift und legt ihn auf die Halterung. »Die wichtigsten Bereiche in Ihrem Leben sind also *Familie, Gesundheit* und *Freunde*.«

»Ja«, sagt Maria und nickt.

»Eine perfekt geputzte Wohnung sehe ich auf der Liste aber nicht«, sagt Frau Wills.

Maria blickt wortlos auf die Tafel.

»Aber Sie lassen zu, dass das Putzen Ihnen die Zeit für die wichtigsten Dinge in Ihrem Leben nimmt. Stimmt das?«

Maria nickt stumm.

»Also muss es einen wichtigen Grund dafür geben«, sagt Frau Dr. Wills.

»Ich weiß es nicht genau«, sagt Maria, »es hat damit angefangen, dass ich alles perfekt machen wollte, damit mein Mann mit mir zufrieden ist. Und ich bin nun mal verantwortlich für den Haushalt.«

»Aber du hast mir doch erzählt, dass du mit deinem Mann zusammen in der gleichen Firma arbeitest, weil ihr euch da kennengelernt habt«, sagt Andi, »und dass ihr jeden Morgen zusammen hinfahrt und abends zusammen zurück?«

»Ja«, sagt Maria. »Wieso?«

»Das heißt, du arbeitest jeden Tag genauso lange wie dein Mann, machst aber zusätzlich den kompletten Haushalt allein, oder was?«, fragt Andi, offensichtlich völlig verständnislos.

»Ja, klar«, sagt Maria.

»Was? Wieso *klar*?«, ruft Andi. »Was macht er denn in der Zeit?«

»Fernsehen gucken«, sagt Maria, »oder sich mit Freunden treffen oder so.«

»Ich flipp jetzt gleich aus!«, ruft Andi laut und hebt die Hände in die Luft.

»Ganz ruhig, Andi Schwarzer«, sagt Max und lacht.

»Das hat damit überhaupt nichts zu tun«, keift Andi in Max' Richtung, »es würde mich genauso aufregen, wenn ein Mann sich so ausnutzen lässt, diese Aufteilung ist einfach nicht fair.«

»Das haben mir schon viele gesagt«, sagt Maria, »aber ich mache das ja gern, auch wenn ich mich überfordert fühle. Ich habe dann die Kontrolle über alles und kann meinen Mann entlasten. Oder jetzt eben Jenny, bei uns im Zimmer.«

»Was?«, sage ich laut. »Jetzt reicht's aber! Mir wäre es zehn Mal lieber, wenn du unordentlicher wärst und nicht stündlich das Zimmer kontrollieren müsstest, weil *ich* dann nachts schlafen könnte!«

»Ja, aber ich –«, beginnt Maria sich zu rechtfertigen.

»Nein!«, unterbreche ich sie. »Es ist eine Sache, dass du Zwänge hast, die du noch nicht im Griff hast, das ist schlimm und ich sehe es ein. Aber es ist eine andere Sache, dass du davon ausgehst, du würdest mich entlasten! Im Gegenteil! Es schränkt mich ein, was du tust! Mir geht es total scheiße deswegen!«

Ich stehe auf, werfe wütend meinen Stuhl zurück und gehe quer durch den Stuhlkreis in Richtung Tür.

»Nein, Jenny«, ruft Max, »man darf den Gruppentherapieraum nicht verlassen!« Vanessa, die auf dem Stuhl direkt vor der Tür sitzt, blickt mir kopfschüttelnd hinterher.

»Ist mir vollkommen egal«, sage ich aufgebracht in Max' Richtung, »ich gehe jetzt sowieso nach Hause, hier sind doch alle verrückt! Noch mehr Nächte ohne Schlaf verkrafte ich nicht!«

»Frau Bentz –«, höre ich Herrn Schmidt noch rufen, während die Tür hinter mir ins Schloss fällt. Dann stehe ich auf dem leeren Flur.

Kapitel 8

Zu spät zur Umkehr?

»Findest du nicht, dass das jetzt eine Kurzschlusshandlung ist?«, fragt meine Mutter, als ich kurze Zeit später neben ihr im Auto sitze, auf dem Weg nach Hause. Ich hatte innerhalb einer halben Stunde meine Sachen gepackt und mich von allen Patienten verabschiedet, die nicht in der Gruppentherapie mit eingeschlossen waren. Dann hatte ich mich mit meinem Gepäck vor dem Ausgang der Klinik postiert und meiner Mutter gedroht, zu trampen, da sie mich aus pädagogischen Gründen zunächst nicht abholen wollte.

»Vielleicht kann ich auch nicht mehr klar denken, wenn ich zwei Nächte fast gar nicht geschlafen habe«, sage ich.

»Aber du konntest doch vorher auch nicht schlafen«, sagt sie.

»Das ist wohl das Argument des Tages«, sage ich wütend. »Auch egal. Jedenfalls habe ich jetzt genug gelernt, um alleine klar zu kommen.«

»Also hat die Klinik dir doch irgendwie geholfen?«

»Ja«, sage ich, »aber ich bin genauso müde und nervös wie vorher. Nur tut mir jetzt auch noch der Hintern weh. Und zwar weil ich erst jemanden ins Zimmer bekomme, der mich nicht schlafen lässt, und dann im Trancemodus auf den Hubschrauberlandeplatz gestellt und vom Personal k. o. geworfen werde. Außerdem kriegen alle anderen Happy-Pillen, nur ich nicht. Und egal, was für einen infantilen Mist ich male, die Kunsttherapeutin hält mich für suizidal. Heute wäre der ideale Tag, um endgültig verrückt zu werden.«

»Was?«, fragt meine Mutter verwirrt.

»Nix«, sage ich. »Fahren wir nach Hause.«

→

Ich liege im Bett und kann nicht schlafen. Es ist erst 18 Uhr. Obwohl mich niemand stört, bin ich hellwach und mich plagt ein schlechtes Gewissen. Vor allem Maria gegenüber. Zuerst hat Andi auf ihr rumgehackt, dann ich. Jetzt tut es mir leid. Und auch bei Max würde ich mich gern entschuldigen, der jetzt bestimmt im Wohnzimmer mit Traudel

Mensch ärgere dich nicht spielt. Vielleicht ist Linda nun beleidigt, weil ich mich noch nicht einmal von ihr verabschiedet habe. Dann denke ich an mein Bild in der Kunsttherapie, das ich gern neu malen würde. Die Ruhekugel *reloaded.* Ich höre ein leises Klopfen an meiner Zimmertür.

»Ja?«, sage ich. Meine Mutter tritt ein und flüstert.

»Ich war nicht sicher, ob du noch wach bist«, sagt sie. »Telefon für dich.«

Ich werfe meine Bettdecke zurück, stehe schnell auf und nehme das Telefon.

»Hallo?«, sage ich, als meine Mutter das Zimmer wieder verlässt und die Tür hinter sich schließt.

»Hallo Frau Bentz, hier ist Dr. Schmidt.«

»Hallo«, sage ich.

»Normalerweise verlässt bei uns niemand die Station ohne ein Abschlussgespräch«, sagt er, »auch wenn Sie sich entscheiden, die Therapie vorzeitig zu beenden, würden wir gern noch einmal mit Ihnen sprechen.«

»Okay«, sage ich sofort.

»Vielleicht finden wir eine Lösung, sodass Sie wieder zurückkommen. Wir haben das Gefühl, dass wir Ihnen helfen können«, sagt Dr. Schmidt.

»Bisher hat sich nichts verändert«, sage ich.

»Wir haben schon eine große Veränderung bei Ihnen gesehen«, sagt Herr Schmidt.

»Was denn für eine große Veränderung?«, frage ich.

»Das besprechen wir lieber persönlich«, antwortet er. »Wie wäre es mit morgen früh?«

»Gut«, sage ich.

»Gut«, sagt er, »bringen Sie doch, für den Fall, dass Sie es noch einmal versuchen wollen, Ihre Sachen wieder mit. Und denken Sie darüber nach: Vielleicht sind Sie schon viel zu weit, um umzukehren.«

→

Wieder einmal ziehe ich meinen Rollkoffer durch die Eingangshalle der Klinik. Ich nicke der wasserstoffblondierten Rezeptionistin freundlich zu und sie grüßt zurück. Am liebsten würde ich direkt die Treppen hoch rennen, aber zuerst möge ich in Frau Dr. Wills Büro kommen, hat mir Schwester Tatjana heute Morgen am Telefon mitgeteilt. Es weht ein starker Wind, als ich quer durch den Klinikgarten zum Therapiegebäude gehe. Im Vergleich zu den letzten Tagen ist es spürbar kühler geworden. Mein Blick fällt auf die verbliebenen roten und braunen Blätter der Trauerweide neben dem Springbrunnen, die sich bei einer aufkommenden Windböe verzweifelt festhalten. Ein paar davon schaffen es nicht. Frau Dr. Wills Büro ist im gegenüberliegenden Flur von Professor Baumanns Büro, im gleichen Teil des Flügels, in dem sich auch die Musik- und Kunsttherapieräume befinden. Ich klopfe leise an.

»Kommen Sie rein«, höre ich Frau Wills dunkle und präsente Stimme.

»Guten Morgen«, sage ich, als ich eintrete. Frau Wills Büro ist etwas kleiner als Professor Baumanns und sehr warm. Viele palmenartige Pflanzen stehen am Fenster und ein bunter Flickenteppich liegt auf dem Boden.

»Guten Morgen«, sagt Frau Dr. Wills und steht von ihrem Schreibtisch auf. Sie weist mit der Hand in die linke Ecke ihres Büros auf zwei orange-rot gemusterte Plüschsessel, die direkt unter dem Fenster neben einem kleinen, von einer afrikanisch aussehenden Figur getragenen Glastisch stehen. Ich wundere mich nicht über die fehlende Couch.

»Warum waren Sie gestern so wütend?«, fragt Dr. Wills ohne Umschweife, als wir in der Sitzecke Platz genommen haben. Im Gegensatz zu Professor Baumann und Schwester Margit hat sie keinen Block auf dem Schoß. Sie sitzt entspannt in ihrem Plüschsessel, die Hände über dem Bauch gefaltet, und blickt mich freundlich an.

»Es tut mir leid«, sage ich.

»Das muss es nicht«, sagt Frau Wills, »alles, was hier passiert, und jede Emotion, die Sie haben, hilft uns bei der Arbeit.«

»Ich glaube, es war der Schlafentzug«, sage ich. »Ich mag Maria wirklich gern und möchte sie nicht dafür verurteilen. Aber für mich ist es nachts mit ihr unglaublich anstrengend.«

»Ihre Probleme sehen Sie immer in den äußeren Umständen, nicht wahr?«

»Schwester Margit hat das auch schon angesprochen«, sage ich und schüttle den Kopf, »aber hier kam es nun mal wirklich von außen. Das ist immer so: Ständig passiert irgendetwas, das mich aus der Bahn wirft.«

Frau Dr. Wills nickt in Zeitlupe.

»Kennen Sie den Begriff der *self fulfilling prophecy*?«, fragt sie.

»Die selbsterfüllende Prophezeiung, ja«, sage ich. »Warum?«

»Sie haben Angst vor einem Ereignis, das Sie aus der Bahn wirft, also werden Sie dieses Ereignis auch finden«, sagt Frau Dr. Wills.

»Nein«, sage ich, »ob ich Angst davor gehabt hätte oder nicht – ich hätte so oder so nicht die Kontrolle. Maria ist schließlich so, wie sie ist.«

»Sie können aber selbst entscheiden, ob Sie sich als Opfer der Umstände fühlen oder ob Sie etwas unternehmen«, sagt Frau Dr. Wills. »Das Problem besteht übrigens immer noch. Wie wollen Sie es denn nun handhaben? Wollen Sie auf die Station zurück?«

»Ja«, sage ich. »Aber ich kann nicht bei Maria schlafen.«

»Jetzt übernehmen Sie doch die Kontrolle«, sagt Frau Dr. Wills. »Immerhin setzen Sie mich unter Druck.«

»Nein«, sage ich schnell, »ich will doch niemanden unter Druck setzen!«

»Wenn man es genau nimmt, sagen Sie, dass Sie nur bleiben, wenn wir Ihnen einen Zimmerwechsel anbieten«, sagt Frau Dr. Wills, »jetzt sind wir zum Handeln gezwungen.«

»Ja, aber ich meine es doch nicht böse«, sage ich.

»Das hat Ihnen auch niemand unterstellt«, sagt Frau Dr. Wills, »im Gegenteil – es ist eine positive Entwicklung. Sie ändern gerade aktiv die Situation, die schlecht für Sie ist, und treten für sich selbst ein. Wir haben uns gefragt, wie lange das wohl dauert.«

»Haben Sie Maria etwa absichtlich zu mir ins Zimmer gesteckt?«, frage ich.

»Ist das von Bedeutung?« fragt Frau Dr. Wills und blickt auf die Uhr über ihrer Tür. »Ich muss gleich zur Konferenz, Sie können weiterhin mit Frau Schling das Zimmer teilen oder das Zimmer neben Isabelle Berger beziehen. Es ist ein Einzelzimmer. Entscheiden Sie selbst.«

»Danke schön«, sage ich, als wir beide aufstehen. Frau Dr. Wills begleitet mich zur Tür. »Aber eine Frage hätte ich noch.«

»Ja, bitte?«, fragt Frau Dr. Wills, die bereits die Tür aufhält.

»Die anderen Patienten bekommen alle Antidepressiva oder andere Pillen. Warum hat mir das niemand angeboten?«, frage ich.

»Sie wissen genau, was Sie tun müssen«, sagt Frau Dr. Wills. »Sie tun es nur nicht. *Dabei* können Ihnen Medikamente nicht helfen.«

→

Wieder steige ich mit meinem Rollkoffer aus dem Aufzug unserer Station. Mein Blick fällt auf die mittlerweile vertraute, mit bunten Tieren beklebte Glastür, der gewohnte Geruch nach Kaffee strömt mir entgegen und ich fühle augenblicklich eine tiefe Erleichterung und Ruhe. Als ich den Flur betrete, bin ich noch unsicher, ob ich nun tatsächlich das Zimmer wechseln soll. Kurz entschlossen rolle ich meinen Koffern durch die Tür in mein altes Zimmer und lasse mich auf mein noch nicht abgezogenes Bett fallen. Einen weiteren Versuch ist es wert. Maria ist nicht da, meine und ihre Gruppe sind zusammen bereits in der BT, die ich leider versäume. Noch während ich auspacke, fliegt die Zimmertür auf. Maria hat Tränen in den Augen, ringt sich aber, als sie mich sieht, ihr typisches, gequältes Lächeln ab.

»Oh Mann«, sagt sie kopfschüttelnd und setzt sich aufs Bett.

»BT?«, frage ich und setze mich zu ihr.

»Ja«, sagt sie und reißt hintereinander fünf Kosmetiktücher aus der Box auf ihrem Nachttisch. »Wir sollten mit verschiedenen Gegenständen im Raum unseren eigenen Lebensweg bauen.«

»Und?«

»Ich habe gar keinen Weg«, sagt sie und schnäuzt sich lautstark die Nase, »ich stecke in einem Tunnel fest, der an beiden Seiten geschlossen ist.«

»Es tut mir leid, was ich gestern gesagt habe«, sage ich.

»Nein, du hattest recht«, sagt Maria und tupft sich die Tränen ab. »Ich räume diesmal deine Sachen nicht auf, versprochen. Und alles andere will ich auch unbedingt in den Griff kriegen. Es kann ja nicht der Sinn des Lebens sein, alles zu putzen und zu sortieren.«

Während ich etwas überrascht bin, dass sich Maria neuerdings Sinnfragen stellt, steht sie auf, öffnet die Balkontür und tritt hinaus.

»Und die können auch wieder rein«, höre ich Maria vom Balkon aus sagen. Dann trägt sie die Vase mit den Glockenblumen ins Zimmer und stellt sie auf unseren kleinen Tisch. Anschließend machen wir uns auf den Weg zum Mittagessen. An meinem Tisch sitzt bisher nur Max. Ich hoffe inständig, dass auch er meine Entschuldigung annimmt, und setze mich zu ihm.

»Wie viele Psychologen braucht man, um eine Glühbirne auszuwechseln?«, fragt Max, bevor ich etwas sagen kann.

»Weiß nicht, wie viele denn?«, frage ich.

»Einen«, sagt Max und grinst, »aber die Birne muss auch wirklich wollen.«

→

»Das ist ja mal oberabgefahren«, sagt Andi, als sie am Nachmittag zum ersten Mal den Musiktherapieraum betritt.

»So hat es noch niemand genannt, aber es freut mich, dass meine Instrumente Ihre Begeisterung wecken, Frau Desens«, sagt Frau Blank.

Unsere Gruppe C hat sich in der Formation komplett verändert: Jessica ist gegangen und Susan durfte aus organisatorischen Gründen in Gruppe A wechseln. Dafür sind jetzt zu Max, Linda und mir Andi und Marcello gestoßen. Als wir im Stuhlkreis sitzen und die beiden Neuen sich Frau Blank vorstellen, wandert mein Blick durch den Raum und nach draußen. Ich fühle mich ruhig und ausgeglichen. Die Musik, die Frau Blank im Hintergrund vom CD-Player laufen lässt, weckt meinen Tatendrang. Ich hätte Lust, mal wieder eine richtige Party zu veranstalten. Und es wäre mir definitiv egal, ob ich am nächsten Tag müde wäre oder nicht. Als Frau Blank die Improvisation eröffnet, geht Andi zielsicher an mir vorbei zur Gitarre und fängt als Erste an zu spielen. Es klingt gut, richtig gut sogar. Max und Linda setzen sich wieder zusammen ans Klavier,

Marcello sieht sich noch etwas unsicher im Raum um und ich gehe zur großen Trommel. Ich bin selbst überrascht, wie direkt und ziemlich laut ich anfange, in einem mittelschnellen Rhythmus zu trommeln. Als Andi anfängt, dazu mit der Gitarre die Einleitungsakkorde von *Come as you are* zu spielen, drehe ich mich grinsend zu ihr um. Sie zwinkert mir zu. Marcello versucht die Melodie mit mäßigem Erfolg als Zweitstimme auf dem Xylophon zu wiederholen. Ich trommle im gleichen Rhythmus weiter, werde nur mit der Zeit leiser, die anderen schließen sich an, bis die Improvisation langsam ausläuft.

»Heute wollten Sie also mitmachen, Frau Bentz«, sagt Frau Blank zu mir, als wir alle wieder im Stuhlkreis Platz genommen haben.

»Ja.«

»Du hast nicht nur mitgemacht«, sagt Max, »du hast den Beat vorgegeben.«

»Ach was«, sage ich und lächle etwas beschämt.

»Doch«, sagt Andi. »Und sogar ziemlich gut. Wir konnten uns alle daran orientieren.«

»Das ist mir auch aufgefallen«, sagt Frau Blank. »Das ist nämlich ein großer Unterschied zur letzten Stunde, in der Sie, wie Sie es formuliert haben, *mal die anderen machen lassen* wollten.«

→

»Ich habe das jetzt drei Tage lang gegessen und trete hiermit in den Hungerstreik«, sagt Andi und wirft angewidert eine halbe Gewürzgurke auf ihre zwei Scheiben Graubrot mit Käse. »Wie könnt ihr das jeden Abend essen?«

»Noch nicht drüber nachgedacht«, sagt Isabelle.

»Könnten ja mal in die Stadt zum Essen?«, schlage ich vor.

»Ja, *Pizza!«,* ruft Andi. »Jetzt gleich! Wer kommt mit?«

Isabelle blickt verwundert auf und auch Max und Marcello sehen sich verwirrt an. Selbst mir war es bislang noch nicht ernsthaft in den Sinn gekommen, abends die Station zu verlassen.

»Hey, guckt nicht so entsetzt«, sagt Andi, »ich habe gefragt, ob ihr 'ne Stunde mit in die Stadt kommt, nicht, ob ihr eine extremistische Untergrundpartei mit mir gründen wollt.«

»Also ich bin auf jeden Fall dabei«, sage ich.

»Ich auch«, sagt Max.

»Ich bin mir nicht sicher«, sagt Isabelle, »ich war jetzt wochenlang nicht draußen. Nur mal in meiner Wohnung.«

»Dann wird es mal Zeit«, meint Andi.

»Genau«, sagt Max. »Ist sicher 'ne gute Übung.«

»Und wenn mich jemand sieht?«, fragt Isabelle.

»Ja und?«, will Andi wissen.

»Also, ich v-v-verstehe Isa«, sagt Marcello, »ich h-h-habe auch Angst, Kollegen zu treffen. Ich b-b-bin ja krankgeschrieben.«

»Wir können zu Pedro gehen«, sagt Max, »das ist ein Freund von mir und in seiner Pizzeria gibt es einen schönen Nebenraum mit Kamin. Ganz diskret.«

»Das hört sich gut an«, sagt Isabelle.

Nachdem wir uns für zehn Minuten organisatorisch aufgeteilt haben – Max und Isabelle konnten Lotte, die sich wieder in ihrem Zimmer eingeschlossen hatte, zum Mitkommen überreden, Marcello und ich haben noch Susan gewinnen können und Andi musste sich in ihrem Zimmer dem Anlass gerecht stylen –, sitzen wir in Andis nagelneu aussehendem schwarzen Lexus. Andi und Max sitzen vorne, Marcello und ich wurden hinten in die Notsitze geklemmt, weil wir die kleineren sind. Susan, Isabelle und Lotte wollen mit der S-Bahn nachkommen. Aus Andis Lautsprechern tönen die Foo Fighters.

»A-A-Achtung, d-d-da, da –«, stammelt Marcello, als wir um die erste Ecke in Richtung Innenstadt biegen und ein uralter Mercedes gnadenlos langsam rückwärts ausparkt.

»Alter, Marcello, bis du 'nen Satz rauskriegst«, fällt Andi ihm gereizt ins Wort, während sie auf die Gegenspur wechselt und damit dem ausparkenden Auto großräumig ausweicht, »ja, guck nich so, meine Happy-Pillen wirken nur morgens! Wenn da wirklich 'ne Bedrohung gewesen wäre, wären wir jetzt alle tot! Ich hoffe, du arbeitest dran, echt jetzt!«

»Ja, tu ich«, sagt Marcello und schüttelt den Kopf, als er beobachtet, wie Andi mit ihrem Ausweichmanöver einem entgegenkommenden Golf die Vorfahrt nimmt und dem Fahrer dann den Stinkefinger zeigt. »Und d-d-du arbeite mal an deiner Ungeduld.«

»Ja, ja, ja, genau«, sagt Andi, »wenn du ein bisschen schneller wirst und ich ein bisschen langsamer, dann können wir irgendwann ein normales Gespräch führen.«

Als Andi vor der Pizzeria *Da Pedro* halb auf einem Behindertenparkplatz, halb vor einer Ausfahrt geparkt hat, kommt uns bereits ein kleiner, dicker Mann mit dichten, schwarzen Haaren und weißer Schürze entgegen.

»Ciao, mein lieber Freund«, sagt Max.

»Ciao, mein lieber Max«, sagt Pedro in gebrochenem Deutsch und umarmt Max. »Wer ist deine Freunde?«

»Wir sind die Verrückten von der G3«, sagt Andi schnell, »können wir gleich rein? Ich hab Hunger!«

»Die Verrückten von die G3, wie schön«, freut sich Pedro ohne jedes ersichtliche Verständnis. »Natürlich, kommen Sie herein, für mein Freunde es geht ganz schnell.«

Die Wände in Pedros sehr kleinem, aber liebevoll gestalteten Restaurant sind in warmen Brauntönen gestrichen, die hohen Decken mit weißem Stuck verziert. Auf jedem Tisch stehen eine Rose in einem hohen schmalen Glas und eine brennende Kerze. Zwei Tische sind bereits besetzt. An einem Vierertisch sitzen zwei ältere Damen und ein dicker Herr mit Hitler-Schnauzbart, an einem Zweiertisch ein junges und offensichtlich schwer verliebtes Pärchen. Der Nebenraum, in den Pedro uns führt, ist genauso gestaltet, verfügt aber nur über zwei große Tische und einen brennenden Kamin in der Ecke. Durch ein Aquarium kann man in den Hauptraum sehen. Ich ziehe meinen Mantel aus und lasse mich auf die Eckbank an dem langen Tisch direkt neben dem Aquarium fallen. Andi setzt sich neben mich, Max und Marcello gegenüber.

»Neinneinnein, ich weiß schon, was ich will«, sagt Andi, als Pedro uns die Speisekarten reicht. »Einen italienischen Salat mit Joghurtdressing, eine große Pizza Salami mit viel Salami, Spaghetti Carbonara und irgendeinen trockenen Rotwein bitte.«

»A-A-Andi, d-d-das –«, stammelt Marcello.

»*Was?*«, unterbricht Andi ihn ungeduldig, »*was* willst du sagen, verdammt noch mal?«

»Alkohol dürfen wir doch nicht«, sagt Marcello schnell und nervös. Danach blickt er sich verwundert um, als wollte er sich vergewissern, dass jeder seinen stotterfrei vollendeten Satz mitbekommen hat.

»Da muss ich ihm recht geben«, sagt Max, »solange man auf der Station in Behandlung ist, darf man nicht trinken, das mussten wir doch unterschreiben.«

»Was darf ich nicht?«, fragt Andi. »Himmelherrgottnochmal! Die haben mir alle meine Medikamente abgenommen, da muss ich schon auf die herrlichen Wechselwirkungen mit Alkohol verzichten, was kann er da schon noch anrichten? Außerdem habe ich vor zwei Stunden aufgehört zu rauchen. Die sollen froh sein, wenn ich nur Rotwein trinke und nicht Amok laufe.«

»Aber w-w-wenn wir dann von der Station fliegen?«, fragt Marcello.

»Erst wollten wir alle nicht rein und jetzt haben wir Angst rauszufliegen«, sage ich. »Ich soll schließlich lockerer werden. Ich glaub, ich will ein Bier.«

»Ich auch«, sagt Max. »Scheiß doch drauf.«

»Guter Junge«, sagt Andi.

Da Andi vor Ungeduld fast ausflippt, weil Marcello sogar stottert, wenn er in seiner Muttersprache Essen ordert, nimmt Max die Bestellung von Susan, Isabelle und Lotte aus Zeitgründen direkt aus der Straßenbahn telefonisch auf und gibt sie an Pedro weiter.

»Ihr seid übrigens alle eingeladen«, sagt Max. »Die Runde heute geht auf mich.«

»Danke schön«, sage ich.

»Ja, du bist ja auch der Mann hier«, sagt Andi.

»Ähhh, ja«, sagt Max, »trotzdem könntest du mir irgendwann meine dreißig Euro von gestern zurückgeben.«

»Tut mir leid, das hab ich schon wieder reinvestiert«, sagt Andi kopfschüttelnd. »Dir gehört jetzt theoretisch der Henkel meiner neuen Prada-Tasche. Da ich aber ja den Großteil bezahlt habe, bleibt sie vollständig in meinem Besitz. Falls ich innerhalb der nächsten fünf Jahre zu Geld kommen sollte, kann ich dich auch ausbezahlen, sollte dir der Henkel nicht mehr gefallen. Dann hoff ich nur, dass dir die stetig ansteigende Inflation nicht das Geschäft vermasselt. Aber tröste dich, noch ist ja alles möglich.«

»Stimmt«, sagt Max. »Was habe ich nur für ein Glück.«

Einige Sekunden, nachdem Pedro unser Essen gebracht hat, sehe ich Susan, Lotte und Isabelle durch die große Eingangstür ins Hauptrestaurant kommen.

»Guten Abend«, höre ich Susan durch die offene Tür zur Gaststätte zu Pedro sagen, der direkt auf seine neuen Gäste zugeht, »wir sind mit Max und seinen Freunden hier.«

»Oh, wie schön«, sagt Pedro freudestrahlend, »noch mehr Verrückte von die G3. Folgen Sie mir, die Damen.«

Isabelle blickt Susan entsetzt an.

»Der Italiener hat mich gerade *verrückt* und *von der G3* genannt«, zischelt sie Max an, als sie, zusammen mit Lotte und Susan, auf der Eckbank Platz nimmt, »diskret geht verdammt noch mal anders, ich arbeite in dieser Stadt als Ärztin!«

»Nur die Ruhe«, sagt Andi, »da draußen sitzen nur fünf Leute. Kennst du irgendjemanden davon?«

Isabelle blickt angestrengt durch das Aquarium.

»Nein«, sagt sie und seufzt laut, »hast ja recht. Vielleicht bin ich etwas paranoid. Aber wer will sich schon von einer Irren behandeln lassen?«

»Also ich hätte kein Problem damit«, sagt Andi.

»Weißt du was? *Dir* glaube ich das sogar«, sagt Isabelle und blickt durch das Aquarium zu dem verliebten Pärchen.

»Neidisch?«, frage ich.

»Ehrlich gesagt, ja«, sagt Isabelle.

»Wo hängt's?«, fragt Andi. »So wie du aussiehst, wirst du ja wohl kaum Probleme haben, einen Mann zu finden.«

»Gebranntes Kind«, sagt Isabelle und pickt die Schinken-Käse-Streifen aus ihrem Salat. »Ich war mit meinem Ex-Freund acht Jahre lang zusammen. Wir hatten zwar eine Fernbeziehung zwischen hier und

München, aber er kam jedes Wochenende zu mir und wir hatten schon zusammen eine Wohnung gekauft.«

»Ja, und dann?«, frage ich.

»Und dann kam er irgendwann nicht mehr«, sagt Isabelle.

»Was?«, fragt Susan.

»Und das war's?«, fragt Lotte.

»Na ja, er war drei Monate lang nicht erreichbar, hat nicht auf E-Mails geantwortet und so weiter«, sagt Isabelle. »Ich wusste überhaupt nicht, was los war. Irgendwann habe ich ihn dann doch ans Telefon gekriegt und er meinte nur so was wie: ›Ach, du bist es. Ich habe eine neue Freundin, deshalb war ich in letzter Zeit viel beschäftigt und schwer erreichbar. Wie geht's dir so?‹«

»Krass«, sagt Andi und lässt ihr Besteck klirrend auf den Teller fallen. Auch alle anderen blicken Isabelle geschockt an und hören auf zu essen. Außer Max, er schaut noch nicht einmal von seinem Spaghettiteller auf. »So in etwa haben das meine beiden Ehefrauen auch gemacht«, sagt er und kippt sich eine Extraladung Parmesan auf seine mit Spaghetti Napoli umwickelte Gabel. Unsere Blicke wenden sich synchron von Isabelle ab und Max zu.

»Was denn?«, fragt er, als er aufblickt und merkt, dass er zum Mittelpunkt der Aufmerksamkeit geworden ist.

»Ich finde, wir sollten noch weiterziehen«, sagt Andi, »ein kleiner Cocktail kann auf keinen Fall schaden.«

→

Eine halbe Stunde später erklären Isabelle, Susan und ich einem Barkeeper, der sich zusammen mit seiner Kneipe rein äußerlich seit den Achtzigern nicht verändert hat, wie man einen Cosmopolitan mixt. Wir sind, zusammen mit Max und Andi, die einzigen Gäste. Lotte hatte sich zwar sichtlich über ihre Pizza gefreut, aber den ganzen Abend über kaum ein Wort gesprochen. Nach dem Essen wollte sie zurück zur Station und Marcello hatte sich angeboten, sie in der Straßenbahn zu begleiten. In der Kneipe ist es kuschelig warm und im Hintergrund laufen Songs von den Sex Pistols,

Iggy Pop und The Clash. An der Wand neben den Toiletten gibt es eine Dartscheibe, die von Andi und Max bereits konzentriert bearbeitet wird. An dem mit Flaschen gefüllten Holzregal über der Theke hängt ein Hirschgeweih, auf dem Boden liegen zerschlissene, gemusterte Teppiche, in der Ecke stehen Spielautomaten. »Wer trinkt Wodka mit mir?«, fragt Andi, die nach einem Dartsieg über Max zur Bar herübergetanzt kommt.

Ich schüttle den Kopf. Nach meiner letzten Begegnung mit purem Wodka im sechsten Semester hatte ich, vor dem Landesgericht liegend, beschlossen, Justizministerin zu werden und meine Stelle als freie Mitarbeiterin in einer TV-Redaktion nachts mit einer Bandansage gekündigt. Bei dem Versuch, am darauffolgenden Sonntag das Band in der Redaktion heimlich und gewaltsam zu löschen, war die komplette Telefonanlage kaputtgegangen.

»Ich auch nicht«, sagt Isabelle und erhebt ihr Cosmopolitan-Glas, »mag harte Sachen lieber in Cocktail-Form.«

»Ich würde ja gern. Aber ich mach mir Sorgen wegen meiner Antidepressiva«, sagt Susan.

»Jungs und Mädels, ich glaube, ihr erkennt den Ernst der Lage nicht«, sagt Andi, »ich bin total auf Tablettenentzug, außerdem habe ich heute in der BT gemerkt, dass mein scheiß Weg ein scheiß Kreis ist, also trinkt einen mit mir.«

»Einen«, sagt Max.

»Eure BT scheint echt spannend gewesen zu sein«, sagt Isabelle. Das denke ich mittlerweile auch und bedaure umso mehr, dass ich die Stunde versäumt habe.

»Ja«, sagt Susan, als Max und Andi mit je einem doppelten Wodka wieder zur Dartscheibe verschwinden, »ich habe gemerkt, dass ich meinen Weg immer um den aller anderen herumbaue und ihn dem der anderen anpasse. Auch wenn ich dann einen Umweg in Kauf nehmen muss oder meinen eigenen Weg gar nicht mehr verfolgen kann.«

»Hast du ein Fazit?«, frage ich.

»Ja«, sagt Susan, »ich erachte das, was andere tun, als wertvoller als meine eigenen Dinge. Aber dann beschwere ich mich ständig, wenn das, was *ich* tue, nicht gewürdigt wird. Ich bin offiziell ein Idiot.«

»Ich glaube, wir sind alle offiziell Idioten«, sage ich.

»Ja«, sagt Isabelle, »offizieller als Vollzeit in psychologischer Betreuung zu sein, kannst du's nicht kriegen.«

Als Max nach vier Versuchen endlich ein Dartspiel gewonnen hat und Andi nach dem dritten doppelten Wodka wieder den Zigaretten verfallen ist, kommen die beiden zurück an die Bar.

»Totaaal cool hier«, sagt Andi und haut mir auf die Schulter. »Stimmt's Jen?«

»Ja«, sage ich. »Habe ich viel zu lange nicht gemacht.«

»Warum?«

»So ist das eben mit dem Erwachsenwerden«, sagt Susan.

»Stimmt«, sage ich, »irgendwann verbringt man keine heißen Nächte mehr mit Möchtegern-Revoluzzern auf Punkrockpartys in schmutzigen Gewölbekellern, sondern man erinnert sich daran. Und führt eine tote Beziehung weiter, einfach nur deswegen, weil so viel Zeit in einen einzigen Menschen investiert wurde, dass eine Trennung wie jahrelanger Selbstbetrug erscheinen würde.«

»So eine Scheiße habe ich ja noch nie gehört«, sagt Andi in ungewohnt hoher Stimme zu mir. »Tu doch einfach mal mehr, was dir gefällt, Jen. So wie Max das sagt, verstehst du: Wenn das Herz spricht, hat der verfickte Verstand das Maul zu halten.«

»So habbich das niiieee gesagt«, lallt Max und hält abwehrend eine Hand in die Luft. *»Ich* habe das gesagt: Folge deinem Herzen, aber benutze deinen Kopf dafür. Dassiiist was anderes. Aber ich reg mich niiich mehr auf, nein, ich reg mich nicht mehr auf.«

»Jahaaa«, sagt Andi an mich gewandt. »Max hat nämlich heute Abend gesagt, er ist jetzt ein neuer Max.« Dann wendet sie sich wieder an Max: »Was hasszu damit gemeint, hä?«

»Ich weiß jetzt einfach, worum es im Leben geht, verstehssu?«, lallt Max.

»Neee«, sagt Andi. »Aber ich hab mir 'nen Scheißtag ausgesucht, um mit dem Rauchen aufzuhören.«

»Du musssz mal, Andi, auch mal mehr versuchen, positiv su denken«, lallt Max.

»Jaaahaaahaaa«, singt Andi in verschiedenen Tonlagen, »aber vielleicht ist das nämlich mein Problem. Ich habe da eine Theorie.«

»Wasfeine Therrorie?«, fragt Max.

»Ja, guck«, sagt Andi und nimmt ihr Feuerzeug und ihre Zigarettenschachtel als Erklärhilfen, *»guck genau* hin, Maxi: Weil ich nämlich so positiv bin, also, guck, das bin ich«, sagt sie und hält das Feuerzeug hoch, »ziehe ich die ganze negative Scheiße an! *Bing!«*, sagt sie und schlägt das Feuerzeug und die Zigarettenschachtel schwungvoll aneinander, »das ist wie so ein Plus-Minus-Magnet-Ding, verstehssu?«

»Nee«, sagt Max und schüttelt den Kopf. »Isssz aber ein sehr schönes Feuerzeug.«

→

»Oh Mann, wir sind voll zu spät«, sagt Isabelle, als wir, nachdem Susan für uns alle beschlossen hat, das Auto lieber stehen zu lassen und die S-Bahn zu nehmen, von der Haltestelle zurück zur Klinik laufen.

»Wir sind vor allem *voll* und zu spät«, sagt Susan.

»Stimmt«, sage ich, »knapp fünfzig Prozent von uns sind schwer betrunken.«

»Echt?«, fragt Andi. »Krass.«

Wir laufen in der Mitte der mittlerweile unbefahrenen Straße Richtung Klinik.

»Diess fucking Cola im letzten Wodka, die hätte ich rauslassen sollen«, sagt Andi, »ich kann bestimmt keine Minute schlafen.«

»Musszu wohl heute Nacht ohne Verarbeitung des Unbewussten auskommen«, antwortet Max.

»Is' mir scheißegal, das macht sowieso nur Ärger«, singt Andi und läuft Schlangenlinien auf der Mitte der Straße.

»Jetzt tun wir mal kurz so, als wären wir alle normal«, zischelt Isabelle, als wir vor dem Klinikeingang ankommen, und hält ihren Zeigefinger vor den Mund, »bschhhd!«

»Normal?«, fragt Max, »dann lassen sie uns ja nicht auf unsere Station.«

»Hallooo, wir sind die G3«, sagt Andi laut zu einem etwas verschlafen dreinblickenden Rezeptionisten, den ich bislang noch nie gesehen habe. Scheinbar die männliche Nachtversion der wasserstoffblonden Telefondame.

»Na, dann wissen Sie ja, wo Sie hinmüssen«, sagt er und nickt uns belustigt zu.

Im Aufzug beschließen wir einhellig, uns im Schwesternzimmer mit einer verpassten S-Bahn herauszureden, aber Schwester Margit, die uns bereits entgegentritt, als sich die Aufzugtür öffnet, zeigt überhaupt kein Interesse an unseren Erklärungen. Sie fordert uns lediglich auf, leise zu sein und direkt in unsere Zimmer zu gehen, weil viele der anderen Patienten bereits schlafen. Mir zwinkert sie sogar zu, als ich in Richtung meines Zimmers schleiche. Leise öffne ich die Tür, nur um Maria bei voller Raumbeleuchtung und noch vollständig bekleidet beim Aus- und Wiedereinräumen ihres Kleiderschrankes zu überraschen.

»Oh, hallo«, sagt Maria und wendet sich von ihrem Schrank ab, »schau mal, ich war vorhin noch in der Stadt und habe was für dich besorgt.«

Sie nimmt einen kleinen, durchsichtigen Plastikbeutel von unserem Tischchen und gibt ihn mir. Darin befinden sich eine plüschige, rosa Schlafbrille und pinkfarbene Ohrstöpsel.

»Da ich so anstrengend bin nachts«, sagt sie und lächelt, »vielleicht kannst du damit besser schlafen.«

»Danke«, sage ich und freue mich aufrichtig, »wirklich lieb von dir.«

Ein paar Minuten später liege ich mitsamt meiner neuen Schutzbekleidung im Bett und denke über den Abend nach. Es ist lange her, dass ich abends unterwegs war und Spaß daran hatte. In der Regel treffe ich zwar Verabredungen, fühle mich dann aber schon im Vorfeld davon überfordert und sage sie in letzter Minute wieder ab oder quäle mich nervös durch den Abend. Vielleicht liegt der Trick in der Spontaneität, wie heute Abend. Dann könnte ich immer tun, wozu ich Lust habe. Und wenn ich keine Lust habe, muss ich noch nicht einmal absagen. Obwohl Spontaneität sonst eher nicht zu meinem Typ passt, denn sie teilt die Menschen generell in zwei Lager. Die einen leben so in den Tag hinein, haben nie Zeitdruck oder Terminstress und grundsätzlich für alles noch massig Zeit.

Sie machen immer eins nach dem anderen und vergessen auch mal was – wie es eben grade kommt. Meine Freundin Nicole und ihr Bekannter Hector sind so. Nicole und Hector verabreden sich um 20 Uhr in der Stadt. Um 21.30 Uhr ruft Nicole bei Hector an, um zu sagen, dass sie jetzt los läuft. Hector antwortet, sie solle sich Zeit lassen, er muss gerade noch einen Drogenrausch von selbst angebauten Pilzen ausschlafen. Nicole sagt, er solle sich ebenfalls Zeit lassen und ihr den Rest der Pilze auf jeden Fall mitbringen. Es ist ein Wunder, dass sie tatsächlich irgendwann zur gleichen Zeit am gleichen Ort eintreffen, aber es geschieht immer wieder. Beide fragen sich, warum nicht alle Leute so unkompliziert sein können. Dann gibt es die anderen, Leute wie mich, die selbst einen Kindergeburtstag mit Klemmbrett und Headset organisieren und abends nicht einschlafen können, weil sie Angst haben, am nächsten Tag nicht alles zu schaffen. Sie schaffen es dann tatsächlich nicht, weil sie übermüdet sind. Schlecht gelaunt und quengelig schieben sie dann die Schuld einem aus der lässigen Fraktion zu, weil er bestimmt irgendetwas verbummelt hat und das jetzt auch noch mit einer schlechten Ausrede rechtfertigen will – der Goldfisch ist aus dem Glas gehüpft, die kosmischen Schwingungen wirken sich negativ auf das Zeitgefühl aus, es waren keine zwei gleichen Socken zu finden. Das Totschlagargument der Hektiker: So etwas würde ihnen nie passieren. Natürlich nicht, sie denken schließlich die ganze Zeit über etwas nach, anstatt zu schlafen, und am Ende haben sie noch nicht einmal Zeit für den wohlverdienten Nervenzusammenbruch. Ich habe beide Arten lange genug beobachtet, um behaupten zu können, dass die Geplanten nicht mehr und nichts besser machen als die Spontanen, wahrscheinlich sterben sie nur früher daran. Was ich aber auch noch beobachtet habe, ist eine feste Symbiose – die beiden Lager brauchen sich gegenseitig. Beispielsweise hat sich sogar meine Mutter früher über meine unspontane Art beschwert: Man könne mich noch nicht mal fragen, ob ich mal schnell die Mülltonne rausschiebe. Natürlich nicht, ich müsste mich zuerst umziehen und wenigstens einen Hauch von Make-up auflegen, bevor ich in den Hof gehe. Das Nachbarskind könnte schließlich am Fenster stehen. Und der ganze Aufwand wegen einer Mülltonne? Dann soll es doch lieber jemand anders tun. Und dafür wird einer von der anderen Fraktion gebraucht. Im Gegenzug verzeihen wir ihnen ihre Unpünktlichkeit und die vielen anderen kleinen Katastrophen, die den Geplanten niemals passieren würden. Wenn am 23. Dezember mein Handy penetranter als sonst klingelt, weiß ich schon, dass es sich um den traditionellen Weihnachtspanikanruf von Sam handelt, die sichergehen will, ob ich wie jedes Jahr für den gesamten Freundeskreis Geschenke von uns beiden gekauft habe. Natürlich funktioniert das immer wieder, ich habe meine Weihnachtsgeschenke schon im September. Und meine Fische würden niemals Selbstmord begehen. Trotzdem scheint mir ein bisschen mehr Lockerheit ganz gut zu bekommen und vielleicht liegt es nicht nur in den Genen und im Charakter begründet, sodass man selbst noch etwas an seiner Art ändern kann. Das werde ich versuchen. Sicher ist es aber erst, wenn mich jemand ungeschminkt mit einer Mülltonne erwischt.

Kapitel 9

Wer zurückstrickt, hat Angst

Ich habe einen kleinen Flugsaurier, der mir zugeflogen ist. Er ist grün, ungefähr so groß wie eine Eidechse, mit ganz weichen, schimmernden Flügelchen. Gut gelaunt fliegt er immer um mich herum, klaut mir Spängchen aus den Haaren und macht sie an meinem Pulli fest. Ich mag meinen kleinen Flugsaurier, er ist nämlich außerdem stubenrein und fängt sich auch sein Futter selbst. Aus irgendeinem Grund habe ich einen Termin auf dem Amt. Mein kleiner Flugsaurier und ich sitzen vor einem etwas älteren Herrn, der mir seltsam bekannt vorkommt, aber den ich nicht wirklich zuordnen kann. Da ich gar nicht weiß, warum ich hier bin, kann ich nicht darauf bestehen, dass wir über mein Anliegen sprechen. Das Gespräch kommt auf meinen kleinen Flugsaurier. Der seltsam bekannte Mann informiert mich darüber, dass das Tier immens gefährlich für die Erde und ihre Bewohner ist; zwar noch nicht jetzt, weil er noch klein ist, aber er wird wachsen und uns alle vernichten. Deshalb nimmt er meinen kleinen Flugsaurier in die Hand und isst ihn auf. Es kracht ganz widerlich, als er die Flügelchen kaut. Ich bin traurig, aber ich verstehe die Notwendigkeit, unsere Welt vor dem gefährlichen Flugsaurier zu beschützen. Seltsam finde ich nur, dass der Amtsmann ihn *gegessen* hat. Aber schließlich weiß ich aus Buffy, Harry Potter und ähnlichen Fantasygeschichten, dass gefährliche Wesen immer nur auf eine spezielle Art getötet werden können – Vampire mit dem Pflock, Drachen mit dem Schwert, und vielleicht müssen kleine Flugsaurier gegessen werden. Auf dem Heimweg blättere ich im Bus in einer Zeitschrift. Darin ist ein Foto von meinem kleinen Flugsaurier. Ich lese den Artikel darunter und stelle fest, dass diese Tierchen weder größer werden noch gefährlich sind. Aber sie sind roh eine Delikatesse. Der Amtsmann hat mich reingelegt. Es piept und ich muss aussteigen. Hinter der Jalousie des Busses ist die Sonne aufgegangen. Als ich von meinem Sitz aufstehe, wird mir klar, dass das Piepen nicht vom Bus, sondern vom Wecker kommt und die Sonne hinter den Jalousien Marias Deckenlicht ist. Aber als ich die Augen öffne, sehe ich nur einen leuchtend-grauen Schleier.

»Oh Gott, ich kann nichts sehen«, rufe ich und strecke orientierungslos die Arme aus. Ich stehe mitten im Raum und habe Angst, das Gleichgewicht zu verlieren.

»Du msstt dsss Brrlle bziii«, höre ich Maria scheinbar von sehr weit weg rufen.

»Was?«, rufe ich. »Oh Gott, ich kann auch nichts hören!«

Mit schützend vor mir ausgestreckten Armen versuche ich, zum Bett zurückzugehen, und spüre einen dumpfen Schlag an meinem linken Schienbein.

»Auaaa, verdammt«, rufe ich und im gleichen Moment spüre ich Marias Hand an meiner Schulter und ein kurzes Gefuchtel vor meinem Kopf, dann kann ich wieder sehen. Maria steht vor mir und fasst mit beiden Händen an meine Ohren. Während sie mir demonstrativ Schlafbrille und Ohrstöpsel vors Gesicht hält, fliegt unsere Zimmertür auf.

»Ist jemand verletzt?«, ruft Schwester Sybille, während ich mich noch orientierungslos umblicke. Ich stehe vor meinem Bett direkt neben dem Nachttisch, dessen spitze Kante ich wohl mit meinem Schienbein erwischt habe.

»Ja«, sage ich, »ich schon wieder. Mir hat Ihre Kopfballattacke von gestern noch nicht gereicht.«

Keine Minute später bekomme ich im Schwesternzimmer einen kühlenden Verband umgewickelt und sehe durch die Glasscheibe, wie Maria all meine Kleiderstapel und Badutensilien von unserem Zimmer in mein neues Zuhause schräg gegenüber transportiert. Ich habe mich entschieden, doch das Einzelzimmer zu beziehen, und Maria hat vollstes Verständnis. Nachdem mein Bein verbunden ist, hilft mir Schwester Sybille dabei, mein Bett schräg über den Flur in mein neues Zimmer zu rollen. Es liegt direkt neben dem von Andi, die mich fröhlich als neue Nachbarin begrüßt. Nach über einer Woche auf der G3 wundere ich mich nur marginal darüber, dass sie nachts um Viertel nach vier hellwach, top gestylt und guter Dinge auf der Station herumstreunt. Zur Feier der Einweihung bringt sie mir ein Bündel frischer, aprikosenfarbener Rosen, die sie wahrscheinlich wieder von ihrer Firma bekommen hat, und setzt sich mir gegenüber. Nachdem ich ihr meine Flugsaurierstory erzählt habe, blickt sie mich verständnislos an.

»Ja, und dann?«, fragt sie.

»Weiß ich nicht«, antworte ich. »Marias Wecker ging los, ich bin blind und taub durch unser Zimmer getorkelt, habe mir mein Bein angehauen und jetzt bin ich hier.«

»Also hat der Typ diesen Weltvernichtungskrempel nur erfunden, damit er dein Haustier aufessen kann?«

»So sieht's aus.«

»Erzähl das bloß nicht dem Baumann«, sagt Andi, »sonst kommst du hier nie wieder raus.«

»Guter Tipp.«

»Mal ernsthaft, du bist viel zu autoritätshörig, Jen«, fährt sie fort, »du glaubst echt jedem alles. Der kleine Flugsaurier repräsentiert deinen Instinkt und dein Gefühl. Diese Gaben werden uns Menschen von der modernen Bürokratie und Geradlinigkeit geraubt und wir wehren uns noch nicht einmal dagegen. Im nächsten Traum musst du dem Amtsheini ordentlich Bescheid sagen.«

»Ich tue, was ich kann.«

→

Mein schrilles Handyklingeln lässt mich um exakt eine Minute nach acht hochschrecken.

»Seeegmüller hier, guten Morgen, Frau Bentz!«

»Morgen«, sage ich verschlafen.

»Ich wollte nur noch mal durchhören, wie es Ihnen denn so ergeht?«, spricht Frau Segmüller gut gelaunt weiter. »Bei uns ist ja der Teufel los, wissen Sie. Bei mir hat sich jetzt ergeben, dass ich dauerhaft jeden Tag zur Krankengymnastik muss. Ab einem gewissen Alter muss man da am Ball bleiben, nicht wahr. Jetzt müssen wir in dem ganzen Chaos noch eine neue Sekretärin suchen, die mich jeden Morgen vertritt. Und das – einen Augenblick, Günther –«, höre ich Frau Segmüller in eine andere Richtung schreien, »und das – jaaa. ich komme – Frau Bentz, bleiben Sie bitte einen Augenblick am Apparat.«

Es klickt kurz.

»Jenny! Wie geht?«, höre ich Mimis aufgeregte Stimme am Telefon. »Komme zuruck von meine Urlaub und habe gehört, du bist außer Betrieb!«

»Hallo Mimi, ja, ich …«

»Sie leben nun seit vier Monaten in Deutschland, lernen Sie endlich unsere Sprache!«, höre ich die schnarrende Stimme meines Chefs. »Das heißt *außer Haus* oder *nicht im Betrieb*, verehrtes Frollein!«

Dann stampft er davon. *Außer Betrieb* ist so falsch gar nicht. Ich denke an Post-its mit der Aufschrift »Vorübergehend defekt« an Kaffeeautomaten oder Raststättentoiletten.

»Jawoll, Herr Speeks«, höre ich Mimi sagen. »Jenny, ich muss machen. Komm bald zuruck, ja?«

Dann legt sie auf.

→

»Wie ich gehört habe, waren Sie und Frau Schling wieder sehr nachtaktiv«, sagt Frau Dr. Wills, die meine Morgenvisite übernommen hat. Wieder bin ich um neun Uhr als Erste dran.

»Ja«, sage ich, »von einem Zimmerwechsel über Traumdeutung bis hin zu einer mittelschweren Beinverletzung war bei mir heute Nacht alles dabei.«

Frau Wills lacht kurz auf, dann blickt sie mich an. »Wie fühlen Sie sich jetzt?«

»Müde«, antworte ich, »aber ich hab jetzt bis zum Mittagessen nichts mehr vor und werde noch mal schlafen. Wird schon klappen, ich habe ja jetzt ein eigenes Zimmer.«

»Endlich haben Sie Verantwortung für sich übernommen.«

»Wie meinen Sie das?«

»Sie konnten vorher nicht schlafen, weil andere Sie davon abgehalten haben. Und Sie haben erwartet, dass andere Rücksicht nehmen. Damit geben Sie anderen Menschen aber unglaublich viel Macht über Sie – gehen alle richtig mit Ihnen um, geht es Ihnen gut. Machen die anderen Fehler, geht es Ihnen nicht gut. Verstehen Sie, worauf ich hinaus will?«

»Ja«, sage ich, »dass ich die Verantwortung für mein Wohlergeben nicht von anderen abhängig machen darf, weil es zu riskant –«

»Nein«, tönt plötzlich Andis laute Stimme durch die offen stehende Tür aus dem Nebenzimmer, »ich werde nicht erklären, was für mich Inquisition bedeutet, weil es wirklich nur ein Witz war!« Andi ist offensichtlich während der ersten Visite von Herrn Professor Baumann und seinen Gefolgsleuten in eine ähnliche Falle getappt wie ich.

»Was ist das schon wieder für eine Frage? Erzählen, wer ich so bin? Wenn ich wüsste, wer ich bin, wäre ich nicht hier«, sagt Andi, gewohnt laut und schnell, »und das war diesmal kein Witz. Jajaja, schreiben Sie ruhig alles auf.«

→

Überraschenderweise kann ich nach der Visite tatsächlich noch zwei volle Stunden tief schlafen und bin zum Mittagessen wieder ausgeruht. Nun sitze ich Margit im Schwesternzimmer gegenüber.

»Gehen Sie immer noch laufen?«, fragt sie.

»Ja, fast jeden Tag«, sage ich. »Linda hat mir beigebracht, ganz langsam zu laufen. So schaffe ich es mittlerweile richtig weit, ohne erschöpft zu sein. Aber es war schwer, erst mal zu kapieren, dass ich mich gar nicht permanent beeilen muss.«

»Wieso haben Sie sich vorher beeilt?«

»Ich habe mich immer bei allem beeilt«, sage ich, »um schneller voranzukommen. Aber ich habe festgestellt, dass man dann gar nicht schneller ist. Nur öfter erschöpft dazwischen und dadurch wird man insgesamt sogar langsamer.«

Schwester Margit nickt und lächelt mir freundlich zu. Ihre Hände liegen, übereinander gefaltet, ruhig auf dem Klemmbrett. Bisher hat sie noch nichts aufgeschrieben.

»Es wäre schön, immer alles in Ruhe machen zu können«, fahre ich fort, »also im Leben allgemein. Nicht immer unter Strom zu stehen. So wie ganz normale Leute halt.«

»Was ist denn der Unterschied zwischen Ihnen und ganz normalen Leuten?«

»Sie müssen nichts beweisen.«

»Und was müssen *Sie* beweisen?«

»Ich weiß nicht«, sage ich nachdenklich. »Kompetenz? Also, dass der Weg, den ich angefangen habe, auch zum Erfolg führt.«

»Müssen Sie das?«

Ich schweige.

»Wem müssen Sie das denn beweisen?«, fragt Schwester Margit.

»Mir selbst«, sage ich, »sonst müsste ich mir eingestehen, dass ich in den letzten Jahren mit grobem Unfug beschäftigt war. Alles umsonst gewesen ist.«

Schwester Margit blickt nachdenklich auf ihren Schoß, wo immer noch das Klemmbrett mit Stift und einer unangetasteten, weißen Papierseite liegt. Dann nimmt sie dass Klemmbrett langsam in beide Hände, hebt es hoch und legt es auf den leeren Schreibtisch.

»Sie kämpfen immerzu«, sagt Schwester Margit und rutscht mit ihrem Stuhl etwas auf mich zu. Dann legt sie ihre Hand auf meinen Arm. »Und Sie verlieren, weil Sie gegen einen sehr starken Menschen kämpfen – nämlich sich selbst. Hören Sie einfach damit auf.«

Ich schweige.

»Besteht denn die Möglichkeit, dass Sie lieber glücklich wären als erfolgreich?«

→

Am späten Nachmittag sitze ich wieder auf einem der Drehstühle am großen Tisch in der Mitte des Kunsttherapieraumes. Rechts neben mir sitzt Linda, links Andi in ihrer ersten Kunsttherapie. Gegenüber sitzen Max und Marcello. Der Raum ist warm und hell erleuchtet, draußen wird es bereits dunkel. Diesmal habe ich mich für Wachsmalfarben entschieden und arbeite nun an der Ruhekugel *reloaded.* Linda ist noch mit ihrem schwarz-weißen Schachbrettmuster beschäftigt, das sie beim letzten Mal angefangen hat, und Andis Bleistiftzeichnung sieht nach softpornografischem Comic aus.

»Können Sie sich bitte woanders hinstellen, mich macht das nervös, wenn jemand hinter mir steht«, sagt Andi zu Frau Wang, die ihr über die Schulter sieht.

»Warum macht Sie das nervös?«, fragt Frau Wang.

»Nein«, sagt Andi, legt ihren Bleistift zur Seite und dreht sich zu Frau Wang um, »nein, nein, nein! Das geht mir echt auf die Nerven, dass man hier wegen jeder Aussage in eine Diskussion verwickelt wird. Das hat nichts mit meinen Psychoproblemen zu tun, die meisten Menschen können es nicht leiden, wenn jemand hinter ihnen steht. Fertig, aus.«

»Frau Desens, Sie sind jetzt nicht unter Druck«, sagt Frau Wang. »Sie können zeichnen, was Sie wollen, und sich dabei so viel Zeit lassen, wie Sie wollen. Versuchen Sie, das sacken zu lassen.«

»Ist gesackt«, sagt Andi. »Es versaut mir aber auf keinen Fall die schlechte Laune.«

»Wie Sie meinen«, sagt Frau Wang zu Andi und spaziert, mit den Armen auf dem Rücken verschränkt, in Richtung Tür. »Arbeiten Sie alle in Ruhe weiter, ich bin in ein paar Minuten wieder da.«

»Glaubst du, dass es okay wäre, wenn ich mir einen Teilzeitjob suche, damit ich nebenbei auch mal Zeit habe, Blödsinn zu machen?«, frage ich Andi, als Frau Wang den Raum verlassen hat und wir weitermalen.

»Das ist die beste Idee, die ich je von dir gehört habe«, sagt Andi. »Vielleicht sollte ich das auch tun.«

»Na ja, die richtig guten Jobs gibt es nur in Vollzeit«, sage ich, »und da muss man sogar meistens noch länger machen als acht Stunden.«

»Ja«, sagt Andi, »und was haben wir davon? Schau uns doch an.«

»Ich weiß«, sage ich, »andererseits wollte ich immer einen Job finden, den ich so voller Begeisterung mache, dass mir die Zeit, die ich damit verbringe, völlig egal ist.«

Ich beneide Menschen, denen es gelungen ist, so einen Beruf zu finden. Man sieht sie manchmal in den Dokus der öffentlich-rechtlichen Sender. Da ist zum Beispiel ein auf verschiedene Schmetterlingsarten spezialisierter Biologe, der komplett in seinem Element ist, während er uns eine seltene Art zeigt, die nur in einer gesicherten Population in der Nähe von Grünwetterbach vorkommt. Er stört sich einen Dreck um die

Kamera und man merkt, dass es ihm wirklich nicht um Selbstdarstellung geht, sondern nur darum, den Menschen von seinem Wiesenknopf-Ameisenbläuling zu erzählen und ihnen näherzubringen, wie toll die Tierwelt im Allgemeinen ist. Solche Leute sind authentisch und den ganzen Tag im Flow. Sie haben meistens einen Vollbart, eine dicke Brille und sehen glücklich aus.

»Das kommt schon noch«, sagt Andi, »jetzt ist eben erst mal was anderes wichtiger.«

»Wo ist F-F-Frau Wang?«, fragt Marcello, der so in sein Bild vertieft war, dass er ihr Verschwinden nicht bemerkt hat.

»Zurück in ihren Vogelfutterladen, dem sie vor nicht allzu langer Zeit entlaufen ist«, sagt Andi.

»Um von dort aus das Ende der Welt vorauszusagen«, sage ich.

»Ich h-h-hab nur eine normale F-F-Frage gestellt.«

→

»Hallooo, liebe Mitverrückte«, sage ich gut gelaunt, als ich mit Andi das Wohnzimmer zur Abendrunde betrete. Traudel und Isabelle sitzen bereits auf dem Sofa und stricken, Lotte und Susan arbeiten an einem neuen Puzzle, diesmal mit einem Landschaftsmotiv, und nicken mir lächelnd zu. Vanessa sitzt an der Seite und blickt mich böse an.

»Also, so was muss ich mir echt nicht anhören«, sagt sie, steht auf und verlässt das Wohnzimmer.

»Das war doch nicht böse gemeint«, rufe ich Vanessa hinterher.

»Mach dir keinen Kopf«, sagt Traudel, »das hat nichts mit dir zu tun, sie ist heute generell schlecht drauf.«

Erstaunlicherweise mache ich mir tatsächlich keinen Kopf. Während der Abendrunde denke ich noch mal über meine Idee mit dem Teilzeitjob nach. Natürlich würde ich damit weniger Geld verdienen, aber um das abzufangen, könnte ich in einer WG leben. Einer verrückten Mädels-WG vielleicht. Insgeheim wollte ich das schon immer. Der Gedanke, dass ich damit die Chance auf das Ausbildungsprogramm verliere, lässt mich befremdlich kalt. Wahrscheinlich würde mich der Stress nur wieder aus der

Bahn werfen. Und dann könnte ich gar nicht so im Flow sein wie der Biologe mit seinen Schmetterlingen. Ich bin beinahe euphorisch und beim Abendessen erzähle ich von meinem neuen Plan.

»Das kannst du doch nicht machen«, sagt Isabelle entrüstet, »Fünfzig-Prozent-Stellen sind anspruchsloser Hausfrauenkram.«

»Aber ich brauche erst mal Zeit für andere Dinge«, versuche ich mich zu verteidigen.

»Also ich habe sogar meine Doktorarbeit während meiner Vollzeitarbeit geschrieben«, sagt Isabelle. »Das heißt, es gibt genügend Zeit für andere Dinge.«

»Und dann bist du hier gelandet«, sagt Andi, »herzlichen Glückwunsch!«

»Also hör mal«, sagt Isabelle an Andi gewandt, »das hat damit gar nichts zu tun. Ich will doch nicht ihre Entscheidung verurteilen, aber wahrscheinlich wird sie es nach einiger Zeit bereuen und –«

»Isa«, unterbricht Max und schüttelt, an Isabelle gewandt, kaum merklich den Kopf.

»Hey, L-L-Lotte kommt«, sagt Marcello und wir blicken auf. Lotte geht, mit einem auf Rundnadeln angefangenen pinkfarbenen Schal in der Hand, zu ihrem Platz und setzt sich. Sie wird von allen freudig begrüßt.

»Hallo«, sagt sie und lächelt. »Geht mir besser, ich habe sogar Hunger.«

»Das ist super«, sagt Max.

Lotte erzählt uns, dass sie nach ihrem Klinikaufenthalt von ihrem Freund und seiner Familie aufgenommen wird. Sie haben ein Weingut mit Gasthof und sie freut sich schon sehr darauf, dort mitzuhelfen. Außerdem, fügt sie strahlend an, steht in wenigen Monaten ihre Hochzeit an. Ich bin etwas überrascht von der Geschwindigkeit, freue mich aber von Herzen für Lotte und sie sammelt fröhlich Glückwünsche von unserem ganzen Tisch ein.

»Das ist ja wohl die Höhe«, regt sich Andi künstlich auf, »unsereins kriegt noch nicht mal 'ne ordentliche Beziehung auf die Kette und unser kleines Lottchen heiratet.«

»Und das ist ein Dankeschön-Geschenk für meine Schwiegermutter«, sagt Lotte und zeigt auf den angefangenen Schal, der nun neben ihrem Teller liegt. »Sie mag pink.«

Dann drückt sie mir ihren angefangenen Schal mitsamt der Rundnadeln in die Hand.

»Könntest du mal drüberschauen, Jenny? Ich glaub, ich hab Mist gebaut, kann sein, dass man zurückstricken muss.«

»Wer zurückstrickt, hat Angst«, sage ich unvermittelt.

»Wovor denn?«, fragt Lotte.

»Vor Fehlern«, sagt Andi. »Willst du einen komplett fehlerlosen Schal? Dann kannst du ihn auch im Kaufhof holen. Für fünf Euro. Von 'ner Maschine gestrickt. Dann hat aber jeder Zweite auf der Straße den gleichen. Nicht individuell.«

So wie ich mich aus Angst vor Fehlern nicht getraut habe, das zu tun, was ich eigentlich brauche. Deswegen gibt es Tausende austauschbarer Lebensläufe – sie sind fehlerlos, aber nicht individuell.

→

Nach Abendessen und Tagesschau helfe ich Schwester Margit im Waschraum und erzähle ihr, dass ich meine Downshifting-Gedanken vor Isabelle verteidigen musste.

»Vor dem Gespräch mit Isabelle war ich mir sicher. Jetzt mache ich mir so meine Gedanken«, sage ich und lasse meine Beine vom Trockner baumeln.

»Welche Gedanken?«, fragt Schwester Margit und drückt mir einen Stapel frisch gewaschener roter Minitischdeckchen in die Hände, die ich ordentlich falten soll.

»Ich stelle mir Fragen wie *Was tue ich, wenn es doch nicht das Richtige ist?* oder *Was tue ich, wenn ich es später bereue?*«, sage ich und beginne, die roten Tischdeckchen, die sonst immer in der Mitte eines jeden Tisches im Aufenthaltsraum liegen, zusammenzufalten.

»Ich verstehe«, sagt Schwester Margit.

»Es ärgert mich einfach, dass sie mir das schlecht reden musste«, sage ich. »Normalerweise war sie nie gegen mich.«

»Ich glaube nicht, dass Frau Berger gegen Sie ist«, sagt Schwester Margit, »Sie könnten diesen Vorfall als *Prüfung* betrachten, als Prüfung, ob Sie wirklich hinter Ihrer Entscheidung stehen. Wenn Sie das tun, kann Ihnen eine andere Meinung nichts anhaben. Wenn nicht, hätten Sie früher oder später ohnehin einen Rückzieher gemacht und Frau Berger hat Ihnen nur Zeit erspart.«

Ich schweige nachdenklich.

»Zurück zum Ursprungsthema«, sagt Schwester Margit. »Was wäre denn, wenn Sie die Entscheidung einmal bereuen sollten?«

»Hm«, sage ich nachdenklich. »Dann könnte ich mir immer noch einen anspruchsvolleren Job suchen. Aber vom jetzigen Standpunkt aus gesehen erscheint mir die Entscheidung richtig. Und man kann ja immer nur vom jetzigen Standpunkt ausgehen.«

»Sehr gut«, sagt Schwester Margit.

»Welche Tischdecken kommen denn jetzt überhaupt auf die Tische im Aufenthaltsraum?«, frage ich.

»Die hier«, sagt Schwester Margit und drückt mir einen Stapel Häkeldeckchen mit Weihnachtsmotiven in die Hand. »Die können Sie gleich mal auf den Tischen verteilen.«

»Jepp«, sage ich und springe vom Trockner.

»Frau Bentz, eine Sache noch«, sagt Schwester Margit, als ich schon die Kurve zum Flur nehme.

»Ja?« Ich drehe mich noch einmal um und bleibe im Türrahmen stehen.

»Ich gehe in den Ruhestand, heute ist mein letzter Arbeitstag«, sagt Schwester Margit. »Ab morgen ist Schwester Tatjana Ihre Vertrauensschwester. Wenden Sie sich an sie wegen Terminen für das Gespräch.«

»Nein!«, rufe ich in einem ersten Impuls und gehe auf Schwester Margit zu, »also ... entschuldigen Sie ... Sie haben sich natürlich Ihren Ruhestand verdient, aber ich ... jetzt kommt für mich eine wichtige Zeit, ich brauche Ihre Hilfe!«

»Sie brauchen niemanden mehr«, sagt Schwester Margit und legt mir die Hand auf die Schulter, »ab jetzt schaffen Sie es allein. Sie haben alles nötige Handwerkszeug dazu bekommen. Sie müssen es nur noch anwenden.«

Ich nicke.

»Merken Sie sich einfach eine Sache: Nicht die Aufgaben, die Ihnen das Leben stellt, sind die wahre Bewährungsprobe, sondern die Art, wie Sie sie lösen.«

→

Am Samstagmorgen herrscht die typische Wochenendaufbruchstimmung. Vor einigen Zimmertüren stehen gepackte Reisetaschen und kleine Koffer. Am Aufzug haben sich bereits Partner und Familienangehörige der Patienten versammelt, unter ihnen sehe ich Lindas Freund Philipp. Als ich um Viertel nach acht zum Frühstück komme, brechen einige bereits auf. Isabelle möchte an diesem Wochenende versuchen, zumindest tagsüber komplett in ihrer eigenen Wohnung zu bleiben, und selbst Traudel fährt heute zu ihrem Mann. Auch ich darf nun übers Wochenende nach Hause und werde später von meiner Mutter abgeholt. Da Max, Lotte und Isabelle bereits abgereist sind und Andi noch nicht wach ist, nehme ich mein Frühstück kurz entschlossen mit in mein Zimmer, setze mich aufs Bett und wähle Frau Segmüllers Handynummer, die sie mir für alle Fälle vor meiner überhasteten Heimreise mitgegeben hatte.

»Hallo?« Sie klingt etwas überrascht.

»Guten Morgen, Frau Segmüller, hier Jennifer Bentz«, sage ich.

»Ach hallo, schön, von Ihnen zu hören«, antwortet Frau Segmüller, »wie geht es Ihnen denn?«

»Gut«, sage ich und meine es. »Es geht mir gut. Entschuldigen Sie bitte, dass ich Sie privat störe, aber ich wollte Sie etwas fragen und konnte nicht mehr warten.«

»Schießen Sie los.«

»Sie haben mir von dieser Teilzeitstelle als Sekretärin erzählt, die nun frei wird, weil Sie nur noch halbtags da sind«, sage ich.

»Ja, richtig«, sagt Frau Segmüller, »wissen Sie jemanden?«

»Ja«, antworte ich, »mich. Meinen Sie, ich hätte eine Chance?«

»Was?«, fragt Frau Segmüller, hörbar überrascht. »Was wollen Sie denn mit einem Teilzeitjob als Sekretärin? Sie stehen auf unserer Liste für das Ausbildungsprogramm ganz oben, der Chef wird das nicht zulassen.«

Für einen kurzen Moment spüre ich, wie der altbekannte Adrenalinstoß durch meinen Körper schießt. Ich stehe ganz oben auf der Liste für das Ausbildungsprogramm. Und mein Chef möchte nicht, dass ich etwas anderes tue. Ich werde schon wieder geprüft, ob ich es mit der Veränderung ernst meine.

»Nein, Frau Segmüller«, sage ich nach einigen Sekunden des mich Sammelns mit fester Stimme, »die Stelle im Ausbildungsprogramm werde ich nicht übernehmen. Und ich werde auch nicht als Praktikantin zurückkommen. Aber am Sekretariatsjob habe ich ein ernsthaftes Interesse.«

»Hm«, sagt Frau Segmüller, »tja, dann müssten Sie eine Onlinebewerbung an die Personalabteilung schicken. Am besten heute noch, es ist schon Bewerbungsschluss. Heute Nachmittag werden die Einladungen zum Vorstellungsgespräch vereinbart.«

»Danke«, sage ich, »das werde ich tun.«

»Ich lege ein gutes Wort für Sie ein«, fügt Frau Segmüller an. »Sie kennen den Job und haben mich immer sehr zuverlässig vertreten.«

»Haben Sie vielen Dank«, sage ich, »das weiß ich zu schätzen.«

→

»Das klingt doch super«, sagt Andi, als ich ihr kurze Zeit später beim Frühstück im Aufenthaltsraum von meinem Telefonat erzähle.

»Erst mal abwarten«, sage ich, »ich hab schon mal einen Job wegen angeblicher Überqualifizierung nicht bekommen.«

Der Teamleiter hatte damals beim Vorstellungsgespräch permanent betont, wie gut mein Lebenslauf, der noch nicht lange zurückliegende Uni-Abschluss und meine Praxiserfahrungen zum Jobprofil passten. Dann wurde mir zwei Tage später durch seine Sekretärin per E-Mail abgesagt. Stundenlanges Grübeln, wie es dazu gekommen war, brachte mich keinen Schritt weiter und so fasste ich mir ein Herz und rief in der Firma an.

»Wie soll ich sagen, wir haben lange überlegt …«, sagte der Teamleiter und seufzte. »Es war irgendwie so … äh … dass Sie uns etwas zu ambitioniert gewirkt haben«, fuhr er fort und seufzte erneut, sodass ich das Gefühl hatte, ihn mit diesem Gespräch in eine unangenehme Situation zu bringen.

»Sie haben bisher so geradlinig Ihren Weg verfolgt, so zielsicher an Ihrer Karriere gearbeitet und immer sehr gute Noten und Beurteilungen von Arbeitsstellen ...«

»Entschuldigen Sie, bin ich zu *gut?«*

»Ähm ... ja ... äh, nein ...«, sagte er, »zu ehrgeizig trifft es eher. Wir arbeiten hier nicht mit Ellbogen. Wir suchen eher einen kollegialen Mitarbeiter. Sie hätten sich sicherlich schnell gelangweilt.«

Wo sind die Jammereien über die Jugend von heute, die sich für nichts interessiert und keine Arbeitsmoral hat? Heute sind wir überqualifiziert, zu fleißig und lassen uns für eine perfekte Biografie den Stinkefinger zeigen. Sam hatte die Theorie entwickelt, der Teamleiter sähe in mir eine fähige Konkurrentin, die ihm mittelfristig seine eigene Position streitig machen könnte, und er sei daher auf der Suche nach einem tendenziell dümmeren Mitarbeiter. Aus meinem Lebenslauf müsse vielleicht mehr hervorgehen, dass ich ein netter, menschlicher Mensch sei und keine kompromisslose Arbeitsmaschine, meinte Melissa. Über den für meinen Bruder typischen, pragmatischen Rat, für die Zukunft das Magisterzeugnis zu fälschen und die Noten schlechter zu machen, habe ich daher beängstigend lange nachgedacht.

»Das ist ja mal wieder typisch«, regt sich Andi auf und wirft ihr nur halb gegessenes Schinkengraubrot auf Max' stehen gelassenes Tablett. »Ehrgeiz, Kampfgeist und all diese Dinge sind traditionell männliche Eigenschaften, die, wenn Frauen sie mitbringen, gerade auf Männer abstoßend wirken. Insofern ist das, was dir da passiert ist, nur wieder ein Beispiel für den zwar etwas subtiler gewordenen, aber immer noch vorhandenen Sexismus im Arbeitsleben.«

Andi kann nichts dafür, sie hat Soziologie studiert. Aber immerhin ist sie die Einzige, die sich immer angemessen mit mir in Situationen hineinsteigert. »Kann ich mir nicht vorstellen«, erwidere ich. »Sonst hätten sie mich gar nicht zum Gespräch eingeladen. Aber selbst wenn da was dran sein sollte, solange ich bei der Bewerbung nicht mit dem Geschlecht bescheißen darf, hilft mir diese Erkenntnis keinen Schritt weiter.«

»Hast recht«, sagt sie einsichtig, »aber jetzt ist ja sowieso alles einfacher. Wenn du dich als Sekretärin bewirbst, meine ich. Du musst der

Bewerbung noch nicht einmal deine Gebärmutter beilegen, um dein Recht auf Gleichbehandlung zu sichern.«

»Stimmt«, sage ich und nicke. »Mein Chef hält nichts von männlichen Sekretärinnen.«

→

Nachdem ich zu Hause bei meinen Eltern die Onlinebewerbung versandt habe, steht ein ausgiebiger Wellnessnachmittag auf dem Programm. Entgegen aller Erwartungen hatte ich in der Klinik die Badewanne kaum vermisst, aber nun genieße ich den Luxus eines heißen Schaumbades. Entspannt atme ich den angenehmen Duft von Vanille und Orangenblüten ein, lege den Kopf zurück und schließe die Augen. Ich denke an Andi, die heute Nachmittag ihr Auto beim Abschleppdienst abholen muss. Offensichtlich war der Parkplatz gegenüber von Pedros Restaurant zum Dauerparken ungeeignet. Heute Morgen hatte sich ein entrüsteter Polizeidienststellenleiter bei ihr gemeldet, der es nach eigener Aussage noch nie erlebt hatte, dass sich der Besitzer eines abgeschleppten Autos nicht binnen 48 Stunden von selbst meldet.

»Wieso soll *ich* mich bei *Ihnen* melden?«, hatte Andi ebenso entrüstet zurückgefragt. »Ich habe mein Auto seit Donnerstag nicht mehr gesehen und, ehrlich gesagt, auch nicht vermisst. Und selbst wenn, woher soll ich denn wissen, dass *ihr* das habt? Könnte ja auch geklaut worden sein. Aber nun muss ich unser nettes Gespräch höflichst beenden, da ich mich zurzeit im Irrenhaus befinde und von meiner Vertrauensschwester zu einem Gespräch gebeten wurde. Haben Sie vielen Dank für Ihren Anruf.«

Ich beschließe, meinen Wellnessnachmittag abzubrechen – zum Teufel mit Solarium und Maniküre. Fünf Minuten, nachdem ich aus der Badewanne gestiegen bin und mich angezogen habe, bitte ich meine Mutter, mich wieder zur Klinik zu fahren.

»Soll ich dich dann morgen extra wieder abholen?«, fragt sie etwas perplex.

»Nein«, sage ich, »ich bleibe übers Wochenende. Ich weiß nicht, wie viel Zeit ich dort noch habe.«

Pünktlich zum Mittagessen bin ich zurück. Als ich vom Aufzug aus den langen Flur entlanggehe, sehe ich bereits Andi, Marcello und Maria am ersten, an unserem, Tisch sitzen. Auf den kleinen Weihnachtsdeckchen, die ich gestern auf den Tischen verteilt habe, steht nun jeweils eine dicke rote Kerze, die mit Tannenzweigen geschmückt ist. Die Kerze auf unserem Tisch brennt.

»Hallooo zusammen!«, rufe ich gut gelaunt, als ich den Aufenthaltsraum betrete. Marcello und Maria grüßen zurück und winken mir zu, Andi steht auf und fällt mir euphorisch um den Hals.

»Das ist sooo cool, dass du wieder hier bist«, sagt sie, »du musst mir helfen, mein Auto mit der Straßenbahn vom Abschleppdienst zu holen. Die wollen nämlich alle nicht mit!« Andi zeigt vorwurfsvoll auf Marcello und Maria.

»Ich m-m-muss heute Nachmittag endlich mal Schlaf n-n-nachholen«, sagt Marcello.

Vermutlich ist er noch immer eingeschüchtert von Andis Fahrstil.

»Und ich werde von meinem Mann zu einem Stadtbummel abgeholt«, sagt Maria.

Das sind gute Ausreden. Ich habe keine. Neunzig Minuten später kommen Andi und ich nach einer Odyssee aus mehreren S-Bahn-Stationen, zwei Mal Busfahren und einem Fußmarsch durch verwirrende Sackgassen und Einbahnstraßen auf dem Gelände des Abschleppdienstes an. Die Tür des Büros ist verschlossen und ein lieblos angenageltes, schief hängendes Schild vertröstet uns auf 15 Uhr. Wir gehen zwei Straßen zurück zu einem hübschen, weihnachtlich geschmückten Café und bestellen bei einer netten alten Dame in Blümchenschürze Cappuccino mit Zimt und Kirschkuchen. In der gegenüberliegenden Ecke steht ein mit roten Kugeln und goldenen Geschenken geschmückter Weihnachtsbaum. Aus den Lautsprechern dröhnt *Last Christmas* von Wham.

»Bist du aufgeregt wegen des Jobs?«, fragt sie.

»Nein«, sage ich, »eigentlich nicht. Wenn ich ihn kriege, ist es super, weil ich die Firma mag. Aber wenn nicht, finde ich etwas anderes, das mich nicht überfordert. Zumindest fürs Erste. Bis es mir wieder richtig gut geht und ich ein paar Dinge nachgeholt habe, die man mit zwanzig so tut.«

»Cool«, sagt Andi. »Was denn zum Beispiel?«

»Ich würde gern mal in einer chaotischen WG leben«, sage ich, »Gitarre oder Schlagzeug lernen. Green Day live sehen. So was eben.«

Andi nickt.

»Aber auch einfach ganz banale Dinge tun, die andere Zwanzigjährige so tun«, fahre ich fort, »mal zwei Tage so verkatert sein, dass ich nicht aus dem Bett komme. Oder wegen Liebeskummer. Bisher hatte ich nie Zeit für so was.«

»Apropos Liebeskummer«, sagt Andi. »Mit dir und deinem Freund läuft es grad nicht so gut, oder?«

Die nette alte Dame mit der Blümchenschürze bringt unseren Cappuccino und den Kuchen.

»Nein«, sage ich. »Wie kommst du darauf?«

»Na ja«, antwortet Andi, »erstens: Seitdem ich hier bin, hat er dich noch nicht einmal besucht. Noch nicht mal jetzt am Wochenende. Und zweitens: Es ist dir egal.«

»Hm«, sage ich, »ja. Aber das heißt nicht, dass ich ihn nicht sehen will. Jetzt würde es auch wieder gehen, weil ich mich besser fühle. Aber vorher war es anstrengend für mich, weil er verständlicherweise mein Gejammer leid war und ich mich deshalb immer verstellen musste.«

»In einer guten Beziehung muss man sich aber nicht verstellen. Und man steht hinter jemandem, auch wenn er mal 'ne Zeit lang 'ne Spaßbremse ist«, sagt Andi und löffelt genüsslich die Sahne von ihrem Cappuccino. »Mal ehrlich, Jen, es sieht nicht wirklich so aus, als würde er dich sehr glücklich machen.«

»Kann sein«, sage ich und greife nach meinen Zigaretten. »Ich habe sowieso das Gefühl, dass er nicht mehr zu hundert Prozent hinter mir steht.«

»Wenn ich jetzt mein Auto mit meiner CD-Sammlung hier hätte, würde ich die Kellnerin bestechen, dass sie diese nervige Weihnachts-CD durch Marilyn Manson ersetzt«, sagt Andi, als Mariah Carey mit *All I want for Christmas* zu hören ist.

»Tja«, sage ich. »Jetzt hören sie vielleicht Marilyn Manson auf der Polizeidienststelle.«

»Kann denen nicht schaden, mal ein bisschen lockerer zu werden«, sagt Andi. »Hast du ihn mal drauf angesprochen, ob er die Beziehung noch will?«

»Nein«, sage ich, »ich habe irgendwie Angst vor einer negativen Antwort.«

»Jen«, sagt Andi kopfschüttelnd und blickt mich an, »du weißt, was du tun musst, oder?«

»Ja«, sage ich widerwillig und weiche Andis Blick aus. »Aber gerade jetzt, wo es mir besser geht, wird sich das bestimmt auch auf meine Beziehung auswirken. Man muss doch um jemanden kämpfen.«

»Ja«, sagt Andi, »aber es lohnt sich immer nur dann zu kämpfen, wenn du auf der anderen Seite auch ein klares *Ja* hast. Prüf das. Und prüf es ehrlich.«

Für einen flüchtigen Moment schießt mir ein Gedanke durch den Kopf, der sich auf seltsam vertraute Weise gut anfühlt. Bevor ich ihn fassen kann, beginnt mein Handy auf dem Tisch zu vibrieren. Es ist die Nummer meiner Firma, allerdings mit einer fremden Durchwahlnummer am Ende. Aufregung, Freude und Euphorie wechseln sich ab. Ich werfe Andi einen vielsagenden Blick zu. Sie hält beide Daumen in die Luft, drückt hektisch ihre Zigarette aus und steckt sich sofort eine neue an. Ich hebe ab.

»Hallo?«

»Landmeier, guten Tag«, höre ich den Personalchef, »spreche ich mit Frau Bentz?«

»Ja, guten Tag«, sage ich und zwinge mich, meine Stimme ruhig und tief zu halten.

»Frau Bentz, wir haben Ihre Bewerbung bereits gesichtet und, es geht vielleicht etwas schnell, aber hätten Sie gleich in der kommenden Woche Zeit für ein Vorstellungsgespräch?«

»Ja, sicher«, sage ich in einem ruhigen, gefassten Ton, »sehr gern«

»Wie würde Ihnen Dienstagnachmittag, 16 Uhr, passen?«

»Wunderbar«, sage ich.

»Gut, dann erwarten wir Sie am Dienstag«, sagt Herr Landmeier, »ich freue mich auf das Gespräch.«

»Ich mich auch«, sage ich, »vielen Dank für Ihren Anruf.«

Als ich keine fünf Sekunden später zu *Driving Home for Christmas* mit Andi um den Tisch tanze, fällt mir ein, dass ich mich von der Klinikleitung beurlauben lassen muss. Zwar darf man die Station jederzeit verlassen, aber solange man in Behandlung ist, dürfen Therapietermine nur in Absprache mit dem zuständigen Therapeuten versäumt werden. Ich muss mit Professor Baumann sprechen, sobald wir zurück sind. Mittlerweile ist es sogar nach 15 Uhr und wir können Andis Auto auslösen. Die Gebühr von 270 Euro schockt sie kaum, sie sei schließlich keine Anfängerin auf diesem Gebiet, sagt sie zu einem etwa fünfzigjährigen, dicken Mann mit Schnauzer, der in dem bisher verschlossenen Bungalow am Schreibtisch sitzt. Ein Problem ergibt sich allerdings dadurch, dass sie ihr Auto nur durch Vorlage eines gültigen Personalausweises auslösen kann. Den kann sie zurzeit nicht finden.

»Tut mir leid«, sagt der dicke Mann und räuspert sich, »aber ohne Ausweis darf ich Ihnen das Auto nicht geben. Kommen Sie einfach wieder, wenn Sie Ihren Ausweis auftreiben konnten. Das macht allerdings eine Standgebühr von acht Euro für jeden weiteren Tag.«

»Wissen Sie was?«, sagt sie, erneut an den Mann gewandt. »behalten Sie's erst mal. Im Augenblick brauche ich die Karre sowieso nicht.«

»Das ist billiger als die Parkhausgebühr im Krankenhaus«, raunt Andi mir zu, während sie mich, unter den fragenden Blicken des dicken Mannes, im Eiltempo unsanft aus dem Büro des Abschleppdienstes schiebt.

→

Zurück auf der Station, suche ich sofort Schwester Tatjana auf, um meine Abwesenheit für die kommende Woche zu klären. Ich habe vor, am Dienstagmorgen mit dem Zug loszufahren, mich dann in Ruhe auf das Gespräch vorzubereiten und im Anschluss bei meinem Freund zu übernachten. Mittwoch fahre ich wieder zurück zur Klinik.

»Herzlichen Glückwunsch für die Einladung«, sagt Schwester Tatjana und lächelt freundlich. »Professor Baumann ist allerdings erst ab Montag wieder im Haus, bis dahin werden Sie sich gedulden müssen.«

»Aber er lässt mich doch dahin fahren, oder?«

»Ich kann nicht für ihn sprechen«, sagt Schwester Tatjana, »aber ich glaube nicht, dass etwas dagegen spricht.«

»Danke schön«, sage ich und mache mich etwas unzufrieden auf den Weg ins Wohnzimmer. Ich hätte das alles gern gleich geklärt, damit ich Probleme von vornherein ausschließen kann. Ich beschwere mich bei Andi und Marcello, die an Lottes Puzzle arbeiten.

»Das wird schon«, sagt Andi, »manche Dinge lassen sich eben nicht im Vorfeld klären.«

»M-m-manchmal ist es auch besser, nicht alles gleich zu k-k-klären«, sagt Marcello, »sondern es erst mal g-g-genauer zu analysieren. Ich habe letztens gedacht, es w-w-wäre ein weißer Käfer auf meinem T-t-teppich, und da weiße Käfer selten sind, d-d-dachte ich, er ist bestimmt gefährlich und wollte ihn z-z-zertreten. Aber als ich näher hingesehen habe, war es nur eine A-A-Ameise, die ein Stück weiße Schokolade geschleppt hat.«

»Häää?«, fragt Andi. *»Was?* Was erzählst du wieder für einen Mist?«

»Ich glaub, ich weiß, was er meint«, sage ich und zwinkere Marcello zu. »Eigentlich ist es ja auch gar nicht so sehr die Organisation, sondern auch ein bisschen die Nervosität wegen des Termins und des Jobs an sich.«

Ich bin mir zwar sicher, dass ich den Anforderungen vollkommen entspreche und weder fachlich noch zeitlich oder psychisch überfordert wäre. Allerdings weiß ich, dass Frau Segmüller auch ganze Meetings oder Drehbuchgespräche führt, und zwar sehr erfahren und souverän. Vielleicht wäre mein Studium für einen solchen Posten einfach zu theoretisch, ich weiß, wann in China die Prime-Time ist, aber ich habe keine Ahnung, wie man ein Meeting leitet.

»Du hast 'ne Wimper«, sagt Andi, wischt mir durchs Gesicht und hält mir ihren Daumen mit einer ausgefallenen, schwarz-getuschten Wimper hin. »Blas weg und wünsch dir was.«

Ich wünsche mir, dass ich den Job bekomme. Oder sollte ich mir lieber wünschen, dass meine Beziehung besser wird?

»Du hast dir gewünscht, dass du den Job bekommst, stimmt's?«, fragt Andi.

»Das darf ich doch nicht sagen«, sage ich.

»Natürlich hast du«, sagt Andi, »sonst hättest du jetzt anders reagiert. Aber so was soll man sich nicht wünschen.«

»Wieso?«

»Ich hatte doch das Vertrauensschwesterngespräch«, sagt Andi. »Du kennst Schwester Margit?«

»Jaaa«, sage ich ungeduldig.

»Sie war ja wohl der Dr. House der Psychologie«, erklärt Andi. »Und sie sagt, man solle gedanklich nicht an zu konkreten Dingen festhalten. Also dir wünschen, dass du den richtigen Job zur richtigen Zeit findest, geht klar. Aber dir wünschen, dass genau der eine Job jetzt sofort funktioniert, geht nicht klar.«

»Wieso?« frage ich.

»Weil du dann zu sehr an einer einzigen Variante festhältst und den Blick fürs große Ganze verlierst«, erklärt Andi. »Stell dir vor, du erzwingst diesen Job und nach zwei Wochen stellt sich heraus, dass er nicht gut für dich ist? Und dass du dadurch den richtigen Job, der eine Woche später gekommen wäre, verpasst hast?«

»So ähnlich war es beim letzten Mal.«

»Siehst du, großer Mist«, erklärt Andi weiter, »verlass dich einfach mal drauf, dass du das Richtige schon erkennen wirst, wenn es da ist. Ohne es zu stark beeinflussen zu wollen. Schwester Margit sagt dazu: ›Festhalten ist Angst, Loslassen ist Vertrauen.‹«

»Dann wünsche ich mir bei der nächsten Wimper, dass das Richtige passiert«, sage ich. »Selbst wenn das bedeutet, dass ich diesen Job nicht kriege?«

»Genau«, sagt Andi, »oder wünsch dir halt besseres Wetter, wenn es angebracht ist.«

→

Nachdem Andi sich als Herr Landmeier, beziehungsweise als ihre Version eines möglichen, ihrer Meinung nach wahrscheinlich bayrischen Herrn Landmeiers, verkleidet und mich hinsichtlich meiner Ambitionen und Fähigkeiten zwei Stunden lang auf Herz und Nieren geprüft hat, bin ich seltsam ruhig. Nach dem Abendessen, zu dem auch Maria und Isabelle wieder da sind, versammeln wir uns im Wohnzimmer. Isabelle und ich stricken, Andi zappt sich durch das TV-Programm, Maria und Marcello puzzeln.

»Es kommt noch nicht mal was gutes Schlechtes im Fernsehen«, beschwert sich Andi, »wie die *Super Nanny* oder so.« Dann schaltet sie gelangweilt hin und her zwischen *Schlag den Raab* und einem vorhersehbaren TV-Film, in dem die immer gleiche Brünette einmal mehr erkennt, dass man auch noch mit vierzig die große Liebe finden kann, während man bei Tante Friede auf dem Dorf eine schreckliche Trennung verarbeitet und eigentlich bereits mit dem Leben abgeschlossen hat. Am Ende entscheidet sich Andi für Bohlen, bleibt aber unzufrieden. Vielleicht ist die Programmauswahl einfach zu groß. Das waren noch Zeiten, als Hans Joachim Kuhlenkampf Ende der siebziger Jahre 25 Millionen Zuschauer hatte. Das ZDF und die Dritten mussten einsehen, dass sie daran auch nichts ändern konnten; es wurde dann das Testbild ausgestrahlt und man ging nach Hause. Wahrscheinlich, um Kuhlenkampf zu sehen. Das war mal lässig. Heute gäbe es Krisensitzungen, Quotenneid und extra dagegen gesendete, teure Supershows. Kein Mensch ist mehr lässig.

→

»Schluss jetzt«, höre ich Andis Stimme am Sonntagmorgen. Ich blinzle vorsichtig. Sie ist bereits perfekt gestylt, hat eine Zigarette im Mundwinkel und blickt mich vorwurfsvoll an.

»Du hast jetzt scheiß zwölf Stunden geschlafen, das reicht für jemanden, der immer behauptet, scheiß Schlafprobleme zu haben.«

»Was ist denn los?«

»Außer dir ist kein Arsch hier, der mit mir eine rauchen geht, also los.«

Während ich unter Protest in Moonboots schlüpfe und den Wintermantel über mein Schlafshirt ziehe, holt Andi eine Zeitschrift aus ihrem Mantel hervor und wirft sie auf meinen Tisch.

»Ich war schon mal am Kiosk und habe zufällig was für dich gefunden«, sagt sie. Ich blicke auf das Cover. Es ist eine Frauenzeitschrift mit dem Titel *Erfolgreich im Meeting – Was Sie beachten müssen, wie Sie Ihre Kommunikation verbessern.*

»Kann nicht schaden«, sage ich.

Zwei Minuten später stehen wir auf dem Balkon und blicken auf den ersten Schnee des Jahres. Die Sicht über den Wald und die Hügel bei wolkenlosem, blauem Himmel ist atemberaubend.

»Krass«, sage ich.

»Siehst du«, sagt Andi.

Mir wird schlecht von der Zigarette vor dem Frühstück.

»He, schau mal, wer da kommt«, sagt Andi und zeigt auf den rechten Teil des Parkplatzes, wo Max gerade seine Reisetasche aus dem Kofferraum eines dunkelblauen BMWs hebt.

»Was macht der denn schon wieder hier?«, frage ich.

»Das sagt ja wohl die Richtige«, sagt Andi.

Ich lache.

»Wir sollen ihn übrigens herausfordern, den Maxi«, sagt Andi, »also, er möchte gern, dass wir ab und zu mal fies, gemein und ungerecht zu ihm sind, damit er seine Selbstbeherrschung üben kann.«

»Das kriegen wir hin.«

»Was hast du eigentlich heute vor?«

»Mal 'nen ganzen Sonntag lang im Bett liegen«, sage ich, »davon reden immer alle und ich habe es noch nie gemacht.«

»Cool, ich schieb mein Bett zu dir rüber und mach mit«, sagt Andi. »Ich muss eh mal mit dir reden. Ich weiß mittlerweile, was mein scheiß Problem ist und woher es kommt, aber ich kann es nicht lösen. Das ist, wie wenn man Feuer hat, aber keine Zigaretten.«

»Umgekehrt ist es aber viel schlimmer«, antworte ich. »Also wenn man Zigaretten hat, aber kein Feuer.«

»Wieso schlimmer? In beiden Fällen kannst du nicht rauchen.«

»Ich weiß nicht«, antworte ich, »vielleicht, weil man näher dran ist.«

»Ja, ich glaube, daran liegt es.«

»Guten Morgen, die Damen«, begrüßt uns Max, der mit seiner schwarzen Tasche über den Schultern auf dem Balkon erscheint.

»Das ging ja schnell«, sagt Andi, »hast du kein Zuhause, oder was?«

Max' Gesichtsausdruck geht innerhalb von Millisekunden von Freude zu Wut über.

»Hast du wieder deine Happy-Pillen vergessen? Sonst geh du doch nach Hause, wenn du keine Probleme hast!«, schreit er und dreht sich wieder zum Gehen um.

»Ich bin auf Entzug, du Arsch!«, schreit Andi zurück. »Wir sprechen uns später!«

»Danke für die Warnung!«, schreit Max, während er die Glastür hinter sich zuwirft und wutentbrannt in Richtung Station verschwindet.

»Ach, ich freu mich, dass er wieder da ist«, sagt Andi und zündet sich die zweite Zigarette an.

→

Ich arbeite in einem Unternehmen, in dem es um Lkws geht. Mit einem anthrazitfarbenen Kostüm und einem To-go-Kaffeebecher in der Hand betrete ich den kargen Raum, in dem das Morgen-Meeting stattfindet. Ich habe keine Ahnung, worum es geht, aber ich bekomme mit, dass wir aus versicherungstechnischen Gründen einen Lkw loswerden müssen. Er soll einen Totalschaden erleiden, aber es soll wie ein Unfall aussehen. Der Auftrag geht an mich. Ich soll unter unseren zweitausend Mitarbeitern einen finden, der sowieso nicht mehr leben will. Der soll dann mit besagtem Lkw eine Klippe runterfahren und wir kassieren die Versicherungssumme. Ich fange mit der Suche an. Tatsächlich finde ich einen Mann, der ohnehin schon an Selbstmord dachte und mit dem Plan einverstanden ist. Als wir die Details besprechen, kommt es allerdings zu Unstimmigkeiten. Er möchte bei einer Autobahnfahrt die Leitplanken durchbrechen, auf die Gegenfahrbahn schleudern und dann mal schauen, was passiert. Das halte ich für unverantwortlich. Es könnte Autofahrer gefährden, die, anders als er, nicht frühzeitig abtreten wollen. Ich bestehe auf meinem Vorschlag mit den Klippen. Er lenkt nicht ein. Wenigstens kurz vor seinem Tod möchte er noch ein bisschen Adrenalin spüren, sagt er. Ich werde aggressiv, der Deal platzt, ich verliere meinen Job und wache auf. Ich drehe meinen Kopf auf die Seite, öffne meine Augen.

Es ist Sonntagnachmittag, Andi sitzt, an die Wand gelehnt auf ihrem Bett, das sie zu mir rübergerollt hat, liest meine Frauenzeitschrift und isst meine Chips.

»Du hast Angst, im Job zu versagen, weil deine moralischen Ansprüche in unserer modernisierten, industrialisierten und schnelllebigen Welt einfach veraltet sind und untergehen«, deutet sie meinen Traum.

»Und was sagt mir das?«

»Keine Ahnung«, sagt sie und puhlt die letzten Chips aus der Ecke der Tüte. »Aber vor allem solltest du die Klischees in deinen Träumen überdenken. Mit Kostümchen und To-go-Kaffeebecher ahnungslos ins Meeting – abgehalfterter geht's ja kaum noch.«

»Ich entschuldige mich in aller Form für die stereotypen Alter Egos in meinen Träumen.«

→

Während der Abendrunde blättere ich in Andis Frauenzeitschrift.

»Ich stelle einige positive Entwicklungen fest. Ich rege mich definitiv weniger auf«, höre ich Max im Hintergrund die Woche rekapitulieren. »Sonst hätte ich Andis Einzug auf die Station gar nicht überlebt.«

Ich bin nicht sonderlich überrascht vom Inhalt des Dossiers *Erfolgreich im Meeting:* Es geht in erster Linie darum, wie man sich als Frau besonders männlich verhalten sollte, um autoritär zu wirken. Außerdem darum, welche Bluse zu welchen Schuhen oder welche Handtasche zu weiblicher Durchsetzungsfähigkeit passen.

»Frau Bentz?«, höre ich plötzlich Schwester Sybilles laute Stimme.

»Ja?«, schrecke ich auf. Ich war als Erste dran und habe bereits von meinem Befinden erzählt, daher bin ich nun überrascht und habe auch den Anschluss verpasst.

»Wir sind beim organisatorischen Teil«, sagt Schwester Sybille. »Sie haben ja mittlerweile die Essenskarten und den Küchendienst so gut im Griff, da wollte ich fragen, ob Sie ab morgen noch eine Patenschaft für eine neue Patientin übernehmen möchten?«

»Gern«, sage ich automatisch.

»Gut, dann –«

»Nein, warten Sie«, unterbreche ich Schwester Sybille, »so wie ich das sehe, sind wir immer zwölf Patienten und es gibt, zusammen mit Karten, Küchendienst und Patenschaften, immer genau sechs Aufgaben. Daher weiß ich nicht, warum ich gleich drei davon übernehmen soll. Wenn jeder alle zwei Wochen einen einzigen Job übernimmt, ist für alle und mehr gesorgt.«

Schwester Sybille nickt.

»Sie haben völlig recht, Frau Bentz«, sagt sie kurz darauf. »Hat jemand anders Interesse an einer Patenschaft?«

→

Zum *Tatort* sitzen wir alle gemeinsam im Wohnzimmer. Diesmal hat Isabelle einen Kuchen mitgebracht, Vanessa Weihnachtsplätzchen gebacken und Schwester Tatjana bringt uns eine Kanne mit scharfem Chilitee. Ich sitze bei Traudel und stricke. Mein Schal ist mittlerweile mindestens zehn Zentimeter lang, weiß und puschelig. Er hat ein paar Fehler, sieht aber insgesamt ganz passabel aus. Man kann darauf aufbauen. Ich genieße die Ruhe. Ich glaube, es ist die Ruhe vor dem Sturm. Und diesmal bin ich bereit.

»Jen, ich geb dir zehn Euro, wenn du was Gemeines über einen anwesenden Mitpatienten sagst«, sagt Andi.

»Ich glaube, Max trägt ein Toupet«, sage ich und werfe mir eine Pistazie in den Mund.

»Seid ihr bescheuert oder was?«, fragt Max und blickt aggressiv von seinem Puzzle auf. »Dann hätte ich ja wohl kaum graue Schläfen!«

»Hahaha!« Andi schüttelt sich vor Lachen.

»Nein, ich reg mich nicht auf«, sagt Max, schüttelt den Kopf und wendet sich wieder seinem Puzzle zu.

»Guter Junge«, sagt Andi.

»Zehn Euro«, sage ich.

Kapitel 10

Das Leben selbst

Am Montagmorgen fange ich direkt nach dem Frühstück damit an, meinen kleinen Rollkoffer für den Zweitagesausflug am nächsten Tag zu packen. Ich fühle mich positiv aufgeregt und voller Energie. Vor der Pinnwand im Aufenthaltsraum hat sich, wie jeden Montag, eine riesige Patiententraube gebildet. In Windeseile spricht sich herum, dass die komplette Woche über BT, Musik und Kunst ausfallen, weil die Therapeuten auf einer Fortbildung sind. Dafür gibt es täglich eine Gruppentherapie. Außerdem kommen heute zwei neue Patienten an. Meine Aufregung darüber hält sich in Grenzen; ich muss nun als Erstes meine Abwesenheit mit Professor Baumann klären und mache mich auf den Weg durch den Klinikgarten zum Therapiegebäude.

»Guten Morgen, Frau Bentz«, sagt er freundlich, nachdem ich an seinem Büro geklopft habe und eingetreten bin. Er sitzt an seinem Computer, viele Unterlagen sind um ihn herum auf dem Schreibtisch verteilt, dazwischen stehen Kaffeetassen und Frühstücksteller. »Was kann ich für Sie tun?«

»Ich wollte nur Bescheid geben, dass ich morgen ein Vorstellungsgespräch habe und nach dem Frühstück weg muss«, erkläre ich und bleibe vor Professor Baumanns Schreibtisch stehen, »ich wäre dann am Mittwoch abends wieder da.«

»Wann haben Sie denn das Vorstellungsgespräch?«

»16 Uhr«, antworte ich.

»Dann sehe ich keine Notwendigkeit darin, dass Sie morgens schon losfahren und erst mittwochs wieder zurück kommen«, sagt Professor Baumann sachlich.

»Vor dem Gespräch möchte ich mich in Ruhe vorbereiten«, sage ich, »und abends fahren die Züge sehr unregelmäßig. Es würde dann sehr spät werden am Dienstagabend.«

»Aber Sie wären am Mittwochmorgen für die Gruppentherapie wieder im Haus«, sagt Professor Baumann.

»Was soll das?«, frage ich aufgebracht. »Gruppe ist doch sowieso immer das Gleiche.«

»Aha?«, fragt Professor Baumann neugierig.

»Ja«, sage ich entnervt. »Linda muss weinen, Vanessa ist schuld, Max regt sich auf und Marcello traut sich kaum, was zu sagen.«

»Das ist ja interessant, worauf Sie den Nutzen der Gruppentherapie herunterbrechen«, sagt Professor Baumann.

Ich schweige.

»Sie sind morgen *nach* der Gruppentherapie bis nach dem Abendessen entschuldigt.«

»Hinreise, Gespräch und Rückreise an einem Tag«, sage ich, »das ist purer Stress und macht mich jetzt schon nervös. Am Schluss kann ich wieder nicht schlafen. Lassen Sie es mich doch etwas ruhiger angehen und so planen, wie ich es selbst für richtig halte.«

Professor Baumann blickt mich an und schweigt bedrohlich. Ich seufze.

»Sie haben mir geholfen, endlich die richtigen Möglichkeiten zu sehen und jetzt, wo ich sie umsetzen will, legen Sie mir Steine in den Weg«, sage ich. »Das macht doch keinen Sinn!«

»Frau Bentz, ich glaube, wir haben alles Nötige geklärt«, sagt Professor Baumann bestimmt und steht von seinem Schreibtisch auf, um mich zur Tür zu begleiten.

»Ja, auf Wiedersehen«, sage ich trotzig und schüttle Professor Baumann die Hand. Zurück auf dem Flur verfluche ich Schwester Margit für ihre Pensionierung. Wenn sie noch da wäre, hätte sie mir geholfen, das irgendwie für mich geregelt.

»Na, wie war's beim Chef?«, fragt mich Andi, als ich den Aufenthaltsraum betrete. Sie sitzt mit ihrem großen Schminkspiegel am hintersten Tisch und zieht sich die Augenbrauen nach, während Vanessa und Traudel Weihnachtskörbe aus Tannenzweigen basteln.

»Mein Plan hat in keiner Weise funktioniert«, sage ich und setze mich mit einer Tasse Kaffee zu ihnen, »wie alle Pläne, die ich morgens vor acht Uhr mache. Ich darf morgen erst später weg und muss früher wieder zurück.«

»Wie bei Lotte vor einer Woche«, sagt Andi. »Und auch dir muss ich sagen: Lass dir nicht reinreden, Jen.«

»Das machen die eh nur zum Testen«, sagt Vanessa beiläufig.

»Wie meinst du das?«, frage ich.

»Ich habe das ganz am Anfang mal mitbekommen«, sagt Vanessa. »Weißt du noch Traudel, wie es bei Jasmin war?«

»Ja, stimmt«, sagt Traudel, »die wollte zur Hochzeit ihres Bruders und sollte auch am gleichen Tag wieder zurück sein. Das ging ja gar nicht, also ist sie einfach einen Tag später wieder gekommen.«

»Und?«, frage ich.

»Nichts«, sagt Traudel, »es ist gar nichts passiert. Es hat sie noch nicht mal jemand darauf angesprochen.«

»Erst am Ende hat sie dann Herrn Schmidt gefragt«, sagt Vanessa. »Er hat gesagt, dass es richtig von ihr war, sich über ein Verbot hinwegzusetzen, wenn sie selbst das Gefühl hatte, dass es keinen Sinn macht.«

»Oh Mann«, sage ich, »jetzt verstehe ich. Genau *das* habe ich vorhin auch gedacht – dass es keinen Sinn macht, mir das zu verbieten. Aber trotzdem hätte ich mich nicht getraut, mich zu widersetzen. Hab ich denn *gar* nichts gelernt?«

»Herr Schmidt hat gesagt, dass es das ist, was man normalerweise in der Pubertät tut«, sagt Vanessa, »den Eltern widersprechen, aus zu engen Verhältnissen ausbrechen, rebellieren, Regeln in Frage stellen. Aber vielen Menschen fehlen diese Erfahrungen, weil sie ihren Eltern und anderen Menschen immer gerecht werden wollten und sich daher nicht trauen, aus eigener Urteilskraft Grenzen zu überschreiten. Das ist aber wichtig, um später im Leben eine eigene Meinung zu entwickeln und ihr zu vertrauen.«

»Und dann wollen sie uns hier dazu bringen, es zu lernen«, sage ich. »Also könnte ich meinen Plan einfach durchziehen und sehen, was passiert.«

»Dazu hätte ich dich sowieso gezwungen«, sagt Andi.

»Schönen guten Morgen, die Damen!« Wir drehen uns blitzartig um, als wir Schwester Sybilles schrille Stimme hinter uns vernehmen. Sie ist in Begleitung eines sehr schlaksig wirkenden, dunkelhaarigen Mädchens und eines groß gewachsenen Jungen mit kastanienroten Haaren.

»Ich bringe zwei neue Patienten, es wäre schön, wenn Sie Ihnen die wichtigsten Regeln schon mal erklären«, sagt Schwester Sybille zu Traudel, Vanessa, Andi und mir. Im Anschluss legt sie jedem der beiden neuen Patienten eine Hand auf den Rücken und schiebt sie etwas in unsere Richtung. Dann dreht sie sich um und verschwindet im Flur.

»Hallo«, sagt der Junge, der aus der Nähe gar nicht mehr so jung aussieht, ungefähr Mitte zwanzig, mit markanten Gesichtszügen und ausdrucksvollen Augen, die mich unverfroren interessiert ansehen, als er mir die Hand reicht. »Ich bin Jo.«

»Hi«, sage ich.

»Und ich bin Hanna«, sagt das Mädchen schüchtern.

»Und zusammen seid ihr *Johanna*, oder was?«, sagt Andi und begrüßt die beiden herzlich.

Jo und Hanna setzen sich zu uns an den Tisch. Traudel erzählt Hanna ihre Rohrbruchgeschichte mit der dramatischen Rettung von Bert, dem Hamster. Andi unterhält sich mit Vanessa über die Vorteile wasserfester Wimperntusche in Zeiten schwerer Depression. Zwar spüre ich die ganze Zeit Jos durchdringenden Blick von der Seite, auf eine seltsam angenehme Weise sogar körperlich, aber ich gebe der Versuchung nicht nach, mich zu ihm umzudrehen. Stattdessen springe ich sofort auf, als das Mittagessen im schweren Eisenwagen in den Aufenthaltsraum geschoben wird, und helfe Max und Lotte beim Verteilen der Tabletts. Jo und Hanna bleiben zum Mittagessen bei Traudel und Vanessa am hinteren Tisch sitzen. Andi kommt auf ihren gewohnten Platz neben mich und auch Isabelle hat sich mittlerweile zum Essen eingefunden. Es herrscht die übliche Geräuschkulisse aus Geschirrgeklapper und Patientengemurmel.

»Was soll das heißen, sie hat Bulimie?«, fragt Lotte im zischelnden Flüsterton.

Scheinbar dreht sich das Gespräch um Hanna.

»Das heißt, dass sie die Suppe, die sie sich gerade einlöffelt, später auch wieder ausbröckeln muss«, sagt Andi, ebenfalls im Flüsterton.

»Ich weiß, was Bulimie ist«, sagt Lotte empört, »aber ich wusste nicht, dass hier auch Leute mit Essstörungen herkommen.«

»Das ist bei ihr nur die psychosomatische Begleiterscheinung«, sagt Andi, »ansonsten ist sie genauso eine normale Irre wie der Rest von uns. Auf jeden Fall sympathisch.«

»Ach so«, sagt Lotte, »dann ist ja gut.«

Noch während die anderen Patienten essen, fülle ich die Essenskarten für die Woche aus, kümmere mich um meinen Küchendienst und räume die Tabletts von meinem gesamten Tisch auf. Als kurz darauf die meisten Patienten den Aufenthaltsraum wieder verlassen, setze ich mich noch mal zu Andi, die als Einzige von unserer Tischgruppe übrig geblieben ist.

»Was ist denn los mit dir?«, fragt sie. »Du bist so tatenkräftig und energisch heute. Gefällt mir.«

»Ja, ich –«

Plötzlich steht Jo vor mir. Ich erschrecke und muss, als sich unsere Blicke treffen, unkontrolliert lächeln.

»Kann ich bitte alles von dir wissen?«, fragt er.

»Hä?«, frage ich impulsiv. Nicht sehr sexy. Ich korrigiere. »Was?«

»Die Schwester meinte, ihr könnt uns das Wichtigste erklären«, sagt er, zwinkert mir etwas unverschämt zu und setzt sich auf Isabelles freien Platz, »wie es hier so läuft.«

»Ja, können wir«, sagt Andi an Jo und Hanna gewandt. Hanna lässt sich neben Jo auf Lottes freien Platz fallen. Ich bin froh, dass Andi das Wort ergriffen hat. »Wir haben Insiderinformationen. Wenn ihr eure erste Visite habt und tausend Leute in euer Zimmer einlaufen, dürft ihr auf gar keinen Fall das Wort *Inquisition* benutzen.«

»Oder *Tribunal*«, sage ich.

»Okay ...?«, sagt Hanna zögerlich und fragend.

»Sagt lieber: ›Oh, wie schön, so viele Menschen, die mir alle helfen wollen!‹«, füge ich hinzu.

»Ganz genau«, sagt Andi, »aber von uns habt ihr's nicht.«

→

»... manche Probleme daher kommen, dass man gute Vorsätze vielleicht zu stark verinnerlicht hat«, sagt Vanessa. Ich sitze in der Gruppentherapie und kann mich nur schlecht konzentrieren. Es ist Viertel nach drei.

»Nennen Sie doch mal ein Beispiel, Frau Seidel«, sagt Herr Dr. Schmidt.

»*Ohne Fleiß kein Preis* oder *Wenn dir jemand auf die linke Wange schlägt, halte ihm auch die recht hin«*, sagt Vanessa.

»Ich weiß, was du meinst«, sagt Andi, »dass sich gute Vorsätze praktisch verselbstständigen und man von ihnen versklavt wird. *Der frühe Vogel fängt den Wurm.*«

»Ja, genau«, sagt Vanessa, »das meine ich.«

»George Bernard Shaw hat mal gesagt: ›Der Weg zur Hölle ist mit guten Vorsätzen gepflastert.‹«, sagt Max.

»Da ist was dran«, sagt Andi, »zumindest dann, wenn man sie zu ernst nimmt und zu extrem in die eine Richtung kippt, also die Mitte verliert.«

»Wagen wir doch mal ein Gedankenspiel«, sagt Frau Dr. Wills, »und Sie schaffen sich zur Abwechslung mal *andere* Vorsätze. Sprich, Vorsätze, die vielleicht sogar etwas negativ besetzt sind, aber Ihnen helfen, die Mitte zu finden und die sie sich immer wieder selbst sagen können.«

»Was du heute kannst besorgen, das verschiebe ruhig auf morgen«, sagt Andi.

»Ich bin mir selbst der Nächste«, sagt Linda.

»Nobodys perfect«, sagt Max.

»Ich war's nicht«, sagt Vanessa.

»Mir doch egal«, sage ich.

→

Andis komplette Business-Ausstattung ist in ihrem Klinikschrank aufgereiht. Ich entschließe mich dazu, nicht nach dem Grund zu fragen. Nachdem ich mehrere Hosenanzüge, Kleider mit Jackett und vieles mehr anprobiert habe, entscheide ich mich für ein graues Kostüm mit tailliertem Blazer und kurzem Rock. Andi hat sogar die passenden Pumps und eine schwarze Bluse dazu. Nachdem ich komplett angezogen bin, kämmt sie mir die Haare streng zurück, zwirbelt sie zu einer Banane zusammen und klammert sie am Hinterkopf fest.

»So kann ich dich losschicken«, sagt sie und stellt mich vor den Spiegel. »Generalprobe beendet. Bist du aufgeregt?«

»Ach, mir geht's gut«, sage ich und grinse, »so langsam ist mir alles einfach scheißegal.«

»Mein wochenlanger schlechter Einfluss hat endlich bleibende Schäden hinterlassen«, sagt Andi stolz.

Als ich auf den Flur trete und Andis Zimmertür hinter mir schließe, kommt mir Jo entgegen.

»Oh«, sagt er. »Du siehst toll aus.« Erneut macht mein Gesicht einfach, was es will und nicht, was es soll: Ich muss unkontrollierbar lächeln. Das habe ich als Teenie schon gehasst. Ich lehne mich in den Türrahmen vor Andis Zimmer und blicke auf den Boden.

»Danke«, sage ich, ohne aufzublicken. »Magst du das, Grau?«

Jo macht einen Schritt auf mich zu und stellt sich mir gegenüber, lehnt sich an die andere Seite des Türrahmens.

»Ist eigentlich keine Farbe«, sagt er, »aber du bist sowieso schon bunt.«

Ich muss lachen und blicke vom Boden auf, direkt in Jos braune Augen, die mich anlächeln. Eine Sekunde später springen wir in einem Schockmoment beide auf den Flur – als ich mich umdrehe, sehe ich Andi, die temperamentvoll die Tür aufgerissen hat, immer noch den Knauf in der Hand hält und erst überrascht, dann belustigt von mir zu Jo und zurück blickt.

»Hey, hey«, sagt sie, zieht eine Augenbraue hoch, schließt die Tür hinter sich und schlendert lässig zwischen Jo und mir hindurch Richtung Aufenthaltsraum, »don't bang in the gang, guys!«

»Ich muss jetzt gehen«, sage ich zu Jo und nicke mit dem Kopf in Richtung meines Zimmers.

»Bist du morgen auch hier?«, fragt er.

»Das ist sehr wahrscheinlich«, antworte ich, ohne das Lächeln aus meinem Gesicht zwingen zu können, drehe mich um und gehe in mein Zimmer. Vor dem großen Spiegel im Badezimmer sehe ich mir noch mal mein Bewerbungsoutfit an. Es sitzt perfekt, ist nicht zu aufreizend, aber auch nicht zu bieder. Und auch sonst finde ich mich ganz gut, ohne dass ich sagen könnte, was sich genau verändert hat.

→

Ein Weckerklingeln ist zwar noch in weiter Ferne, als ich am Dienstagmorgen erwache, aber ich fühle mich beschwingt und freue mich auf den Tag. Heute stehen einige Herausforderungen auf dem Programm: Erst hole ich mir einen neuen Job, dann meine Beziehung zurück. Neugierig, wer außer mir sonst noch wach ist, betrete ich um vier Uhr dreißig den Aufenthaltsraum.

»Oh nein«, sagt Marcello, der zusammen mit Max bereits an unserem Tisch sitzt. Wie immer tönt Silverchair so laut aus seinem iPod, dass man es im ganzen Raum hören kann. »K-k-konntest du wieder nicht schlafen? Ausgerechnet heute.«

»Egal«, sage ich und ziehe mir einen Kaffee, »schlafen wird völlig überbewertet.«

»Gute Einstellung«, sagt Max träge.

»Bist du a-a-aufgeregt wegen deinem V-V-Vorstellungsgespräch?«, fragt Marcello.

»Ein bisschen, aber nur aus Gewohnheit«, sage ich. »Es ist für meine Gesamtsituation völlig egal, was heute passiert. Insgesamt wird schon alles gut werden.

Ich rufe mir Schwester Margits Worte in Erinnerung: Nicht die Aufgaben, die mir das Leben stellt, sind die wahre Bewährungsprobe, sondern die Art, wie ich sie löse. Das heißt, die eigentliche Aufgabe heute ist: *ruhig bleiben*. Nicht das Vorstellungsgespräch an sich.

»Und wie geht's dir?«, frage ich Marcello.

»Wieder ein bisschen d-d-depri.«

»Also ganz ehrlich Marcello«, sage ich mit einer nickenden Kopfbewegung in Richtung seines iPods, »wenn ich mir dieses schwermütige Zeug so oft anhören müsste, ginge es mir genauso.«

»Die M-m-musik löst meine Depression nicht aus, sie b-b-bestätigt mich nur darin.«

»Das wäre dann wohl die Umkehrung von Musiktherapie«, sagt Max.

»Umkehrung ist ein unsexy Wort«, sage ich.

»Ein Wort kann doch nicht unsexy sein«, sagt Max mit irritiertem und gleichzeitig belustigtem Ausdruck.

»Kann es wohl«, sage ich, während Andi die Aufenthaltsraumtür energisch aufwirft und direkt in Richtung Kaffeekanne hetzt. »Andi, sag mal ein unsexy Wort.«

»Mehrzweckhalle.«

»Siehst du.«

→

»... deswegen hätte ich gern bei manchen Dingen einfach die Sicherheit, dass es klappt. Dann müsste ich mich auch nicht so fertig machen«, sagt Maria.

»Ich habe dazu mal einen passenden Spruch gehört«, sagt Max. »*Die Dinge, denen du im Leben am meisten hinterher jagst, laufen am schnellsten vor dir weg.*«

Es ist Viertel nach eins, wir sitzen in der Gruppentherapie und ich bin in Gedanken mit der Planung meines Tages beschäftigt. Wenigstens die erste halbe Stunde werde ich an der Gruppentherapie teilnehmen, um meinen guten Willen zu zeigen – und weil Sam mich sowieso erst um 14 Uhr abholt und zum Zug bringt.

»Sicherheit gibt es nicht«, sagt Andi, »für nichts. Noch nicht einmal für das Leben, es ist verdammt gefährlich und egal, wie sehr wir aufpassen, am Ende erwischt es uns alle.«

»Jeder M-m-mensch braucht eine gewisse Sicherheit, um sich wohlzufühlen«, sagt Marcello.

»Illusion«, sage ich. »Ich dachte noch vor kurzem, ich muss erst bestimmte Sicherheiten erreichen, bevor ich Ruhe und Gelassenheit finden kann. Aber das ist der falsche Weg. Ruhe und Gelassenheit kommen viel mehr durch Freiheit. Und frei wird man dadurch, dass man akzeptiert, dass es keine Sicherheit gibt.«

»Sehe ich ähnlich«, sagt Andi. »Welche Art von Sicherheit hättet ihr denn gern?«

»F-f-finanzielle zum Beispiel«, sagt Marcello, »ich hätte gern einen f-f-festen Job und ein besseres Gehalt.«

»Na ja, ich finde, für eine gewisse Stabilität und Sicherheit sollte die Beziehung oder die Ehe da sein«, sagt Vanessa, »wenn man seinen Traumpartner findet und fest mit ihm zusammen ist. So wünsche ich es mir seit einigen Tagen.«

Wenn die Menschen aufhören würden, nach Geld und Liebe zu suchen, könnten sie glücklich sein. Vielleicht sollten sie allgemein aufhören zu suchen. Mir fällt auf, dass niemand in unserer Gruppe etwas Ausgefallenes möchte, es sind grundlegende Dinge, ein Partner, ein Job, ein Kind. Jeder Einzelne von uns repräsentiert einen kleinen Teil der universalen Wünsche und Ziele, die alle Menschen haben. Aber es könnte passieren, dass wir all das nie bekommen werden.

»Vielleicht kriegt ihr das«, sagt Andi, »wir alle wünschen es euch. Aber Marcello: Wenn du den Job hast, könnte es sein, dass du wieder gekündigt wirst. Oder die Firma pleitegeht. Und du Vanessa: Vielleicht findest du den Traummann, aber zwei Monate nach der Hochzeit findest du heraus, dass er dich betrügt. Oder er ist wirklich so toll, wie du glaubst, wird aber vom Laster überfahren.«

»Wenn das so ist, dürfte man keine Hoffnung mehr haben«, sagt Maria, »sondern ständig nur Angst, dass etwas passieren könnte.«

»Das wäre mehr als dumm«, sage ich, »das Gegenteil trifft zu: Man muss alles loslassen, weil man es sowieso nicht beeinflussen kann.«

»Aber dann wäre doch alles sinnlos!«, verzweifelt Maria. »Natürlich ist es das«, sagt Andi.

»Aber –«, setzt Maria an. Mittlerweile weiß ich, dass die Sinnsuche ihr Hauptanliegen ist.

»Sie hat recht«, unterbreche ich Maria lautstark. Meine eigene Scheißegalhaltung hat soeben einen Point of no Return erreicht. »Maria, es könnte durchaus sein, dass es keinen Sinn gibt, in der Weise, wie wir uns das vorstellen.«

»Wir könnten uns jetzt, wie manch andere, die diese Einsicht hatten, einfach erschießen«, sagt Andi.

»Oder wir warten, bis wir von selbst sterben, sehen die Zeit bis dahin als Bonus und leben zu unserer eigenen und zur Belustigung der anderen«, sage ich. »Das ist zumindest genau das, was ich jetzt vorhabe.«

»Eine neo-hedonistische Lebensanschauung mit einem Tick Narzissmus«, sagt Max und grinst.

»Eher eine positiv-nihilistische mit einem Tick Selbstironie«, sage ich. »Und jetzt entschuldigt mich bitte, ich muss weg.«

→

»Dein Outfit ist spitze«, sagt Sam, als ich vor dem Haupteingang der Klinik in ihren blauen Punto einsteige. »Bist du nervös?«

»Kaum. Eher positiv aufgedreht.«

Während ich mein Jackett ausziehe und über meine Knie lege, blickt mich Sam von der Seite an.

»Du hast dich total verändert in der kurzen Zeit«, sagt sie.

»Echt?«, frage ich und blicke sie an.

»Mhm«, antwortet Sam, wendet den Blick von mir ab und startet den Motor, »du hast zugenommen, deine Wangen sind nicht mehr eingefallen, du hast rote Bäckchen und deine Augen lachen wieder.«

»Danke«, sage ich, als wir nach wenigen Minuten auf die Autobahn auffahren, »die zwei Wochen haben mir richtig gut getan. Es ist verrückt, was in dieser kurzen Zeit alles passiert ist.«

»Wir sind gleich da, also fass es mal in einem Satz zusammen.«

»Ich habe aufgehört zu weinen und angefangen zu stricken.«

→

Wieder einmal fahre ich im Aufzug in das sechste Stockwerk unseres Firmengebäudes. Nichts hat sich verändert – die verspiegelten Aufzugtüren, die Filmplakate, die Toiletten in der Mitte des Flures. Als sich die Aufzugtüren öffnen, fällt mein Blick auf zwei Blumentöpfe mit roten Weihnachtssternen, die Frau Segmüller sicherlich täglich mit Dünger, Wasser oder Goldspray bearbeitet.

»Jennyyy!«, höre ich Mimis Stimme, die sich Sekunden später wie aus dem Nichts materialisiert und mir um den Hals fällt. »Wie geht? Endlich du wieder da!«

Die Bürotür direkt neben dem Aufzug öffnet sich und Timo tritt mit einer Tasse Kaffee in der Hand auf den Flur.

»Wer? Jenny?«, fragt er, erblickt mich und freut sich sichtlich. »Oh! Hi!«

»Hallo Timo«, sage ich freundlich.

»Wie geht's dir? Hast schön was verpasst beim Einstand. Nächste Party biste dabei, gelle?«

»Klar«, sage ich und meine es. Als ich wenige Minuten später mit einer Tasse Kaffee vor mir im Besprechungsraum sitze, habe ich den Eindruck, ich muss mich bei Herrn Landmeier nicht beweisen – vielmehr möchte er mir den Job anpreisen. Ich lächle freundlich und nicke ihm anerkennend zu, als er die Referenzen unserer Firma aufzählt, und folge ihm interessiert, als er mir die neuen, modern eingerichteten Büros zeigt. Eines davon bekomme ich, wenn ich mag, sagt er. Und ich mag.

»Nur mit Herrn Speeks müssten Sie noch sprechen, da Sie mit ihm am engsten zusammenarbeiten würden«, sagt Herr Landmeier im Anschluss, »er hat etwas ungehalten reagiert. Hatte scheinbar andere Pläne für Sie, aber das müssen Sie unter sich ausmachen. Er wird Ihnen dann den Vertrag geben.«

Ich nicke. Herr Landmeier reicht mir die Hand, beglückwünscht mich und lässt mich im Besprechungsraum zurück.

»... brauche Sie für die Drehbuchbeurteilung, Frau Bentz«, höre ich meinen Chef bereits auf dem Flur nörgeln, dann reißt er die Tür auf und tritt ein. »Sie sind die Einzige, die für das Ausbildungsprogramm schon feststeht!«

»Das freut mich«, sage ich, »aber ich würde gern jemand anderem den Vortritt lassen. Im Augenblick möchte ich nicht mehr als die halbe Vertretungsstelle.«

»Hallo Frau Bentz«, sagt Frau Segmüller sichtlich erfreut, als sie kurz nach meinem Chef den Besprechungsraum betritt und beide Platz nehmen.

»Guten Tag, Frau Segmüller«, sage ich ebenfalls erfreut.

»Sie müssen sich mal überlegen, was manche Leute für so eine Stelle alles tun würden!«, sagt mein Chef, noch immer aufgebracht.

Ich muss erstmal gar nichts, schießt es mir durch den Kopf. Und *manche Leute* bin ich auch nicht. Manche brauchen keinen Urlaub, aber ich werde ohne Erholung krank. Manche brauchen Druck, um viel zu leisten, aber ich funktioniere besser antiautoritär. So ist es nun einmal.

»Herr Speeks«, sage ich ruhig, »vielleicht nehme ich irgendwann eine andere Stelle an, aber heute kann ich Ihnen nicht mehr anbieten.«

»Hmpfgrmlgrrrml«, sagt mein Chef laut. »Wir haben Sie nur eingestellt, weil Sie gute Noten und Referenzen hatten. Und *ich* habe mir noch gedacht, man soll ja nichts erwarten, mit Frauen ist es ja immer schwieriger ... Und dann waren Sie *die Beste von allen!«*

Herrn Speeks Eigenschaft, Lob mit einer Diskriminierung zu vermischen und all das zusammen wie einen Vorwurf klingen zu lassen, bringt mich immer wieder in Reaktionsengpässe.

»Aber Sie brauchen doch auch in Ihrem Büro gutes Personal«, antworte ich mit dem einnehmendsten Lächeln, das ich zustande kriege, »und wenn in diesem Zeitfenster noch Raum bleibt, helfe ich gern von Zeit zu Zeit mit den Drehbüchern.«

»Hmpfgrmlgrml«, sagt mein Chef. Diesmal leise und nachdenklich. Dann nickt er kurz und zackig. »Bleiben Sie, wo Sie sind, ich hole den Vertrag.«

»Das wäre doch ein Grund, endlich mal die Flasche Sekt aufzumachen, die schon seit Wochen im Kühlschrank liegt«, sage ich, als mein Chef eiligen Schrittes den Besprechungsraum verlassen hat. Frau Segmüller blickt mich stolz an.

»Sie haben von Anfang an verstanden, wie es bei uns läuft«, sagt sie und tätschelt mir den Rücken.

→

»Ich hab den Job!«, schreie ich, als mein Freund mir die Tür öffnet und falle ihm um den Hals.

»Das ist doch cool«, sagt er. »Setz dich doch schon mal ins Wohnzimmer, ich muss grade noch ein paar Sachen fertig machen.«

Mit dem Gefühl, in meinem Enthusiasmus unsanft ausgebremst worden zu sein, und mit einer Flasche Sekt in der Hand stehe ich alleine mitten im Flur.

»Wann musst du wieder weg?«, fragt er, als er eine halbe Stunde später die Wohnzimmertür hinter sich schließt.

»Egal«, sage ich fröhlich und breite die Arme aus, »eigentlich jetzt, aber ich werde schon nicht von der Station fliegen, wenn ich bis morgen früh bleibe. Und selbst wenn, ist es auch egal, mir geht's gut. In zwei Wochen fange ich meinen neuen, extrem coolen Job an.«

»Aha«, sagt er und sucht im Schrank nach Sektgläsern, »so viel feiern kann ich jetzt aber nicht, ich muss gleich zu einem Geburtstag. Kumpel, kennst du nicht. Kannst auch mitkommen, aber wird eher langweilig für dich. Ansonsten können wir ja morgen frühstücken, falls ich früh genug wach bin. Willst du das Auto wieder mitnehmen? Ich bräuchte es nämlich morgen Mittag zum Einkaufen.«

Ich spüre Wut in mir aufsteigen. Und merke zum ersten Mal, dass sie, objektiv gesehen, tatsächlich berechtigt ist.

»Sag mal, weißt du eigentlich, dass das hier für mich eine riesige Bedeutung hat? Und dass ich mich seit Monaten zum ersten Mal wieder gut fühle?«

»Klar, verstehe ich«, sagt er, »aber du kannst auch nicht nach Wochen hier aufkreuzen und dann meinen, die ganze Welt dreht sich nur um dich, wenn du vorher alles und jeden vernachlässigt hast.«

Er setzt sich neben mich auf die Couch und dreht sich zur Seite, um die Sektflasche zu öffnen. Ich blicke in sein verschlossenes, meistens abgewandtes Gesicht. Eigentlich ein schönes Gesicht, aber es hat nichts Weiches, nichts für mich. Andi hat gesagt, ich solle ehrlich prüfen, ob auf seiner Seite ein klares Ja für die Beziehung steht. Ich fühle mich unwohl, aber ich bin ruhig und besonnen.

»Sag mal, willst du die Beziehung überhaupt noch?«, frage ich.

Er blickt mich an.

»Ich kann nicht sagen, dass ich sie nicht will«, sagt er nach einem längeren Zögern.

Das ist kein klares Ja.

»Dann sollten wir es lassen«, sage ich und weiß, dass es stimmt.

Er widerspricht nicht.

»Prost.«

→

Jeder hat schon von der Theorie gehört, dass es nie in allen Lebensbereichen gleichzeitig gut läuft. Das heißt, wenn die Beziehung funktioniert, wird das Schicksal im Job Chaos stiften. Oder, wie bei mir, umgekehrt. In meinem ganz besonderen Fall hat das Schicksal auch noch Überschallgeschwindigkeit, ganze fünfzehn Minuten war mal alles gut. Ich hatte Job und Beziehung. Tränen laufen mir über die Wangen, als ich in meinem Auto die Stadt verlasse. Ich fühle eine seltsame Mischung aus Schmerz, Erleichterung und Freiheit. Als ich in einer kleinen Parkbucht aus dem Auto steige, schließe ich die Augen und atme tief ein.

»Wie waaars?«, schreit Andi ins Telefon, nur den Bruchteil einer Sekunde, nachdem ich ihre Nummer gewählt habe.

»Ich hab den Job«, sage ich.

»Das ist ja der Waaahnsinn!«, schreit sie weiter. »Du bist der Hammer! Glückwunsch! Komm du mir mal morgen zurück, dann wird gefeeeiiiert!!!«

»Es geht auch schon heute.«

»Oh«, sagt Andi etwas verzögert und diesmal sehr ruhig. »War es nicht gut mit deinem Freund?«

»Ich hab für ihn mit mir Schluss gemacht«, sage ich und schluchze, »weil er selbst dazu nicht die Eier in der Hose hatte.«

»Wow«, sagt Andi leise, dann scheint sie sich wieder zu fassen, »da siehst du mal, was *du* für Eier hast!«

Ich schlucke, kann aber nicht sprechen.

»Jetzt erholst du dich mal von dem Schock, stehst den Trennungsschmerz durch und bis heute Abend ist alles wieder gut.«

Ich muss lachen. »Du hast recht.«

»Wir sind schließlich Katzen.«

»Hä?«

»Na, unser Sternzeichen, wir sind Löwinnen, Katzen!«, sagt sie. »Die tun immer nur das, was sie wollen. Und wenn sie fallen, fallen sie auf die Füße.«

»Du hast recht«, sage ich wieder und wische mir die letzten Tränen aus dem Gesicht. *When I come around* singen Green Day, als ich wieder auf die Autobahn auffahre. *Stop the clock* die Donots. Ich war noch nie auf einem Rockkonzert. Aber ich habe noch viel Zeit. *Wenn du es eilig hast, mache einen Umweg*. Mein Umweg hat drei Wochen gedauert. Früher, als mir fünf Minuten Pause wie eine irrwitzige Absurdität erschienen, wäre mir eine solche Zeitspanne undenkbar lang vorgekommen. Jetzt, da ich alles weltumspannender aus der Totalen sehe, sind drei Wochen ein Wimpernschlag. Ich bin fast dreißig Jahre alt und habe absolut keine Ahnung, wie mein Leben verlaufen wird. Das ist grandios. Ich spüre eine ungebremste Aufbruchstimmung und frage mich, ob ich überhaupt noch einmal zurück zur Klinik fahren soll. Schwester Margit hat recht, das wichtigste Handwerkszeug habe ich mitbekommen. Andererseits denke ich an Andi und Max, an ein paar Dinge, die ich Professor Baumann gern noch fragen würde, an die *Tatort*-Abende und meinen unfertigen Schal. Außerdem muss ich Maria unbedingt erzählen, was ich herausgefunden habe: dass der Sinn des Lebens das Leben selbst ist.

»Wie soll das gehen?«, fragt Melissa, die sich telefonisch nach meinem Vorstellungsgespräch erkundigt. »Innerhalb von zwei Wochen in eine WG umziehen? Solltest du nicht noch einmal darüber nachdenken?«

»Was ich auf jeden Fall sollte, ist eine Punkrock-Band gründen und demnächst einen Roadtrip durch die USA starten.«

»Das ist doch nur eine Vertretungsstelle«, ignoriert Melissa meine Ausführungen, »was, wenn es damit nicht lange klappt?«

»Dann klappt irgendwas anderes«, sage ich. »Dann werde ich Wissenschaftlerin und untersuche, warum die schlechtesten TV-Filme immer die höchsten Quoten haben. Für mich ist das ein soziokulturelles Phänomen. Oder ich schreibe ein Buch. Nein, ich schreibe kein Buch. Ich hätte zu viel Angst vor Thea Dorn.«

»Bist du jetzt wahnsinnig geworden?«

»Nein, wahnsinnig war ich früher.«

Ich finde eine Wimper, denke an Andi und wünsche mir, dass das Wetter noch ein paar Tage so schön mild bleibt.

»Du nimmst das alles ganz schön locker«, sagt sie.

»Ja«, sage ich, »ist das nicht fabelhaft?«

Ich bin alles und eins.

IMPRESSUM

Eden Books ist ein Imprint der Edel Germany GmbH

www.edenbooks.de | www.edel.com

Einige der Personen im Text sind aus Gründen des
Persönlichkeitsschutzes anonymisiert.

Projektkoordination: Nina Schumacher
Lektorat: Alexandra Hölscher
Umschlagabbildung: Stefanie Heider
Umschlaggestaltung, Layout, Herstellung und Satz: Bon Bon Büro, Berlin
www.bonbonbuero.de
Druck und Bindung: optimal media GmbH, Glienholzweg 7, 17207 Röbel / Müritz

Printed in Germany

ISBN 978-3-944296-02-9

Weitere Titel von Eden Books

Bettina Vibhuti Uzler wird mit 23 Jahren als Drogenkurierin erwischt und landet im französischen Frauenknast. Nach ihrer Freilassung taucht sie in die Freetekno-Szene ein, nimmt Drogen, organisiert illegale Partys und reist durch Europa.

Ein gewagtes Porträt der Drogen- und Technokultur aus der Perspektive einer Aussteigerin.

Bettina Vibhuti Uzler:
PARTY AM ABGRUND. Meine Nomadenjahre im
Drogen- und Technorausch. Eine Aussteigerin erzählt.

272 Seiten | Klappenbroschur | 13,5 × 21 cm | 12,95 € (D) / 13,40 € (A)
Als eBook für Kindle und iPad erhältlich

ISBN: 978-3-944296-01-2

Weitere Titel von Eden Books

Sunny wächst in einer großen und scheinbar glücklichen Arztfamilie auf – bis sich eine Tragödie ereignet. An einem wunderschönen Sommertag ersticht sich ihr Vater und raubt Sunny damit die Möglichkeit einer unbeschwerten Kindheit.

Zwanzig Jahre später begibt sich die Tochter auf eine Spurensuche in die Vergangenheit. Zum ersten Mal setzt sie sich intensiv mit der Geschichte ihres Vaters und den Motiven für seine erschreckende Tat auseinander. Dabei kommt sie zu überraschenden Erkenntnissen, die sie nicht nur ihrem Vater, sondern auch sich selbst ein Stückchen näherbringen.

Alexa von Heyden
HINTER DEM BLAU
Ein kleines Mädchen verliert seinen Vater. Eine junge Frau findet zu sich.

192 Seiten | Klappenbroschur | 13,5 × 21 cm | 12,95 € (D) / 13,40 € (A)
Als eBook für Kindle und iPad erhältlich | Kostenloses eBOOK inside
ISBN: 978-3-944296-03-6

Weitere Titel von Eden Books

Schon als Kleinkind ist Stevani Fuhlrott bewusst, dass sie dicker ist als andere Kinder. In der Schule wird sie gehänselt, Trost findet sie im Essen – am liebsten Vanillepudding und Schokomuffins.

Als Jugendliche entdeckt Stevani Crashdiäten und Wunderpillen. Nach zahllosen Fehlversuchen, endlich ihr Idealgewicht zu erreichen, nimmt sie 2011 schließlich an der ZDF-Doku *Fett weg!* teil und verliert durch eine Ernährungsumstellung dauerhaft dreißig Kilo.
Das Buch erzählt humorvoll und lebensnah von Stevanis langem Weg zum Traumgewicht und verrät Tipps und Tricks zum Abnehmen.

Stevani Fuhlrott mit Christiane Hagn
WENN MICH JEMAND SUCHT - ICH BIN IM KÜHLSCHRANK!
Mein fettes Leben in 30 Diäten

192 Seiten | Taschenbuch | 12,5 × 19 cm | 9,95 € (D) / 10,30 € (A)
Als eBook für Kindle und iPad erhältlich

ISBN: 978-3-944296-05-0